高校社科文库
University Social Science Series

教育部高等学校
社会科学发展研究中心

汇集高校哲学社会科学优秀原创学术成果
搭建高校哲学社会科学学术著作出版平台
探索高校哲学社会科学专著出版的新模式
扩大高校哲学社会科学科研成果的影响力

中美房地产业比较研究：
内涵、属性与功能

Comparative Study of Real Estate Industry
Between China and America：
Composing, Character and Function

崔　裴／著

光明日报出版社

图书在版编目（CIP）数据

中美房地产业比较研究：内涵、属性与功能 / 崔裴著．
--北京：光明日报出版社，2010.4（2024.6重印）
（高校社科文库）
ISBN 978－7－5112－0668－8

Ⅰ．①中… Ⅱ．①崔… Ⅲ．①房地产业—对比研究—中国、美国
Ⅳ．①F299.233

中国版本图书馆 CIP 数据核字（2010）第 042210 号

中美房地产业比较研究：内涵、属性与功能
ZHONGMEI FANGDI CHANYE BIJIAO YANJIU：NEIHAN、SHUXING YU GONGNENG

著　　者：崔　裴

责任编辑：刘　彬　郭玫君　　　　责任校对：王家瑛　陈群峰
封面设计：小宝工作室　　　　　　责任印制：曹　净

出版发行：光明日报出版社
地　　址：北京市西城区永安路 106 号，100050
电　　话：010-63169890（咨询），010-63131930（邮购）
传　　真：010-63131930
网　　址：http：// book. gmw. cn
E － mail：gmrbcbs@ gmw. cn
法律顾问：北京市兰台律师事务所龚柳方律师

印　　刷：三河市华东印刷有限公司
装　　订：三河市华东印刷有限公司
本书如有破损、缺页、装订错误，请与本社联系调换，电话：010-63131930

开　　本：165mm×230mm
字　　数：270 千字　　　　　　印　　张：15.75
版　　次：2010 年 4 月第 1 版　　印　　次：2024 年 6 月第 3 次印刷
书　　号：ISBN 978－7－5112－0668－8－01

定　　价：69.00 元

序

　　社会实践的需要，是学术发展的根本之源。改革开放以来，在中国现代化及城镇化加快推进过程中，房地产业的兴起与发展是一个引人注目的重大经济现象。伴随着房地产业的快速发展，中国学术界对这一产业领域的研究也从无到有，得到迅速发展，其研究内涵不断深入，研究范围不断扩大，研究方法日益多样，研究成果更加成熟，终于成为了一个相对独立的学科领域。正如中国房地产业处在一个不断发展提升的进程中，中国房地产业的研究也同样在不断深入、不断进步。在这一过程中，充分借鉴国外先进经验，结合中国实际发展情况，探寻产业发展规律是这一学科重要的核心任务。

　　当今世界，作为最大的发展中国家，中国房地产市场规模居世界之首；作为世界上最发达国家的美国，房地产业发展则是相对成熟和完善的。因此，将两国房地产业进行比较研究，探寻其内生演进规律，不仅在学术上很有价值，而且对于中国房地产业持续发展的经济实践也有着重要的借鉴意义。正是在这一领域中，崔裴同志的《中美房地产业比较研究：内涵、属性与功能》一书做出了积极的学术贡献。

　　《中美房地产业比较研究：内涵、属性与功能》一书是作者在其博士论文基础上修订完善后撰写出版的，历时两年半才得以完成。在这一过程中，作者以科学严谨的治学态度，收集整理了大量文献资料，力求论据上的真实可靠；数易其稿，力求论证过程的完善；对其中的主要观点做了反复推敲，以期有所突破创新。纵观全书，作者一是从中美两国房地产业发展历史的史实出发，对中美房地产业分别"是什么"做出了历史上和逻辑上的深度分析；二是结合社会经济环境，对中美两国房地产业存在的差异进行了深入探讨，通过"为什么"的解析从内生因素与外生因素两个方面探寻了房地产业国际差异的形成原因；三是阐述论证了房地产流通模式是房地产业内生演进的核心因素，并进而提出了房地产流通模式的基本路径及其所规定的房地产业发展与演进规律，从而使本书在学术创新方面有了可喜的进展。

当前中国房地产业正处在一个转型提升、走向成熟的历史时期。在这一过程中，借鉴国外先进经验、根据我国发展实际情况、从规律性的根本上探寻产业发展方向无疑是极其重要的。我们只有真正把握了房地产业的发展规律，才能更好地促进我国房地产业从粗放型向集约型转变，促使市场更加健康，产业更加成熟。正因如此，本书会给我们带来很多启示，是值得推荐一读的。当然，由此更期望的是，我国房地产学术界能够提供更多的创新性的科研成果，为促进中国房地产业的稳定、健康、持续的发展发挥出更大的积极的作用。

是为序

张永岳

2009 年 11 月于华东师范大学

CONTENTS 目 录

第一章

导　论

1.1　问题的提出及研究意义

中国房地产业是伴随着 20 世纪 80 年代以来中国的改革开放而发展起来的。2003 年，国务院 18 号文件中出现了"房地产业是我国国民经济的支柱产业"的字样。这不仅表明房地业事实上已经成为中国国民经济的支柱产业，而且也在规范经济学意义上表明中国政府首次承认房地产业在中国国民经济中的支柱产业角色和地位。在房地产业迅速发展的 20 余年时间内，虽然房地产业在推动城市建设、改善国民居住条件、增加政府财税收入等方面发挥了重大作用，但是伴随出现的房地产投资过热、房地产泡沫、占用土地特别是耕地过多、引起金融资产过多投向房地产从而引起潜在的金融风险等问题，也日渐累积，引起了社会各界的担忧，从而导致人们对房地产业是否应该作为国民经济的支柱产业产生了疑虑。对于房地产业这样一个目前已经在国民经济中举足轻重，同时又对金融、环境、人民生活等重大经济、社会方面产生巨大影响的产业，究竟应该如何定位其产业地位？同时应该相应地采取哪些产业政策？这是中国面临的一个重大战略选择。从科学发展观的角度看，如此重大的战略选择应建立在对相关规范经济学命题研究、论证的基础上。而这自然引发了对房地产业本身进行深入研究的迫切需求。

首先需要解决的一个问题是，房地产业究竟是什么？其内涵和外延如何？文献检索的结果显现出一个非常令人疑惑的现象：在许多以"房地产业"为关键词的中文学术文献中，作者常常并不对"房地产业"这一关键的概念进行界定，并在有关辞书和学术文献对"房地产业"进行界定①的同时，非常普遍地将"房地产业"等同于"房地产开发业"。也有学者将房地产业的界定分为广义和狭义两个层面，认为广义的房地产业是从事房地产投资、开发、经营、物业管理和房屋中介服务的产业部门，而狭义的房地产业仅包括房地产的开发（生产）环节（苗天青，2004：46~47）。正因为如此，许多文献在分析房地产业的问题时，实质上大多在谈房地产开发业的问题。因而大量关于房地产业是否是我国国民经济的支柱产业的争论，实质上是在争论房地产开发业是否是我国国民经济的支柱产业。这显然存在着逻辑上的不合理。更加不容忽视的是，由于有关产业的研究在很大程度上依赖于对统计数据的实证分析，因此关于房地产业界定的问题，不能不考虑与统计口径直接相关的产业分类体系。事实上，各国政府统计部门所使用的产业分类体系各不相同，各种产业分类体系对房地产业的界定也不尽相同。"以 ISIC 和 NAICS 为代表的西方产业分类中的不动产业并不包括不动产的投资和开发等内容。"②（苗天青，2004：50）因此，有学者认为，"我国的房地产业与其他国家的房地产业（不动产业）不是同一范畴。"③ 然而，在关于房地产业的许多学术文献（特别是有关于房地产业对 GDP 贡献的文献）中，经常可以看到研究者们将各国房地产业的 GDP 增加值占该国 GDP 的比值进行相互比较，却并不说明各国统计数据在产业界定上的差异。这无疑会产生相当大的误导。从另一个层面来看，产业活动是经济生活中的客观现象（相对而言），无论学术上的产业分类还是经济统计上的产业分类都是人为的主观作为，这种主观作为是否客观地反映了客观现象？以及是否有利于促进现实经济中的产业活动？这本身就是值得探讨的。

其次，房地产业是什么类型和性质的产业？根据我国《国民经济行业分类》（GB/14754~2002），房地产业属于第三产业。但是，房地产开发业显然与房地产中介业、房地产估价业、物业管理业有所不同。"房地产开发业，向

---

① 宋春华（1993：30）、包宗华（1993：1）、王克忠（1995：2）、周诚（1997：3）、张永岳、陈伯庚（1998：5）、谢经荣（2002：13）、张永岳、陈伯庚、孙斌艺（2005：14）都对房地产业进行了界定。总结这些界定，可以认为中国学者的主流观点是，房地产业的经济活动贯穿房地产的生产、流通、分配和消费诸环节，对房地产业界定的经典表述是"房地产业是从事房地产开发、经营、管理和服务的产业群体"（宋春华，1993：30）。

② ISIC 指联合国颁布的《经济活动的标准产业分类》（International Standard Industrial Classification），NAICS 指美国经济分类政策委员会、加拿大统计局和墨西哥有关部门于 1997 年联合发布并使用的《北美产业分类体系》（North American Industry Classification System）。

③ 见曹振良为《我国房地产业，结构、行为与绩效》（苗天青，2004）作的序，第 2 页。

市场出售的是房地产商品，而不是服务，它更像第二产业中的制造业。"（崔裴，2008：49）一些学者认识到了这种差异，指出："房地产开发本身无疑也是一项生产活动。"（苗天青，2004：45）"房地产业具有生产和服务两种职能。"（张永岳、陈伯庚、孙斌艺，2005：14）而北美产业分类体系（NAICS）将房地产开发归于建筑业①似乎也反映了该分类体系的制定者对房地产开发业行业属性的态度。但这与中国学者的主流认识大相径庭。②

再次，房地产业的社会经济功能是什么？这里所称的社会经济功能，是指某个社会和经济体中的单元，其存在对于整个社会和经济体的价值，或者说其对社会和经济体的作用。提出这个问题直接缘于中国国内关于"房地产业在国民经济中的支柱产业地位"的尖锐争论，以及"房地产与国民经济的关系"这一近年来中国学者非常感兴趣的研究主题。从对房地产业的支柱产业地位的争论来看，反方对房地产业作用的质疑显然已超出了经济范畴而涉及社会领域。因此仅仅探讨"房地产与国民经济的关系"并不能较好地论证"房地产业是否应成为我国国民经济的支柱产业"这一规范经济学范畴的命题。

最后，房地产业的内涵、属性与社会经济功能是否是一成不变的？是否会由于一些外生因素（如市场、宏观经济状况、制度、城市化水平等产业运行环境）的影响而呈现空间和时间上的差异？又是否有其内生的动态发展（或演进）规律？

对这些问题的研究诚然也可以用理论分析和逻辑推演的方法来进行，但是，从比较的角度，选取世界上其他经济体中的房地产业作为比较对象，用实证分析的方法来进行研究，应当能够提供更有说服力的答案。中国作为一个幅员辽阔、经济总量巨大的国家，其国际比较对象应具有相当的量级，因此美国是一个较好的比较对象。而且美国是当今世界经济最发达的国家之一，美国的房地产业也是领先于其他各国的，通过与美国的比较，不仅能反映房地产业的国际差异，而且能反映房地产业因处于不同发展阶段而产生的差异。此外，美国的经济统计体系和科学研究也非常发达，有关房地产业的数据资料和研究成果比较容易取得。因此，本书选取美国作为与中国房地产业进行比较研究的

---

①　《北美产业分类标准》（NAICS）将主要从事细分和开发未改造的房地产以及为出售而建造房屋的公司归入分类组 236 的楼房建造（部门）。主要从事细分和开发生地以便随后卖给建造者的公司归入分类组 237 的重型及土木工程建设（部门），它们都归属于分类组 23 的建筑业。

②　中国国内的房地产经济学教科书和其他有关房地产业的文献中，通常要花一定篇幅阐述房地产开发业与建筑业的本质差异，共同的看法是，两者是性质绝然不同的行业。

对象。

产业是经济体系中介于宏观的国民经济体系与微观的企业之间的经济单元，属于中观层面。以某一个具体产业为标的，通过国际比较（或者更准确地说是跨经济体比较）来分析其内涵、属性、社会经济意义及其发展、演变规律，是将世界经济研究与产业经济研究有机结合的尝试，一方面对世界经济研究如何在经济中观层面细化进行了有益的探索，同时也有助于推进国际比较方法在产业经济研究中的运用。对于房地产研究而言，房地产业也是介于房地产市场和具体的房地产行业（如房地产开发业、房地产经纪业等）之间的一个中观层面的概念，是目前同类研究中非常薄弱的层面，因此这项研究对于丰富、完善房地产经济理论研究具有重要意义。

1.2　国内外相关研究综述

1.2.1　关于房地产业内涵、属性、社会经济功能与发展（演进）的研究

关于房地产业内涵的研究，李嘉陵（1995：9~11）通过分析世界上通用的国民经济核算两大类体系，重点依据联合国《国际标准行业分类》和中国国家计委（原国家经委），国家统计局、国家标准局联合颁发的《国民经济行业分类和代码》（1988 年 1 月 1 日起实施），比较了房地产业与建筑业的差异，指出"无论是国外还是国内，房地产业都是不同于建筑业的独立产业"。主张给出房地产业的广义和狭义两种概念："房地产业包括生产、流通、分配和消费全过程，这是广义的概念。这时，建筑业也隶属于房地产业。狭义的房地产业只包括除生产以外的三个环节，这时它不包括建筑业，尽管它在生产环节也有劳动投入"。卢立明（2002：44~45）从统计角度对欧美与中国房地产业界定的差异进行了分析，指出欧美国家的"房地产业统计内容就是房地产的流通服务业，如美国商务部统计局的房地产业统计内容分为房地产租赁、中介和经纪、物业管理、评估等四类。由此可见西方国家的房地产业概念只有房地产流通服务，而没有投资、开发等内容。""房地产业是从事土地和房屋的投资、开发、经营、管理和服务的经济活动，具有较高的产业关联度，这是国内理论界和官方统计出版物对房地产业概念的基本阐述。我国城市建设统计中的房地产业统计指标体系也包括了投资、开发、经营、管理和服务的经济活动。"他认为中西方对房地产业概念的理解存在差异，"造成这种差异的根源是两者的房地产业发展阶段不同，在国民经济中房地产业的发展目的不同"。郑思齐、

刘洪玉（2003：43～46）从"在我国国家标准国民经济行业分类中的房地产业，即国民经济核算体系中房地产业应当包含哪些活动"的角度，比较分析了联合国、美国、中国香港相关产业分类体系对房地产业的界定，认为"联合国、NAICS 和中国香港在房地产业的界定上是基本一致的"，并表现在两个方面：①房地产业属于第三产业，与建筑业有明确的界限，将房地产开发中涉及到的建筑活动划归到建筑业的范围。②对房地产业内部活动的分类虽各不相同，但均包含房地产开发（不包括所涉及的建筑活动）、房地产买卖、租赁和经营（包括自有住房服务）、房地产经纪与代理（包括各种中介服务，例如经纪、代理、估价、托管服务等等）、房地产管理（行业管理、物业管理等）。叶剑平、谢经荣（2005：4）认为目前中国学术界和实际工作部门对房地产业概念争议的核心是建筑业是否包含在房地产业之内，为了使房地产业概念界定与国际接轨，也为了保持理论上的严谨性和具体核算上的可操作性，对房地产业可作如下界定："房地产业是房地产开发、经营、管理与服务等一系列经济活动的总称，房地产业的经济活动主要限于流通领域，在国民经济产业分类中属于第三产业。房地产业具体包括：（1）房地产开发与经营业、（2）房地产管理业、（3）房地产经纪与代理业"。刘水杏（2006：12）认为房地产业按照其活动范围大体可分为狭义的房地产业和广义的房地产业，狭义的房地产业指"以房地产为对象的开发经营、管理与服务"，广义的房地产业包含狭义的房地产业和房地产开发投资；目前我国国家统计局的统计口径与国外的房地产业的界定基本是一致的；我国目前的国情是："房地产活动以开发投资为主，房地产经营与服务市场仍处于初级阶段"；"从长远发展来看，我国房地产业也应与国际接轨，随着房地产开发投资的逐渐减少和房地产经营服务市场的不断繁荣与规范，房地产业应不包含房地产投资，房地产投资应属于建筑业。"针对国内理论界和实务界长期以来对房地产业界定和增加值核算上存在的争论，刘洪玉、张红（2006：76）提出："对房地业的界定在产业边界上应与国际惯例保持一致，其内部活动的分类可根据我国实际情况制定。房地产业应当包括买卖或租赁物业的房地产活动和以收费或合同为基础的房地产活动。前者包含房地产开发经营活动、存量房地产买卖及租赁活动（营利性租赁、非营利性质租赁和自有住房服务）；后者包含房地产管理、房地产中介和物业管理"。李双久（2007：41）认为"房地产业是指以提供房地产产品和服务为目的的相关企业及其活动的集合。房地产业除了提供房地产直接产品的房地产开发经营外，还包括以房地产为对象在相关领域中提供服务的行业，如物业管理、中介服务、房地产金融、房地产保险等。"

关于房地产业的性质，曹振良（2003：8~10）对房地产业在第一、二、三次产业分类体系中的产业性质定位进行了研究，着重从现代房地产业自身特性和房地产业与建筑业的关系两方面进行了分析，认为"从一般经济理论广义来说，房地产业是生产经营型产业，兼有第二、三产业的特性；从具体狭义核算统计管理来说，房地产业归类为流通领域第三产业"。曹振良（2003：10）还从房地产业功能定位的角度分析了房地产业作为国民经济的基础产业和支柱产业的产业性质。他认为"房地产业作为基础产业，是长期的或永久性的，是绝对的；而作为支柱产业则是相对的，只是存在于一定时期。"而对于后一个论点，他提出了房地产业发展的"倒U曲线"来予以解释。刘水杏（2006）对狭义的房地产业（即以房地产为对象的开发经营、管理与服务）为对象分析了房地产业与国民经济其他产业的关联关系，并利用投入产出表对房地产业最终产品和增加值进行分析，进而判断房地产业的"产业特性"，指出房地产业是消费拉动型产业、内向型产业，并"具有一定的盈利性。"（2006：67~68）他在分析房地业的功能时，对房地产业的"基本特性"进行了描述，指出房地产业具有基础性和先导性、综合性和关联性、不平衡性和波动性（2006：74~75）。陈振榕（2006）从"限定于房地产开发经营活动的性质"的角度，总结了国内对房地产业性质的一般认识包括三方面内容：一是房地产业属于服务性行业；二是房地产业对地区经济的带动性；三是房地产业的资金密集性。提出了对房地产业性质的再思考，认为房地产业的性质包括：对金融的依赖性、市场区域性和住房的社会保障性。综合而言，国内学者对房地产业的性质主要从房地产业在三次产业分类体系中的归属、房地产业的功能、房地产业的主要生产要素类别，以其房地产业空间分布和自身发展方面的特征来分析房地产业的性质。这类研究大多以理论辨析的方法进行，实证型研究的数量较少。

关于房地产业的经济与社会功能，国外的相关研究极少。国内大量理论辨析型的研究主要论及房地产业作为国民经济的基础产业，提供了社会经济活动的基本物质前提、人口素质提高和社会全面进步的基本条件、城市发展的重要基础，是社会财富创造的重要源泉；房地产业由于产业链长、与其他产业关联度大、有利于高新技术的应用和扩散等特征，是国民经济的支柱产业。但这类研究缺乏实证分析的支持。此外，刘水杏（2006：152~155）通过定性分析，认为房地产业对社会就业具有促进作用，对地区环境和区域价值的影响具有两面性。另一方面，对房地产业支柱产业功能提出质疑的文献（如王小广，2006：46～47、易宪容，2006：11～13、易宪容，2007：25～27）指出房地产业具有导致高房价和房地产泡沫、耗费土地资源等不利于国民经济和社会发展的负面效应，因而不应作为我国国民经济的支柱产业。还有学者（李国强，1994：25～27）认为，工业化国家把房地产业作为国民经济的支柱产业是与其经济发展水平相适应，不断调整而形成的，我国目前处于工业化发展阶段，电子工业、机械制造业、汽车制造工业、有机化工原料和农用产品的石油化工和建筑业，一些高新技术产业都是需要国家重点扶持的支柱产业，必须是资金流向的重点产业，房地产业不能超前于这些基础产业、支柱产业和高新技术产业而发展，因此短期内不应作为支柱产业。这类质疑的文献大多缺乏实证分析的支持，有些甚至完全属于规范经济学范畴的探讨。因此，以上两类观点完全相左的文献都难以为这一问题的研究提供建设性的成果。以实证方法对房地产业的经济与社会功能进行研究的主要有：叶剑平、谢经荣（2005：11～13）对中国房地产业增加值占 GDP 的比重进行了定量研究，认为"若按照国家统计局正式颁布的统计数据，则我国房地产业增值占 GDP 的比重并不高，尚不能成为国民经济支柱产业，但需要注意的是，实际上因种种原因，我国国家统计局正式颁布的统计数据是偏低的，若进行科学合理的补充和修正，房地产业增加值的实际估算值已超过 5%，我国房地产业已经成为我国国民经济的支柱产业，对国民经济的贡献率为 1 个百分点"。刘水杏（2006）通过对中国房地产业和其他产业影响的对比以及房地产业影响力、影响力系数与国民经济平均影响力、影响力系数的比较，对房地产业对国民经济的拉动作用进行了研究，发现"房地产业对国民经济总的需求拉动作用非常小"；通过对房地产业与其他产业分配感应度的对比，以及房地产业分配感应度、分配感应度系数与国民经济平均分配感应度、分配感应度系数进行比较，分析了中国房地产业对国民经济的推动作用，结论是"房地产业对国民经济总的供给推动作用较小"。不过他指出"上述关于我国房地产业对国民经济的拉动和推动作用都很小的结论是以 1997 年度中国投入产出表的数据为基础计算而得，事实上，1997 年度投入产业出表中房地产业的总产值、增加值是偏低的，主要原因是我国房地产业核算过程中不可避免地存在着一些问题所致，正如李启明所认述的"①。刘水杏（2006）通过对中国房地产业与各类产业关联关系的定量分析，得出结

---

① 参见李启明，2002，《论中国房地产业与国民经济的关系》，《中国房地产》。

论：从总体带动效应看，我国房地产业发展主要影响物质资本型、材料消耗型产业，与房地产业相关的服务性产业类型较少，说明我国房地产业对经济产生的主要是物质资本型拉动效应。刘洪玉、张红（2006：85～88）从房地产业增加值对国民经济增长的贡献、房地产开发投资对国民经济增长的贡献以及城镇住房投资和住房消费对国民经济增长的贡献三个方面，对房地产业对国民经济增长的贡献进行了量测，研究发现"官方增加值基本无法准确反映我国房地产业增加值的真实情况，而利用估算增加值①计算得到的贡献率和贡献百分点虽然不是很准确，但可以在规模上反映房地业对国民经济增长的贡献水平，即在 GDP 的增长率中，大约有 15% 是由房地产业贡献的，约为 1.2 个百分点。"在房地产业对我国经济增长中的贡献中，"城镇住房投资的贡献远远大于城镇住房消费的贡献"。

关于房地产业发展（演变）的研究，Hu，Anthoney（2000）从房地产业的年增加值、房地产占家庭和企业财富的比例、房地产信贷占信贷市场的份额、房地产产权投资总值占产权投资市场②的份额四个方面考察了美国房地产业在 20 世纪 80～90 年代的演变，研究结果显示，房地产业占 GDP 的比重一直平稳地保持在 11%③左右，但受股票市场强劲表现的影响，房地产在家庭和企业的资产构成中的重要性持续下降。在资本市场方面，房地产投资信托（REITs）自 1985 年以来因业绩表现突出而持续增长，但其所占的市场份额仍很小。可能由于人们对住宅和商业房地产抵押贷款证券化的普遍认同和接受，房地产在信贷市场上的地位持续增强。Kummerow，Lun（2005：173～190）考察了由于信息和通讯技术（ICT）对房地产业产业结构和绩效的影响，认为信息和通讯技术已经提高了房地产业的运作效率，但由于房地产高场的高度竞争性，从中受益的主要是消费者而非房地产业者；信息和通讯技术对房地产业结构的影响较为含糊，大公司和小公司分别可以从不同的途径从信息和通讯技术创新中获益；信息和通讯技术对房地产业的另一个影响是提高了行业内部的协作效率，并进而减弱房地产业的内生性周期波动。但是，Kummerow，Lun 认

---

① 刘洪玉、张红（2006：82–84）针对我国城镇居民住房服务核算中存在的问题，采用市场租金法和成本法分别估算了我国房地产业的增加值，最后取两者的算术平均值作为我国房地产业的估算增加值。

② 房地产产权投资指房地产投资信托（REITs），产权投资市场即"equity market"。

③ 本书作者注：美国商务部经济分析局所提供的房地产业 GDP 增加值包含了居民自有住房（owneroccupied housing）所提供的服务，Hu 在此文中所提供的房地产业增加值占 GDP 值的比重则包括3 部分：建筑业、扣除了自有住房所提供的服务的房地产业（531）和房地产金融业。

为，改进房地产市场效率的真正难题不在于信息技术，经济的长期成功要求政策和制度安排来保证市场透明、社会公平和维持市场有效性所必须的必要公共信息，房地产业从中所能获得的收益可能是较低的资本成本、更稳定的就业水平和更加持续的增长。刘水杏（2006）对房地产业与相关产业关联关系的动态变化进行了分析，认为其变化趋势与全球"经济服务化"相一致，这一方面表现在房地产业的重要性随着第三产业在社会经济中的比例逐渐增大而日益凸显，另一方面房地产产业的密切关联产业类型随经济发展阶段不同而改变，由传统的物质型产业结构转向服务性等产业，并且房地产业的自身相关性增大。梁荣（2005）从房地产业发展规模与国民经济总量关系的角度，以美国房地产业发展的轨迹，对房地产发展"倒 U 曲线"模型①进行了实证研究。

1.2.2　关于房地产（业）的国际比较研究

国外对房地产领域的研究主要集中于房地产市场，从产业角度进行的房地产研究相对较少，最为接近的研究是英国学者 Ball，Michael 对住宅营造业（housebuilding industry）② 所进行的一系列国际比较研究。如对 OECD 七国住宅营造业的比较研究（Ball，2003），主要从规模经济、市场因素、信息不对称、规制和风险方面，分析了不同国家住宅营造业产业组织结构差异的形成原因。他认为，不同国家住宅建造模式的差异可以用产业经济学的一些常用概念（在限制范围内）来解释。该项研究表明，市场不稳定性、住宅区位的差异性、信息、劳动力市场管制、土地取得的可能性以及城市规划都是影响住宅营造业产业组织结构差异的重要因素；按照标准的 SCP 范式衡量，住宅营造业不能被简单地视为竞争性产业，但这也并不意味着其必然属于垄断行业；住宅营造业的复杂性使得对其行为和绩效的判断需要建立在更多经验性调查之上；不同国家制度结构上的差异影响着住宅营造业对市场的反应能力和产业的总体效率水平；住宅供应对市场的响应与土地市场的竞争程度高度关联，但有关住房和土地的公共政策可以冲抵住宅供应对市场的响应；对住宅建设的政府干预从来就没有成功过。再如对澳大利亚、英国和美国住宅营造业所进行的比较研究（Ball，2008）。该项研究显示，澳大利亚和美国住宅营造业的人均产出大大高于英国住宅营造业，但澳大利亚和美国住宅营造业的市场集中度（market concentration）相对较低，英国住宅营造业的市场集中度则非常高，而且英国

---

① 原由曹振良（2003：15～16）提出。

② 相当于中国的房地产开发业。

一些公司具有稳定的市场份额。对排名前100家公司的企业规模分布的调查显示，英国住宅营造业的公司规模分布从最大公司到较小公司的跌落速度远高于澳大利亚和美国。Ball，Michael认为导致英国住宅营造业与澳大利亚、美国这一显著差异的主要原因有两个：一是由于英国国土分布相对紧凑，住宅营造商得以在不同的区域市场进行多元投资，而大公司更能从这种多元投资中获得规模效益；二是由于英国严格的规划体系所导致的土地紧缺，促使住宅营造商通过相互的收购来快速获得土地，而同时城市规划的制度安排对中、小规模的行业新进入者构成了进入壁垒。相反，澳大利亚和美国并没有这种情况，因而住宅营造业的市场集中度较低。此外，美国学者Livine，Mark对世界各国房地产市场状况及其制度和宏观经济背景进行了归集和整理，为房地产业的国际比较提供了基础性的背景资料（2004）。

国内相关的研究主要有三类。第一类是对房地产业的国际比较。第二类是关于房地产市场的国际比较。第三类是对房地产业某类外部环境要素或房地产业内某个细分行业的国际比较，如房地产立法、税制、政府管理体系、房地产金融、房地产估价业、房地产经纪业等的国际比较。从发表论文的数量上看，第三类研究明显多于第一、第二类研究。

在对房地产业的国际比较研究中，刘水杏（2004：81～88）对中国、美国、日本、英国、澳大利亚五国房地产业与其密切关联产业的关联度进行了前向、后向、环向等不同层面的量化比较研究。这一研究显示，5国在房地产业关联性上存在着一些共同规律和特点：①房地产业的产业链非常长、波及面十分广阔，其中OECD 4国的35个产业中，除政府服务业外其余34个产业均与房地产业相关，在中国40个产业中，除废品及废料业外其余39个产业均与房地产业有关联。②各国房地产业对不同性质产业的作用力方向不同。③各国房地产业对所在国国民经济各产业具有明显的带动效应。④各国房地产业与相关产业关联关系的变化趋势与全球"经济服务化"相一致。与此同时，房地产业与不同产业的关联度大小受产业链上产业之间的内在联系、经济发展水平以及地区资源条件等多种因素共同影响，而呈现出明显的地域差异。李双久（2007：79～175）对美、德、日、中等国家在房地产业与经济增长、房地产业与产业结构变化和房地产业与社会就业以及土地制度、住房制度方面的实际情况进行了对比。张永岳（2004：317～365）对美国、英国、日本、俄罗斯和新加坡房地产业的发展状况做了综合性阐述。刘连新（1999：51～57）对中国房地产业的发展简史和美国、东欧各国和中国港澳地区的房地产及住房制度发展进行了阐述。杨文武（2002），对中国港台反映房地产业在国民经济中的地位与作用、反映房地产实物供给形态、反映房地产价值形态、反映房地产市场需求状况以及房地产金融服务等方面的指标体系进行了可行性实证分析和系统性的比较研究，指出中国港台房地产指标体系的共有性和差异性之所在。龙启蒙、赵三英、谭爱民（2004：42～43）对中美空置住宅统计体系、中美空置率计算公式和中美合理空置率范围进行了比较分析，指出中国的空置面积还很不全面，不能与美国的空置面积进行简单对比；中国现有的商品房空置率计算方法缺乏理论依据；国内目前被普遍认为的合理空置率和空置率警戒线没有理论根据。

关于房地产市场的国际比较，叶剑平、张跃松、王学发、徐燕鲁（2005：170～172）采用类比分析方法，对美国、日本、德国的房地产市场运行各阶段进行分析，从中寻找与当前中国房地产市场存在共性的阶段。分析表明，与我国现阶段房地产市场运行较为相似的是美国、日本和德国。张跃松、叶剑平、徐燕鲁（2005：104～106）选取美国、德国和日本房地产运行状况指标作为基础分析数据，从中选取了有代表性的10个指标进行房地产市场类比模糊分析，结果表明，我国现阶段房地产市场运行与20世纪60—80年代的日本和德国的房地产市场最为相似，存在着市场过热的现象。郝寿义（1994：57～62）对美国和中国房地产在市场构成、市场交易客体、市场交易主体、政府对市场的干预方式、政府对市场的管理手段、市场规则诸方面进行了比较，认为中国房地产市场运行区别于美国房地产市场运行的一个主要特征是，政府在中国的房地产市场运行过程中始终处于主导地位，即政府从市场内部直接控制和调节房地产市场的进行。李立平（1996：35～37）分别从土地市场和房产市场两方面对发达国家和地区的房地产市场功能进行了比较分析，认为世界各国的土地市场可分为完全市场模式、政府控制下的市场模式和非市场模式三类，美国的土地市场是完全市场模式的典型代表，其存在的基础是土地私有制，其土地资源的配置几乎完全依靠市场机制；房产市场方面有美国模式、日本模式和新加坡模式，其中美国模式下房产大部分为私有，私有房产主要集中在住宅、工业、商业和办公用房上，政府所有的房产主要集中在教育、医疗和公共用房以及公共设施上。

关于房地产业外部环境要素和房地产业内部细分行业的国际比较研究，胡兰玲（2000：57～60）对世界主要国家房地产的法律渊源、立法特点进行了比较研究，李正全（2005：63～67）对美国、日本、英国、新加坡等发达国家政府干预房地产市场的数量、价格的政策进行了比较。柴强（1993）、邹兆平（1990）对世界主要国家的土地所有制形式、土地交易制度、土地登记制度、土地征用制度、土地税收制度以及土地管理等进行了归纳。刘云、山路（1996：30～33）、沈燕（2002）对发达国家和中国的房地产税制进行了比较研究。蒋晓全、丁秀英（2005：44～47）、陈颂东（2004：220）对物业税在世界主要国家的实际征收进行了比较研究。都昌满、郭磊、刘长滨（2001：31～33）对中、美两国房地产的交易制度与惯例进行了比较。张兰亭（1994：23～26）对世界主要国家的住宅体制模式进行了比较。王进才（1996：39～45）、吴士君、龚马铃（2004：70～75）对世界主要国家的房地产金融体系进行了综合性比较。程世刚、张彦（2003：95～96）对世界主要国家的住房金融模式进行了比较。马克博利特（1991）对世界上大多数国家的住宅金融情况进行了比较。邝能玲（1998：13～15）比较分析了发达国家与发展中国家在房地产金融中实施强制储蓄情况的差异及其形成原因。余祁相（1999：13～15）对主要发达国家银行与房地产企业的关系进行了比较。李玉琼（2002：40～42）对美国、加拿大、英国、法国在房地产证券化方面的情况进行了比较。朱明星（2006：34～36）对亚洲与美国 REITs 发展的模式进行了比较。刘长滨、都昌满（2002：56～58）对中、美两国房地产经纪业的发展及管理制度进行了比较。左令、包爱华（1999：40～41、44）对中国大陆和中国台湾两地关于房地产经纪（中介服务）的立法情况进行了比较。陈健、王海滋（2004：36～40）对主要发达国家房地产经纪业内所采用的代理契约模式进行了比较分析。孙俊、徐萍（1999：43～45）、钱瑛瑛、赵小虹、赵财富（1999：27～30）对房地产估价业的制度和行业管理进行了国际比较。闵一峰（2001）对中、美房地产估价业进行了比较。

1.3　本书的研究思路与方法

在经济学研究中，实证分析与规范分析是两大类不同性质的研究模式。实证分析研究分析经济现象"是什么"，是对事实判断的分析，也即对客观事物的状况及客观事物之间的关系是什么的事实性陈述的分析；规范分析研究则分析经济现象"应该是什么"，是关于价值判断的分析，也即对价值主体与价值客体之间的价值关系的分析。前者主张摆脱价值判断，归属于实证经济学；后者主张贯穿价值判断，归属于规范经济学（朱成全，2003：185）。关于规范分析和实证分析，早期有许多学者将它们绝然分隔。大卫·休谟在《论人的本质》中提出了一个著名的哲学问题："一个人不能从是中推论出应该是"，也即从事实判断中不能产生规范判断①。西尼尔和约翰·穆勒认为实证经济学与规范经济学应分别采取"科学"和政治经济学"艺术"的形式。凯恩斯也提出了关于经济学的三分法：即分为实证经济学、规范经济学、政治经济学艺术三分法。帕累托认为纯经济学只包括实证经济学，不包括凯恩斯所谓的规范经济学和政治经济学艺术，这无疑在纯经济学和应用经济学之间划了一条严格的分界线。但是，以尼格尔、缪尔达尔、罗宾逊、萨缪尔森、海尔布伦纳等为代表的许多西方经济学家一直对"二分法"持有异议。当代新制度学派的代表人物缪尔达尔认为，在实证经济学和规范经济学之间，不存在一道不可逾越的鸿沟，正如手段和目的之间不存在不可逾越的鸿沟一样。英国新剑桥学派经济学家罗宾逊夫人则认为实证分析与规范分析应相互结合。现代新古典综合学派代表人物萨缪尔森认为，由于经济学研究不可能像物理学、化学那样能进行人为控制的实验，而只能使用逻辑推理、统计归纳等认识方法来进行研究，所以，在经济分析中就不可避免地渗透着研究者诸如价值判断等的主观因素。海尔布伦纳于1973年发表了《作为'非价值'科学的经济学》一文，对经济学应摆脱价值判断的观点提出了尖锐的批评。从西方科学哲学和经济学发展史可以看出：作为两种经济学分析方法，实证分析和规范分析虽然是有区别的，但却是相互渗透的，规范分析应以实证分析为基础，实证分析应在规范分析的前提下进行。

本书的基本研究思路是，以规范研究为目标指向进行实证研究，即通过比较目前中国与美国房地产业在产业构成及其主要行业上的差异，归纳总结中、美两国房地产业在内涵、产业属性和社会经济功能三方面的差异，然后通过对影响中美两国房地产业的主要外生因素和内生因素的比较研究，总结中美两国房地产业差异形成的主要原因，并据此归纳房地产业自身发展（演进）的一般规律，最终据此提供若干对中国政府制定房地产业产业政策具有参考价值的启示。

本书的主要研究方法是比较研究法（comparative approach）、分析叙事法（analytic narratives）。在具体分析手法上采用定性分析与定量分析相辅相承的方法。

---

① 这就在事实领域与价值领域之间做了一刀切的逻辑分析，因而被称为"休谟的铡刀"。

比较法是人类最古老、最基本的一种思维方法，是对两个或两个以上的事物进行对比，以鉴别其共性和特性、优点和缺点的方法，也是古今中外任何科学研究最常用的研究方法或手段。比较法同归纳法和演绎法存在显著的差别：（1）归纳法和演绎法皆以大量特殊事物为基础，而比较法仅是对两个（类）或两个（类）以上的特殊事物进行比较分析。（2）归纳法和演绎法侧重发掘不同事物之间的共同点，而比较法不仅可揭示事物间的共同点，而且要发掘事物间的不同点。（3）比较法比归纳法和演绎法更能将抽象思维和形象思维相结合，而成为三种方法中人们最易接受和运用的思维方法和研究方法。（4）比较法的可靠性比归纳法和演绎法小，即或然性比较大（隋启炎，1993：42）。比较研究也是经济学研究中一种重要的方法。就产业经济的层面而言，比较分析可以对特定时期某一国家或地区的多产业进行比较，也可以对单一产业在不同的历史阶段和不同地区进行比较，还可以对某些产业不同发展阶段进行比较。由于不同国家的某种产业在该产业的发展历史中所处阶段不同，因此不同国家某一产业的差异，不仅仅是空间的差异，也在一定程度上反映了该产业发展的时间差异。即"空间是时间的另外一种表现形式"（胡建绩，2008：19）。本书通过比较中美房地产业及其运行环境和发展历史，试图发现房地产业及其外部因素和发展（演进）的普遍性和特殊性规律，从而利用这些规律为我们的房地产产业发展服务。

分析叙事法是世界银行全球研究项目组向中国社会科学研究领域的研究者推荐的一种研究方法，它由美国经济学、政治学的五位顶尖学者①在二十世纪末合作出版的《分析叙事》一书中提出时。这种研究方法采纳了经济学家和政治学家普遍使用的分析工具，也吸收了历史学家广泛使用的叙事技巧。在分析叙事法中，"分析"（analytics）基于理性选择模型，特别是基于扩展型博弈论，寻找关键的参与者，分析和确定参与者的目标、参与者的选择以及影响其行为的有效规则，然后详细阐述达到约束和互利的均衡状态的策略因素，重点是强调分析一种均衡状态从何时何地转换到另一种均衡状态。而"叙事"就是通过对事件发生顺序、特殊情况以及路径依赖等方面进行精确的叙述，来确

---

① 他们是哈佛大学 Eaton 政治学讲座教授罗伯特·贝茨（Robert H. Bates）、斯坦福大学经济学教授阿夫纳·格雷夫（Avner Greif）、华盛顿大学政治学系 Jere L. Bacharach 讲座教授玛丽特·莱维（Margaret Levi）、加利福尼亚大学洛杉矶分校经济学教授让－劳伦斯·罗森塔尔（Jean ~ Laurent Rosenthal）、斯坦福大学政治学系 Ward C. Krebs Family 讲座教授兼胡佛研究院高级研究员巴里·温加斯特（Barry R. Weignast）。

定该事件的因果关系。分析叙事法的基本步骤是：提出问题或疑问，然后建立模型来阐述各解释变量之间的逻辑关系，并对各种关键的决策点和所研究问题的各种可能性做出解释，最后，通过比较静态分析和模型所得出的检验结果对模型进行评估。其中问题的提出主要是通过案例分析来进行的。但分析叙事不局限于案例的细节本身，而去寻找更一般的制度变迁问题（郭荣星、赵公正，2003：189～197）。本书选取中、美两国的房地产业作为比较案例，就是出于探寻房地产业国际差异和内生演进一般规律的目的。分析叙事法所采用的模型通常都是高度简化的，即外生变量对制度均衡的影响在可知范围内时，尽可能减少所要分析的外生变量。使得分析叙事集中在一个"锚"（anchor）或"一套锚"上。本书在分析了中美两国房地产业在内部构成、产业属性及其经济与社会功能三方面所存在共同点与差异之后，将分析重点集中于经济制度与经济体制、法律制度、政府对房地产（业）的管理（干预）制度、房地产业的自我管理制度、土地制度与土地市场、房地产税制、城市化与产业结构、金融市场这些最重要的外生因素方面。

1.4　本书的结构、特色与创新

本书共有七章，分为四个部分。

第一部分包括第一二章。第一章主要介绍本书立题的出发点、研究的意义、国内外研究动态、研究思路和方法、本书的篇章结构、特色与创新之处。第二章介绍了本书的研究所依据的相关基础理论，并对描述房地产市场运行机制的房地产两市场四象限模型进行了推演。

第二部分包括第三四章，是从"是什么"的角度，对中美房地产业进行比较分析，第三章"中美房地产业界定与发展沿革的比较分析"比较分析中美两国有关房地产业的统计界定和行业界定以及各自发展沿革的异同，第四章"中美房地产业现状的比较分析"对中美房地产业在内部构成、产业属性及其经济与社会功能三方面的异同进行比较比析。

第三部分包括第五六两章，是从"为什么"的角度，对第二部分所总结出的中美房地产业的差异，分别从外生因素和内生因素两方面分析其产生的原因。第六章按产业外部环境分析的 PEST 分析模式，即政治法律环境（POLIT-ICAL）分析、经济环境（ECONOMICAL）分析、社会物质环境（SOCIAL）分析和技术环境（TECHNICAL）分析，对中、美房地产业的外部环境中若干重要因素进行了比较，分析其对中美两国房地产业差异的影响作用。第六章从分工角度，分析房地产业内生演进的基本规律，分析推动房地产业内生演进的房地产流通方式的演进及其作用，从而从内生因素方面解释了中美房地产业之间差异的形成原因。

第四部分即第七章，主要陈述研究的结论，基于结论而得到的对中国房地产业发展的启示。

本书的特色主要有四点。第一是将世界经济学与产业经济学的理论与方法有机结合，对房地产业这一具体产业进行跨经济体的比较研究，一方面是对世界经济学如何在宏观经济层面下进一步细化研究的探索，同时对于产业经济学来说是运用国际比较方法进行实证研究的有益尝试。第二是超越现有同类研究的视角。本书将研究对象定位于房地产产业，既非比其范围更广的房地产市场，也非比其内涵更单一的某一房地产细分行业或房地产市场的某一具体要素或影响因素。这决定了本书属于经济中观层面的研究，而这恰恰是目前同类研究中非常薄弱的层面。第三，相比于房地产领域的比较研究而言，本书从外生因素和内生因素两个方面探寻房地产业国际差异的形成因素，在研究深度上更进了一步。第四，以实证研究为基础探讨规范经济学问题的研究思路，侧重于"是命题"的论证，避免了国内房地产学界较为普遍的纯思辨式规范研究模式。同时，突破"休谟的铡刀"的禁锢，以房地产经济领域"应该是"命题的论证作为本实证研究的目标指向，是将房地产经济问题的实证研究与规范研究有机结合的有益尝试。

本书的创新之处是论证了房地产流通方式是房地产业内生演进的核心因素，总结了房地产流通方式演进的基本路径及其所规定的房地产业发展、演进规律。

第二章

房地产业研究的理论基础与模型推演

2.1 产业经济理论

2.1.1 产业的定义

（1）产业与产业结构

产业作为一个经济概念，其产生和发展是一个历史的过程，它是随着社会分工的深化和生产力的发展而逐步形成和演变的。

一般来说，产业是国民经济中按一定的社会分工原则，为满足社会某种需要而划分的、从事产品和劳动生产及经营的各个部门、行业。"产业"这一概念描述的是介于微观经济细胞（企业和家庭）与宏观经济单位（国民经济）之间的若干"集合"。相对于企业来说，它是同类企业的"集合"；相对于国民经济来说，它是国民经济的一部分。

从经济学研究的角度看，目前的"产业"概念还是比较模糊的。在英文文献中，"产业""工业""行业"以及"制造业"都可以称之为"Industry"。目前，流行于教科书的产业定义有：一是指现代经济生活中从事生产或作业的各行业、各部门以及企业和私人服务单位的集合，或者说产业是为国民经济提供产品或服务的经营单位的集合；二是指生产同类产品或提供类似服务的经营单位的集合，产业的外延是各种行业及相似行业的国民经济部门；三是指存在并发展于社会生产劳动过程中的技术、物质和资金等要素及其相互联系构成的社会生产的基本组织结构体系；四是指广义的产业概念，即从事国民经济中同性质的生产或其他经济社会活动的企业、事业单位、机关团体和个人的总和；五是指狭义的产业概念，即直接从事同类经济活动的企业、事业单位和个体的总和。因此，在关于产业的学术研究中，研究者往往会根据其研究目的，给予"产业"某种特定的含义。

各产业之间的关系，即产业结构。产业结构的形成首先要基于一定的产业分类。产业分类就是对整个国民经济体系按一定的方法和标准进行分解和组合。它有不同的划分方法和划分标准。主要有以下几种：

第一，两大部类分类法。马克思在研究资本主义社会再生产时，将全社会的物质生产部门分为两大部类：生产资料生产部门（即第Ⅰ部类），其产品用于生产消费；消费资料生产部门（即第Ⅱ部类），其产品用于个人的生活消费。这种划分有利于揭示社会再生产活动的内在规律。

第二，三次产业分类法。英国经济学家阿·费希尔（A. Fisher）首先将全部的经济活动按照人类生产活动的不同发展阶段依次分为第一、二、三产业，它们分别指取自于自然的生产部门、加工取自于自然的生产部门、繁衍于有形物质财富生产之上的无形财富的生产部门。在实际应用中，可对应于农业产业、工业产业、服务产业的划分。这种划分有利于研究产业结构发展演变的规律，它在西方产业结构研究中应用最为广泛。

第三，标准产业分类法。这是联合国为了统一国民经济统计口径和世界各国产业不同分类而提出的。它将全部的经济活动分成十大项，对每个大项又进一步的划分为若干中项、小项和细项，而且每一级都有规定的统计编码。这种产业分类的一个特色就是与三次产业的分类法保持着密切的联系。

第四，生产结构分类法。它是根据社会再生产过程中的不同地位和性质来划分的一种分类方法。德国经济学家霍夫曼（Hofmann）为了研究工业化及其阶段的需要，将产业划分为消费资料产业、资本资料产业及其他产业三类。日本产业结构审议会将之划分为基础材料产业、加工组装产业、生活消费品产业、建筑业、商业、服务业及其他七大项。

第五，工业结构分类法。在工业部门划分上，一般都将工业划分为轻工业和重工业两类。也有将化学工业与之并列，形成轻工业、重工业和化学工业的三分法。

第六，要素集约度产业分类法。根据生产过程中对特定生产要素的依赖程度的不同，将产业划分为劳动密集型产业、资本密集型产业和技术密集型产业等。这种划分的好处是有利于区分不同产业的发展优势。

第七，增长率产业分类法。按照产业增长率的变化可以将产业划分为发展产业、成长产业、成熟产业和衰退产业。这种划分有利于反映产业的发展阶段和新旧产业的更替。

此外，还有其他许多不同的划分方法。如朝阳产业和夕阳产业的划分；最终需求产业和中间需求产业的划分；上游产业、中游产业和下游产业的划分。除了按一定的标准进行产业分类外，还可根据国家经济发展战略的不同需要对产业进行归类，如主导产业、支柱产业、基础产业、幼稚产业、新兴产业等。随着知识经济的发展，又可能逐步形成一些新的产业群体及知识产业（史忠良、何维达，2004：4~5）。

（2）产业结构的演变规律

产业结构演变的作用力来源于资源在不同产业之间的流动和重新配置。资源的流动与配置是在一定的资源配置机制的作用下发生的。资源配置可以通过完全的计划手段，也可以采取纯粹的市场机制，还可以采用一定的产业政策引导。不同的资源配置机制会产生不同的产业结构演变规律（史忠良、何维达，2004：5）。以下主要涉及一般市场经济条件下的产业结构演变。

17世纪，英国经济学家威廉·配第（William Petty）发现，经济发展的根本动力机制是低劳动生产率的产业（如农业）向高劳动生产率的产业（如工业）转移。1940年，英国经济学家科林·克拉克（Colin Clark）的研究显示，随着国民收入水平的提高，劳动力依次向第一、二、三产业转移，这一研究进一步印证了配第的观点，因而，人们将之称为配第——克拉克定理。

此后，美国经济学家西蒙·库兹涅茨（Simon Kuznets）依据人均国内生产总值基准点价值份额，考察了总产值结构变动和劳动力的分布结构，进一步论证了克拉克的研究结论，并且更精确地说明了具有普遍意义的产业结构变动的一般规律。库兹涅茨为揭示三次产业结构演变与国民经济发展的关系，对产业结构演变动因进行了深入的探讨，并得出结论：①随着国民经济的发展，第一产业的国民收入和劳动力比重会持续下降，其中国民收入相对比重下降程度超过了劳动力相对比重下降的程度。②在工业化时期，第二产业国民收入比重和劳动力相对比重会上升，但在工业化的后期，劳动力相对比重则大体保持不变。③第三产业国民收入比重及劳动力比重持续处于上升状态，其中劳动力相对比重上升快于国民收入比重。

罗斯托的主导产业演进理论和经济发展阶段理论认为，资本和劳动在不同部门之间的转移使用，会使收益出现系统性的差别。结构转变是指在国民经济各部门中，作为经济发展的主导部门由初级产业向第二、三、四产业的转变过程。

霍夫曼在进行工业化理论研究时发现，工业部门中消费品工业的比重会逐步下降，而资本品工业的比重将逐步上升，即工业结构的重工业化。霍夫曼以此划分了不同工业化的阶段。这就是霍夫曼定理。它与马克思和列宁的观点基本相同，之后，钱纳里等人又进一步完善和发展了这一结论。

前世界银行副行长钱纳利（Hollis Chenery）在其《工业化与经济增长的比较研究》中，曾总结了世界上100多个国家的发展经验，认为：通常一个国家在人均GDP达到300美元（1964年美元不变价格）或者700美元（1975年美元不变价格）左右时，其第一、二产业的产出份额会大致相等，而在此基础上，如果人均GNP再翻一番，即达到750美元（1964年美元不变价格）或者1400美元（1975年美元不变价格）时，第一、二产业的劳动力份额就会达到相等。这就意味着，第二产业在其劳动力份额较小的情况下，就能达到与第一产业相同的产出份额，因此，劳动生产率较高的特点可以作为主导产业部门的特征。图2~8所显示的是第一、二产业结构转换的规律，被称为"钱纳利时空"。

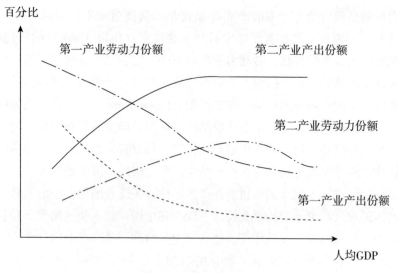

图2-1 钱纳利时空

另外，工业化到了一定的阶段以后，工业结构会由以原材料工业为主转向以加工、组装工业为主。这就是说，随着工业的发展，会对能源、原材料等资源的依赖程度下降，而加工程度将不断深化，即工业结构的"高加工度化"。如果从生产要素结构的角度来看，工业化的发展会经过劳动密集型工业为主、资本密集型工业为主、技术密集型工业为主的三个阶段。

2.1.2 产业兴衰与产业转化

产业兴衰是指产业兴起、由小到大发展起来，然后衰退、再由大到小衰落下去的过程。这种兴衰过程是事物发展的必然规律。产业转化又叫产业转换，或产业轮转，它是产业兴衰变化的结果。产业转化是一个国家或地区新、旧主导产业呈现更跌的正常现象。如果产业转化的速度慢于产业升级或外移，则该产业将逐步陷入衰退之路，产值萎缩，成为夕阳产业，国内产业发展停滞，失业率大增，此时政府要保持高度警惕。如果新的主导产业产生的速度快于传统主导产业衰退的速度，表示产业转化获得成功，国内产业升级转型顺利进行。国内外研究表明，科技进步是一个国家或地区进行传统产业改造，并促进其转换与升级的主要推动力；而市场对该产业产品及加工产品的需求结构转变及需求规模扩展，则是一个国家或地区进行传统产业改造，并促进其转换与升级的主要拉动力。（史忠良、何维达等，2004：6～7）。

产业兴衰与转化的现象，见诸于世界发达国家或地区，也见诸于各类产业。从历史来看，世界上第一个经过"工业革命"而进入现代经济发展过程的国家是英国。1760～1840年英国完成了"工业革命"，这一时期英国经济发展的支柱产业是19世纪以前的纺织工业和紧随其后的煤炭工业、钢铁工业、机械工业（包括造船业）。棉纺织工业的巨大技术创新和制度创新优势，迅速地传导到整个英国经济体系中，引发和带动了英国的机器制造业、钢铁工业、煤炭工业和运输业（尤其是航运和铁路）的大规模技术创新和飞速发展。美国是一个后起的资本主义发达国家。美国的产业演进大体上经过了三个阶段：第一阶段（1840～1910年），农业发挥着主导产业的支配作用，美国农业生产增长和技术进步方面的优势效应广泛而深刻地渗透到整个经济体系中，支配着美国那一时期的经济增长和结构变化。同时，美国农业作为支柱产业引发和带动了一系列制造业部门的产生与发展，如汽车工业、钢铁工业的产生和发展。第二阶段（1911～1970年），制造业发挥着主导产业的支配作用。这一时期，美国的"三大支柱产业"（汽车、钢铁、建筑）担当了支配美国经济在20世纪70年代以前增长与变化的主要角色。第三阶段（1980年以后），美国的高技术产业发挥了越来越重要的作用，尤其是在克林顿时期，美国推行信息高速公路的发展战略，把某些生产性企业转移到国外，使其经济得到了快速发展，将欧洲各国远远抛到后面。

2.1.3 产业形成的关键、条件和市场结构

在产业的形成时期，某类产品由于各种原因，其原来的潜在需求逐渐被市

场所认可，转化为现实需求。产业形成过程可以分为产业萌芽和产业形成两个阶段。

产业萌芽，是指新产业在旧的产业环境中经过孵化、培育而逐步成型的一个过程，意味着产业从"无"到"有"，但只是处于产业的萌芽状态。产业的萌芽状态可以表现为一项新产品的出现、一项新技术的出现或一个或多个新型企业的出现。产业萌芽的原始温床可以是现有某个产业的实验室，也可以是独立的单个企业。

产业形成的关键是技术进步的影响，即科技发明创造的价值实现过程。技术进步影响产业形成的机理如下：第一，技术进步影响需求结构，从而导致新产业的出现。技术进步使产品成本下降，市场扩大，需求随之变化；技术进步使资源消耗弹性下降，使可代替资源增加，改变了生产需求结构；技术进步使消费品升级换代，改变了消费需求结构，从而导致新产业的出现。第二，技术进步影响供给结构，从而导致新产业的出现。技术进步的结果是社会劳动生产率的提高，从而导致大产业的细分化，出现新的产业（史忠良、何维达等，2004：84～85）。

因此，当某一新产业的产品需求价格弹性较大时，技术进步既能促进产出量的增加，也能提高该产业部门的收益，于是，生产要素就会有一部分从其他产业流向该产业，促使新产业独立。

产业形成的条件是：消费需求、资源的供给和政府的产业政策。

产业形成的标志是：①该产业的产出应具备一定的规模，即这一产业的产出必须在与国内其他产业的产出项比较中占有一定的份额；②有一定量的从业人员，其含义是：新产业能吸纳一定数量的劳动者就业，并有专门的设计、技术人员、管理人员等；③有专业的生产技术装备和技术经济特点；④该产业具有一定的社会影响，承担着不可或缺的社会经济功能。

关于产业形成期的市场结构，从20世纪40～50年代开始，西方经济学家就对在产业生命周期内企业的进入、成长、退出、死亡规律进行了研究。他们对在产业生命周期内企业的共同规律性行为（特别是进入和退出行为）的改变过程进行研究。在实证研究基础上，通过对大量的产业部门的数据分析和案例分析，发现在产业形成期，企业的数量有限；随着需求上升，在产业成长期，进入者数量快速增长；在产业成熟期，产业内企业的数量维持在一个稳定的数量水平；在产业衰退期，企业则会发生较大的退出，从而使总的企业数量下降。克乐普尔（Klepper）和歌莱德（Graddy）提出了产业生命周期的G—K

模型（1990年）。在实证分析的方向上，他们认为，在产业的成长期，企业的大量进入源自外部的（产品）创新；在产业的衰退期，企业的大量退出则是由于价格战和外部创新时减少。

另一方面，在产业形成期，新技术或新工艺出现并逐步成熟，形成生产能力进入市场，为部分目标消费者所认识和接受。这一阶段的基本特点是：由于发明创造，或者优先引进新技术，最初只有少数企业进入该产业；技术不很成熟；具有较强的自然垄断性；进入该产业的企业在经历投资初期的亏损经营后开始逐渐获得大量的垄断利润；产业进入壁垒较高，风险较大。

施蒂格勒（Stigler）在斯密的"生产容量限制劳动分工"的基础上，论证了分工在产业形成中的作用，提出了产业生命周期假说。在产业形成期，由于市场容量狭小，再生产过程的各个环节规模狭小，不足以分化出来由独立的专业化企业承担，所以这个时期该产业的企业大多数是"纵向一体化"的企业，即"全能型"企业。企业参与从原材料的提供、产品的生产到产品销售的全过程。

2.1.4 产业发展理论

1. 产业发展的界定

产业的动态变化，可称之为产业发展，或产业演进（演变、演化），是经济学领域一个令人关注的问题。国内外很多学者从不同侧面对这一问题进行了研究。

熊彼特在《经济发展理论》（1934）指出："我们应当'仅仅把经济生活中不是外部强加给它的而是内部自发的变化'理解为'发展'。"他认为主要的发展过程就是"实现新的组合"。国外文献对所谓产业演化的形式化事实（stylized facts）的认定（winter，kaniovski and dosi，2003），大致可以列举如下：企业在技术能力上是异质的，在组织上也是异质的，进入和退出行为贯穿于产业演化的整个历史。在产业之间或不同历史时段之间，企业的增长率在不断变动之中的各种变动现象（如市场份额、利润率、竞争行为等以及企业的是否在位）是持续的。新产业的产生往往伴随着一种显著不同的"成熟"的结构的产生，而这常常是通过一种相当突然的内生经济动荡而发生的。不对称的企业分布贯穿于整个动态过程（ijiri and simon，1974sutton，1998dosi，1995）。供给冲击作用于一般价格，从而影响每个企业的生存和增长机会。事实上，"产业发展"与"产业渲化"两种说法的内涵和特征是基本一致的，只是英文文献中的"产业渲化"概念比较注重微观层面的特征，而中文文献中常用的"产业发展"概念相对宏观。

苏东水（2000：474）认为，"产业发展与经济发展相类似，是一个从低级向高级不断演进、具有内在逻辑，不以人们意志为转移的客观历史过程。""产业发展是指产业的产生、成长的过程，既包括单个产业的进化过程，又包括产业总体，即整个国民经济的进化过程。"

任红波（2001：46）重点研究了产业演化逻辑，他认为所谓产业演化逻辑就是指随着国民经济的发展，国民收入在一个较长的时期内会逐步增加。国民收入的增加会导致消费者购买力增强，消费者偏好变化和生产要素相对价格变化。这些会导致市场需求的变化。同时生产要素相对价格的变化结合技术进步会导致产业内资源配置的变化，资源配置的变化会导致产业内市场供给的变化。供求变化共同决定了市场容量的变化。这就引起了分工和专业化程度的相应变化，使得产业在不同阶段呈现不同的形态。也就是说，通常而言市场容量和产业生命周期的变化呈现先加速增加，后减速增加，最后下降的演化趋势。

还有一类国内文献则研讨了产业发展的具体某些方面的问题，如厉无畏、王振等在《中国产业发展前沿问题》中则认为产业发展包含产业的一系列变化趋势，包括"集群化、融合化、生态化"，这些变化不仅"创造出各种新的消费方式"，而且推动着"产业本身的创新与变革"，包括"产业结构方面的新内容、产业技术、产业组织方面的新动向"。他同时提出，这三大发展趋势的动因有：产业效率、科技创新、产业竞争、产业政策。

周冯琦（2003）从另一个角度提出观点，他着重关注产业结构的演变过程，认为这一演变过程"是各种产业载体对资本、劳动力技术和制度等要素及其变化而依据成本收益原则决定的配置行为所演绎出的产业分化和重组的过程"。他认为近年来中国产业结构的演变，并不缺乏收入水平的提高决定的需求结构转变的拉动作用，但是却明显缺乏支撑产业结构转变相应素质的产业要素。换言之，产业要素的质量提高未能跟上产业结构转变的要求（这一点显然是对前述产业演化逻辑的反驳）。认为产业结构转变"本质上是高质量产业要素对低质量产业要素的替代"。

胡建绩（2008：3~4）归纳了以上学者的观点，认为：产业发展/演化首先是一个过程，呈现阶段性；其次，产业发展/演化至少涉及产业内不同阶段的形态、演进的动因和趋势；第三，产业发展的动因可能在于技术、制度、劳动力、资本、组织、需求因素的变化（这一点在一定程度上可视为外生因素）。但他认为，以上定义尚有不足，应进一步强调：产业发展的内生性，产业发展与产业演化的区别在于它强调了"进步"或者"从低级到高级"的过程，产业发展的实质、载体和形式。据此，他给出了产业发展的定义：产业发展是以价值发展①为其实质，以主导产业群为其载体，以经济长波为其形式的一个内生提高过程（胡建绩，2008：4）。

2. 产业发展的不同层次

1）微观层面：企业创新

企业创新，使企业间竞争优势的对比发生变化，促进产业集中度的调整，同时不断构筑、调整所在产业的进入壁垒。近十年来，企业组织形式的创新对产业发展也产生了重要影响。如，企业集团（有些是通过资产所有权联系在一起，也些是通过长期交易②）、战略联盟（虚拟组织、网络组织）等。企业集团、战略联盟的企业组织形式，不仅平衡了激励和资产专用性的问题，节省了产业发展成本（交易成本和耦合成本），而且增强了优势企业对产业发展的领导权，使企业集团在产业发展中处于主体地位，如 Wintel（微软和英特尔的联盟）在相当长的时间内主导了世界整个计算机产业的发展，致使其他企业一般只能亦步亦趋地尾随。

2）中观层面：技术范式和组织变迁

随着技术的不断导入、积累，产业技术结构和产业组织也始终处于变动、调整之中。这样，产业演进就通过产业市场结构、产业技术结构和产业组织的演进表现出来。产业从新生、发展，到形成产业群、成熟，再到衰退和消亡，形成了产业的兴衰。在空间上看，形成了产业集群、产业扩散和产业转化的现象。与此同时，随着技术范式的变迁，产业之间不断地进行分离和融合。

3）宏观层面：产业革命、经济周期和产业发展

宏观制度、科技能力、市场环境、市场成熟程度和市场分布、需求结构等影响产业结构、产业组织演进。产业发展是以自组织的形式发展，但是产业是一个开放系统，它需要同外界环境进行交换，否则产生的价值熵会使其自然消亡；产业发展必须依赖于宏观环境。同时，产业发展的重大变化，也总是同产业革命和经济周期联系在一起。全球经济一体化也使产业发展从单个地区或国家扩展到全球。

---

① 参胡建绩，2004。

② 如日本的本田公司同零配件厂家签订长期供货合同。

3. 主导产业发展理论

主导产业由美国经济学家艾伯特·赫希曼最早提出，而20世纪60年代，罗斯托对主导产业理论进行了系统的研究。罗斯托在《经济增长的阶段：非共产党宣言》中把人类社会分为五个阶段：传统社会、为起飞创建前提的阶段、起飞阶段、成熟阶段和高额群众消费阶段。他后来又提出了"追求生活质量阶段。"罗斯托强调自己采用的是动态生产理论，关注"生活中某些特殊产业的发展"。这些产业就是主导产业，他认为"在任何阶段中，甚至在一个成熟并且继续增长的经济中，前进的势头能够保持，是因为少数产业迅速扩大的结果。而这些产业的扩张具有重要的外部经济效应和其他间接效应。"主导产业随不同的发展阶段不断变化，依次更替。罗斯托进一步指出，随着科学技术的发展，单个企业无法带动整个经济的增长，而是几个产业共同作用，这就是"主导产业综合体"。

4. 新兴古典经济学产业发展理论

分工和专业化是最为古老的经济学观点之一。亚当·斯密指出，人类社会组织的一个显著特点便是分工。人类社会中分工不仅复杂，而且存在着分工由简单到复杂的演进。亚当·斯密在其巨著《国民财富的性质和原因的研究》（1776）中指出，增长的动力在于劳动分工、资本积累和技术进步，分工使劳动者熟练程度增进，使转移工作的时间损失降低，使许多简化劳动和节省劳动的机械被发明和创造出来。亚当·斯密所列举的制针工人的例子极为经典，但是它只是描绘了一种最基本的分工类型，即工序之间的分工，属于一种纵向分工。而且斯密主要关注分工对劳动者劳动技能的提高以及对劳动的节约作用，这一方面反映了当时的生产技术状况，劳动的复杂性和劳动之间的协调性要求不是太高，仍是以简单重复性劳动为主。另一方面也说明，当时的生产率改进也主要是体现在劳动者个体劳动技能的提高，以及通过合理安排劳动环节减少无谓的劳动时间损失上。分工的一个重要意义，即机器的发明及应用。在斯密的时代，机器的主要作用是节约劳动。当时的机器，以一些简单的辅助性机械为主。但这些机械成为改变生产能力的关键，由于机器的参与生产，并进一步发展机器，使得人们可以完成手工无法完成的工作。今天，离开机器，仅凭手工劳动，无论耗费多少时间，人们都无法完成一些看起来简单的工作。

巴比奇（1835，转引自杨小凯，1999）对斯密的分工理论进行了发展，认为分工可以节省学习时间，因而能加速知识积累。

杨小凯继承亚当·斯密高度重视分工的经济学思想，建立了一种全新的经济学分析框架——新兴古典经济学，他运用超边际分析的方法，从生产－消费者的专业化选择入手，充分考虑各种交易费用的一般均衡意义，分析了分工演进的基本规律及其不同侧面。其关于分工演进的基本思想是，任何一个经济体系都面临着分工经济和交易费用的两难冲突。交易效率越高，折中两难冲突的空间就越大，分工水平也就越高。随着分工的演进，社会的商业化和市场化程度会随之发生演进。

新兴古典经济学认为交易费用①对分工演进和经济发展有着极其重要的影响，交易费用系数越低，分工水平就越高；反之则越低。交易费用取决于交易技术、制度安排和城市化因素。分工的内生演进（一种动态机制，指在任何经济参数都不发生外生变化时，分工会随时间的流逝而自发地演进）可以用动态全部均衡模型予以解释：在初始阶段，人们对各种生产活动都没有经验，生产率很低，因此付不起交易费用，只好选择自给自足。当每个人慢慢在每种活动中积累了一些经验，生产率慢慢地提高，因而能负担得起一点交易费用，于是选择较高的专业化水平。通过市场自由择业和自由价格机制，这些自利决策的交互作用会使整个社会的分工水平提高。升高的专业化水平反过来加速了经验积累和技能改进，使生产率进一步上升，此时每个人在权衡专业化将带来的报酬和当前增加的交易费用后，认为可以支付更多的交易费用，因此反过来会进一步增加专业化水平。这样，良性循环过程就会出现。这个过程使分工演进越来越快（杨小凯、张永生，2003：167～169）。新兴古典经济学为产业发展（演进）提供了全新的理论解释基础②。

2.2 服务经济理论

2.2.1 "服务"与"服务业"的内涵

"服务"是经济生活中后起的活动，人们对它的认识是一个不断深入的过程。1750年重农主义者将"服务"定义为农业生产以外的其他所有活动。古

---

① 交易费用可分为外生交易费用和内生交易费用。外生交易费用是指在交易过程中直接或间接发生的那些费用，它不是由于决策者的利益冲突导致经济扭曲的结果。内生交易费用包括广义的内生交易费用和狭义的内生交易费用两种类型。广义的内生交易费用是指，只有在所有参与者都做出了决策后才能确定的交易费用。它是个体自利决策之间交互作用的后果。狭义的内生交易费用是指市场均衡同帕累托最优之间的差别。它是机会主义行为的后果。

② 本书第六章对此有所阐述。

典经济学家亚当·斯密认为服务在本质上不创造价值，因为它具有不可储存性。我们可以在西方以往的经典经济理论中找到不少类似"服务不创造价值，是非生产性活动"这样的观点。

随着边际学派的日渐昌盛，马歇尔在古典学派和边际学派理论的基础上，对以往的经济学进行了系统的综合，创立了新学派。价值论基础的更改，使得人们对服务劳动的成果形式及其运动规律有了新的认识，服务经济被纳入到国民经济的总体中去考察，人们不再仅从劳动性质角度考察服务经济的具体功能，而是从国民收入分配、国民经济核算、产业结构变动等多个角度对服务经济进行多层次的分析。同时，人们也注重深入研究服务经济各行业自身的生产过程、经济效益、收入分配过程等特点。

1977 年，希尔（Hill T. P.）对服务给出了一种有广泛影响的定义："一项服务生产活动是这样一种活动，即生产者的活动会改善其他一些经济单位的状况。这种改善可以采取消费单位所拥有的一种商品或一些商品的物质变化形式，另一方面，改善也可以关系到某个人或一批人的肉体或精神状态。随便在哪一种情形下，服务生产的显著特点是，生产者不是对其商品或本人增加价值，而是对其他某一经济单位的商品或个人增加价值。"（1977：315，338）"这个定义抓住了服务的本质，强调服务生产（service production）和服务产品（service product）的区别。"（黄维兵，2002：45）

萨伊认为，"人们所给予物品的价值，是由物品的用途而产生的。所谓生产，不是创造物质，而是创造效用。"至于交换，他认为："当一个人把一件东西卖给别人时，事实上等于把这东西的效用卖给人"（1997：59）。萨伊的这种主观效用价值论，实际上等于肯定了服务劳动属于生产性劳动，否定了斯密的见解。同时，他把服务劳动成果统称为无形产品。萨伊的这个观点，很大程度上影响了后世经济学界。西方国民经济核算把产品分为有形产品和无形产品两类，即源于此。

克里斯廷·格罗鲁斯（2002：32~33）认为，"服务是由一系列或多或少具有无形特征的活动所构成的一种过程，这种过程是在顾客与员工、有形资产的互动关系中进行的，这些有形的资产是作为顾客问题的解决方案而提供给顾客的。"

菲利普·科特勒（2005：559）认为，服务是一方能够向另一方提供的基本上是无形的任何活动或利益，并且不导致任何所有权的产生。它的生产可能与某种有形产品联系在一起，也可能毫无关联。

美国市场营销学会（AMA）在 1960 年时把服务定义为：用于出售或者是同产品连在一起进行出售的活动、利益或满足感。而到了 20 世纪 90 年代，这一定义被更改为：服务是可被区分界定，主要为不可感知，却可使欲望得到满足的活动，而这些活动并不需要与其他产品或服务的出售联系在一起。生产服务时可能会或不会需要利用实物，而且即使需要借助某些实物协助生产服务，这些实物的所有权将不涉及转移的问题。

综合以上观点，可以发现，对于"服务"，从早期的重农主义的混沌认识，到亚当·斯密的"不具有价值"、"非生产性"观点，再到承认其创造价值，并与其他有形商品相关联，最后发展到认为服务是可以被单独交换，不涉及有形物的所有权转移，具有增进服务提供方以外的其他对象（或其拥有的商品）的价值这种效用的无形商品。但以上这些定义，都是从服务的某一方面或某几个方面所进行的特征描述。2000 年，中国学者黄少军对"服务"给出一个定义："服务是一个经济主体受让另一个经济主体的经济要素的使用权并对其使用所获得的运动形态的使用价值。"（2000：98）这个定义可以说是从本质上反映了"服务"概念的内涵。

关于"服务业"，最为流行的定义是从统计分类的角度所进行的定义，简而言之，即认为服务业就是第三产业。这一定义"可以避免理论上无休止的争议，便于操作，但缺乏逻辑上的严谨性，最终会掩盖产业发展的真实规律，反过来又造成理论和实践中的混乱。"（庄丽娟，2004：43）而这实际上是由第三产业概念本身的缺陷所决定的。黄维兵认为，第三产业概念把农业、工业以外的一切社会活动都包括无遗，存在经济理论上的混乱，它的不科学性主要表现在没有告诉人们第三产业究竟是什么，尤其是它回答不了劳动与非劳动、付出劳动与占有别人劳动的界限，甚至也分不清人类社会活动中精神与物质的区别。他指出，服务业与第三产业既有密切联系，又不能完全等同。从联系上说，二者所包含的行业多数相同，但两者的界定方法不同，第三产业采用的是剩余法，即凡不属于第一和第二产业的部门都属于第三产业，而服务业的界定是以其能否提供或生产各种类型的服务为标准的；第三产业的概念隐含着传统经济思想的逻辑，而服务业的概念则是现代经济思想的体现（2002：80～81）。他指出，服务业是"生产或提供各种服务的经济部门或企业的集合"（2002：64）。如果结合上述黄少军的"服务"定义，这一服务业定义可认为是准确且适用的。

2.2.2 服务业的分类

1. 我国的分类

1985 年我国开始对服务业进行生产核算，1985～1993 年期间，我国服务业的分类包括：1. 运输邮电通讯业，2. 商业、饮食业、物资供销和仓储业，3. 金融保险业，4. 房地产业，5. 服务业（这里"服务业"是一个窄口径的服务业，它包括居民服务业、咨询服务业、农林牧渔服务业、地质勘察业、水利管理业和综合技术服务业。），6. 公用事业，7. 科教文卫体育福利事业，8. 国家机关、政党机关和社会团体，9. 其他行业。1994 年以后，我国对服务业生产核算的分类进行了调整，划分为 12 个 1 级分类，包括：1. 农林牧渔服务业，2. 地质勘察业、水利管理业，3. 交通运输、仓储及邮电通信业，4. 批发和零售贸易、餐饮业，5. 金融保险业，6. 房地产业，7. 社会服务业，8. 卫生、体育和社会福利业，9. 教育、文化艺术及广播电影电视业，10. 科学研究和综合技术服务业，11. 国家机关、政党机关和社会团体，12. 其他行业。

2. ISIC 分类

在国际上，自 20 世纪 60 年代以来使用最广泛的行业统计分类是第 2 版国际标准产业分类（ISIC），它将服务业划分为 14 个小类，包括：1. 批发业，2. 零售业，3. 酒店旅馆业，4. 交通仓储业，5. 通讯业，6. 金融机构，7. 保险业，8. 房地产与经营服务，9. 政府与国防，10. 卫生，11. 社会社区服务，12. 娱乐文化服务，13. 个人和家庭服务，14. 国际及跨国组织。

3. 经济学家辛格曼（Singleman 1975）的分类

把服务划分为流通服务、生产者服务（producer services）、社会服务和个人服务。（见表 2-1）

表 2 – 1　服务业按功能的分类

1. 流通服务： 交通、仓储业 通讯业、批发业 零售业（不含饮食业） 广告业以及其他销售服务	2. 生产者服务： 银行、信托及其他金融业 保险业、房地产 工程和建筑服务业 会计和出版业、法律服务 其他营业服务
3. 社会服务： 医疗和保健业、医院 教育 福利和宗教服务 非营利机构 政府、邮政 其他专业化服务和社会服务	4. 个人服务： 家庭服务 旅馆和饮食业 修理服务、洗衣服务 理发和美容 娱乐和休闲 其他个人服务

　　流通服务是媒介商品生产和消费的服务，是将商品从生产领域送达消费领域的服务，流通服务的功能决定了它必然随商品生产规模的扩大而扩大。流通服务主要包括交通运输、邮电仓储、批零贸易等。

　　生产者服务又称为中间投入性服务，它是作为生产过程的中间投入提供给企业和经济组织的服务，它不用于个人的最终消费。生产者服务主要包括金融、保险、房地产和会计、法律、咨询管理等商务服务。从严格的意义上说，生产者服务并不只是用于生产过程的中间投入，也有一些服务是用于个人最终消费的，但最终消费部分的重要性和规模远不如中间投入的部分。

　　社会服务和个人服务都属于最终消费型服务，它们主要用于满足人的各种需要，服务对象主要是个人。不同在于社会服务具有公共需求的特性，主要包括卫生医疗、教育文化、福利和宗教服务等。个人服务是满足个人最终需求的服务，包括家庭服务、理发美容、修理洗衣等，个人服务一般具有规模小、经营分散、技术含量低的特点。

2.3　房地产业发展"倒 U 曲线"模型

2.3.1　房地产业发展"倒 U 曲线"模型

　　房地产发展"倒 U 曲线"是曹振良教授于 2001 年提出来的。所谓房地产业发展"倒 U 曲线"，是指一个国家经济起飞时，随着人均 GDP 的增长，房地产业①以高于人均 GDP 的增长速度加速增长。但是随着人均 GDP 的进一步增长，房地产业发展速度将逐渐放慢，直至与人均 GDP 同速，甚至低于人均 GDP 的增长速度，其发展轨迹呈"倒 U 曲线"。（见图 2－5）

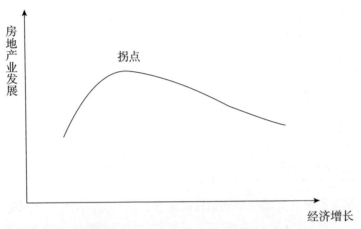

图 2－2　房地产业发展"倒 U 曲线"②

房地产发展"倒 U 曲线"的实质或理论基础在于：房地产业作为基础产业具有绝对性，作为支柱产业具有相对性，正是在这"双重产业特性"规律的作用下，房地产业运动、发展呈"倒 U 曲线"特征。

具体地说，在曲线起止两端之间的时期内，房地产业除了具有常规功能特征和基础产业特性外，还具有支柱产业的功能特征，尤其是在发展速度方面。对于房地产业发展"倒 U 曲线"形成的原因，有两个方面：首先是常规因素，即常规增长，房地产业作为基础产业所发挥的作用。这些常规因素主要有：（1）国民经济的发展，增加了对工商用房及其他公共用房的需求，从而推动了非住宅房地产的发展；（2）随着国民经济的发展，居民收入的增长，增加了其对住宅的需求，从而推动了住宅房地产的发展；（3）房地产金融制度的不断完善，对整个房地产业发展具有推动作用；（4）提升城市竞争力，开展城市营销，而城市营销的主要内容是房地产经营，对房地产发展起经常性作用。

除常规因素外，还有特殊因素或超常规因素，即超常规增长，这时房地产

---

①　作者注：曹振良教授在此所称的"房地产业"是与中国房地产业现状相对应的，即以住房开发业为主体的房地产开发业。

②　引自梁荣（2005）。

业作为支柱产业发挥作用。这些超常规因素主要有：（1）旧城改造中对居民的拆迁补偿推动住宅房地产的发展；（2）城市化过程的加快，吸纳农业人口进城刺激了住宅房地产的加速发展；（3）城市居民自我调整消费结构，增加了住房消费，影响着住宅房地产的超常发展；（4）国民经济跳跃式发展，也有推动房地产超常规的因素；（5）政府的有关特殊政策。这一时期政府的特殊政策是多方面的，而且往往有叠加效应，一方面，直接推动住宅房地产和非住宅房地产发展；另一方面，通过上述有关措施，如旧城改造政策、城市化政策、跳跃式发展战略等加速了房地产超常规发展。然而，国民经济经过一个时期快速增长以后，进入平稳持续发展阶段，这时，上述影响房地产业超常发展的因素，有的继续发挥作用，如城市化，有的作用减弱如旧城改造。经过拐点，就整体而言，作用的力度下调，直至基本消除进入常规发展，房地产业支柱产业的地位也将逐渐下降或消失，继续发挥基础产业的作用。

房地产业发展的"倒 U 曲线"模型的含义是，当一国经济起飞之后，随着 GDP 的增长，房地产业作为主导产业（或部门）在一定时期内将以高于 GDP 的增长速度持续增长；随着人均 GDP 的进一步增长，房地产业持续增长的速度将逐渐减弱，直到与 GDP 的增长速度相同，甚至低于 GDP 的增长速度。

房地产业发展的"倒 U 曲线"模型主要是从住宅业的角度，就总量或者增长速度层面而言的。这种发展和变化反映了人们的居住需求由生存需求向改善需求的过渡。从社会经济变化的特征来看，主导产业或部门的持续增长反映了一国经济从传统社会阶段、起飞阶段逐渐过渡到走向成熟、大众高额消费以及追求生活质量阶段的规律性，当然更反映了主导产业演进的规律性。

梁荣（2005）选取 1947～2002 年美国房地产业发展的实际数据对"倒 U 曲线"进行了实证研究，证明美国房地产发展"倒 U 曲线"理论模型（或房地产"倒 U 曲线"假说）是成立的。

2.3.2 房地产业发展"倒 U 曲线"模型的思想渊源

"倒 U 曲线"思想则要追溯到 20 世纪 50～60 年代。当时，西方主要发达资本主义国家的经济进入高速增长时期，相应地，西方经济学界关于经济增长理论的研究向更深入、更实证化的方向发展，即由一般的经济增长理论或模式研究转向具体的经验统计论证、国别分类研究和详细的因素分析。库兹涅茨关于经济增长的数量与结构的分析，索洛、丹尼森（Denison，E.）、肯德克里（Kendrick，J. W.）等人关于经济增长因素的分析，就是这一时期的代表理论。

根据统计资料分析，库兹涅茨得出一个收入分配变化的规律：假定在经济增长之前收入分配是平等的，那么，在经济开始增长的开始阶段，收入分配出现不平等。不平等表现为全社会收入分配不均，甚至每个人的收入都没有增加；但随着经济持续增长，收入分配不均的状况逐渐缓解，当经济增长达到一定水平、收入水平达到一定程度、各部门劳动生产率和收益差别缩小后，收入分配才从有利于高收入阶层，转为有利于中等收入阶层，最后有利于低收入阶层，以此变得较为平等。这就是"库兹涅茨效应"（Kuznets effect）。

库兹涅茨的这一结论是考察发达国家的情况得出的。对于发展中国家的情况，他未做论证，也没有画出图形。直到1963年后，他对此才做了进一步的分析。阿德尔曼（Adelman，I.）和莫里斯（Morris，C. T.）在1973年运用库兹涅茨的方法，对发展中国家经济发展的阶段以及收入分配的变化做了考察。阿德尔曼等人将发展中国家的人口分为5%的高收入阶层、20%的中等收入阶层和60%的低收入阶层三类。研究发现：在经济发展初期阶段，由于二元经济结构的存在，当狭小的工业部门开始扩张时，农业人口的收入分配明显出现不均等。尤其是当外资企业引入后，收入分配不均等更加恶化。总的来说，60%的低收入者和20%的中等收入者的收入在国内生产总值中的比重都显著下降，只有5%的富人收入比重明显上升。经济发展达到较高阶段后，高收入的5%人口的收入分配基本维持原状，而中等收入阶层的收入在国内生产总值的比重开始上升。只有当经济发展到二元结构趋于消失时，60%的低收入者的收入比重才较大幅度地上升。由此可见，发展中国家的收入分配也呈现一条"倒U形"曲线。人们据此将上述情况命名为"倒U曲线"（inverted U – shaped curve）或"库兹涅茨曲线"（Kuznets curve）。

1974年后，阿鲁瓦利亚和钱纳里等人又考察了20世纪60年代和70年代初66个发展中国家的经济增长和收入分配情况，也得到了一条"倒U曲线"。阿鲁瓦利亚等人的研究表明：大约有1/3的低收入国家、3/5的中等收入国家和3/20的高收入国家存在着严重的收入不均等情况。收入不均等的分布顺序是低收入国家——中等收入国家——高收入国家。经济发展水平越低，收入分配越不平等，经济发展水平越高，收入分配越趋于平等。

1992年，世界银行在其《1992年世界发展报告》提出了环境"倒U形曲线"（见图2-6）。还有许多研究都支持了环境恶化与经济发展水平之间的这种关系。

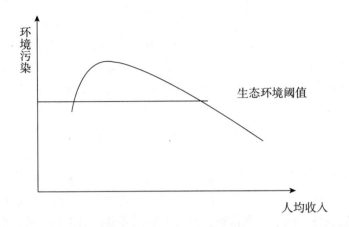

图 2 – 3　环境"倒 U 曲线"

2.4　房地产两市场四象限模型及其推演

2.4.1　房地产两市场四象限模型

　　房地产是一种特殊的商品,既可以满足人们的消费需求,又可以满足人们的投资需求。以住房为例,当其作为人类生活的空间被使用时,即满足了人们的消费需求,而当其作为一种可以在较长时间内持续提供服务(这种服务实质上是一种经济产出)的房地产存量而被人们持有时,即满足了人们的投资需求。而且,住房也可以同时满足消费需求和投资需求。这与住房的交易方式有关,因此也就引发了西方国家房地产学界所关注的住房"租买选择"问题。租买选择与住房需求之间的关系见表 2 –2。

表 2 – 2　租买选择与住房需求的关系①

租买选择形式		住房需求形式
租赁住房		消费需求
购买住房	自住	消费需求 + 投资需求
	出租	投资需求

---

① 引自郑思齐,2007:31,表 2 –1。

租赁与自有之间的差异关键在于是否存在投资行为。事实上，购买房地产是一种投资行为，因此房地产的买卖价格是在房地产资产或资本市场中决定的。在这一市场上，拥有房地产资产的需求必须等于供给，房地产资产的新增供给主要来源于新项目的开发建设，并且取决于这些房地产的资产价格和与之相关的重置成本或者建造成本。从长远看，在房地产资产市场上，房地产的市场价格应该等于包括土地成本在内的重置成本。然而，就短期来看，由于房地产建设过程中存在的滞后和拖延现象，使价格和成本之间发生较大的背离。例如，假如拥有物业的需求突然增加，而房地产资产的供给又相对固定，肯定会导致物业价格的上升。当房地产的价格高于房地产开发成本时，就会出现新的房地产开发项目。随着新项目逐渐推向市场，需求逐渐得到满足，价格开始向重置成本回落。

除了价格外，还有一些其他的因素影响着房地产的需求。如租金水平，它反映房地产资产收益能力。租金是在房地产服务市场（也有学者称这为"使用市场"或"物业市场"①）上形成的。在房地产服务市场上，需求来源于物业的使用者——企业或家庭，这些使用者既可以是租客，也可以是物业自用业主。租金是根据服务市场上的房地产空间使用情况而定的，而不是根据资产市场上的所有权价值确定的。在服务市场上，使用空间的供给量是一定的（来源于房地产资产市场）。对物业的需求取决于租金和诸如公司的生产水平、收入水平或者家庭数量等一些其他的外在经济因素。服务市场的市场机制作用结果就是确定一个租金水平，在这个水平上对物业的使用需求等于物业的供给。在其他因素保持不变的情况下，当家庭数量增加或企业扩大生产规模时，空间的使用需求就会上升。在供给固定的情况下，租金就会上涨。

在资产市场和服务市场之间有两个关联点。第一，服务市场上形成的租金水平是决定房地产资产需求的关键因素。在获得一项资产时，投资者实际上是在购买当前或将来的收益流量，因此，服务市场上的租金变化会立即影响到资产市场上的所有权需求。第二，两个市场在开发或者建设部分也有关联。如果房地产建设量增加且资产的供给量也随之增长的话，不仅会使资产市场上的价格下滑，而且也会使服务市场上的租金随之下调。Denise Dipasquale 和 William C. Wheaton（1992）采用了一个四象限分析模型（图2-4）来说明这两个市

---

① 见 Dipasquale，D and W. Wheaton（1992：188）

场之间的关联。

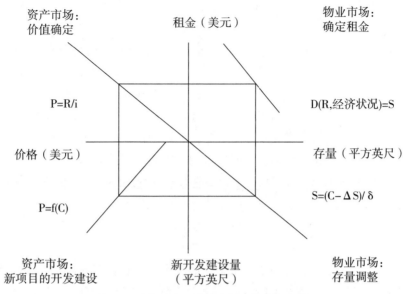

图2－4 房地产：资产市场和服务市场①

在图2－4中，右侧的两个象限（第Ⅰ和第Ⅳ）代表空间使用的服务市场，左侧的两个象限（第Ⅱ和第Ⅲ）则反映资产市场的情况。

第Ⅰ象限有租金和存量两个坐标轴：纵轴——租金（每单位空间），横轴——物业存量（也以空间的计量单位进行衡量，如平方英尺）。物业使用的需求曲线表明，在特定的经济条件下，对物业的需求数量取决于租金。如果租金变化时，物业使用需求数量不变（非弹性需求），那么使用需求曲线几乎变成一条完全垂直的直线；如果物业的需求量相对于租金的变化特别敏感（弹性需求），则使用需求曲线就会变得更为水平。当经济增长，公司或家庭数量增加，曲线会向上移动，表明在租金不变的情况下，物业需求会增加；当经济衰退时，曲线会向下移动，表明物业需求减少。

使物业需求量 D 和物业存量 S 达到平衡时的租金水平 R，即均衡租金，它满足以下条件：

$$D(R，经济状况) = S \qquad (2.1)$$

服务市场上的房地产存量供给由房地产资产市场给定，因此，在图2－4

① 引自 Dipasquale，D and W. Wheaton（1992：188）。

中，对于横轴上的某一数量的物业存量，向上画一条垂直线与需求曲线相交，然后从交点再画一条水平线与纵轴相交，按照这种方法可以找出对应的租金标准。

第Ⅱ象限代表了资产市场的第一部分，有租金和价格（每单位空间）两个坐标轴。以原点作为起点的这条射线，其斜率代表了房地产资产的资本化率，即租金和价格的比值。这是投资者愿意持有房地产的当前期望收益率。一般来说，资本化率受四方面因素影响：经济活动中的长期利率、预期的租金上涨率、与租金收入流量相关的风险和政府的房地产税收政策。当射线以顺时针方向转动时，资本化率提高；逆时针方向转动时，资本化率下降。在这个象限中，资本化率被看作一种外生变量，它是根据利率和资本市场上各种资产（股票、债券、短期存款）的投资回报而定的。因此，该象限的作用是，对于特定的租金水平 R，利用资本化率 i 来确定房地产资产的价格 P：

$$P = R/i \qquad (2.2)$$

对于第Ⅰ象限中的某种租金水平，如画出一条垂直于纵轴的直线直到与第Ⅱ象限的射线相交，从交点再向下画出一条垂直于横轴的直线，该直线与横轴的交点便是资产的给定价格。

第Ⅲ象限是房地产资产市场的一部分，它可以对房地产新资产的形成原因进行解释。这里的曲线 $f(C)$ 代表房地产的重置成本。如图 2-4 所示情况的假设条件是，新项目开发建设的重置成本是随着房地产开发活动（C）的增多而增加，所以这条曲线向左下方延伸。它在价格横轴的截距是保持一定规模的新开发量所要求的最低单位价格（每单位空间）。假如开发成本几乎不受开发数量的影响，则这条射线会接近于垂直；如果建设过程中的瓶颈因素、稀缺的土地和其他一些影响开发的因素致使供给非弹性变化，则这条射线将会变得较为水平。从第Ⅱ象限某个给定的房地产资产价格，向下作垂线，从其与开发成本曲线 $f(C)$ 的交点开始，画水平线与纵轴相交，与纵轴的交点便是在此房地产价格水平（此时开发成本等于资产的价格）下的房地产新开发建设量，也即均衡的房地产新开发建设量。如果房地产新开发建设量低于这种平衡数量，则会导致开发商获取超额利润；反之，如果开发量大于这个平衡数量，则开发商会无利可图。所以新的房地产开发建设量 C，应该保持在使物业价格 P，等于房地产开发成本 $f(C)$ 的水平上，即：

$$P = f(C) \qquad (2.3)$$

在第Ⅳ象限，年度新开发建设量（增量）C，被转换成为房地产物业的长期存量。在一定时期间内，存量变化△S，等于新建房地产数量减去由于房屋拆除（折旧）导致的存量损失。如果以δ表示折旧率，则：

$$\triangle S = C - \delta S \tag{2.4}$$

$$S = (C - \triangle S)/\delta \tag{2.5}$$

以原点作为起点的射线 $S = (C - \triangle S)/\delta$ 代表每年的建设量纵轴上正好等于某一个物业存量水平（在水平轴上）。在这种存量水平和相应的建设量上，由于折旧等于新竣工量，物业存量将不随时间发生变化。因此，△S 等于 0，S = C/δ。第Ⅳ象限假定了某个给定数量的开发建设量，同时确定了假设在开发建设量永远继续的情况下导致的存量水平。

对图 2 - 4 四象限的 360 度全方位分析表明，从某个存量值开始，在服务市场确定租金；这个租金在资产市场决定了房地产的价格；这些资产价格可导致形成新的开发建设量；这些新的开发建设量最终会形成服务市场上新的存量水平。当存量的开始水平和结束水平相同时，服务市场和资产市场达到均衡状态。假如结束时的存量与开始时的存量之间有差异，那么图 2 - 4 中四个变量（租金、价格、新开发建设量和存量）的值将并不处于完全的均衡状态。假如某一期开始时的数值超过上一期结束时的存量，租金、价格和新开发建设量必须减少，使其达到均衡。

2.4.2　房地产两市场四象限模型的的推演

房地产两市场四象限模型描绘了一种房地产市场自我调节的理想状态。然而，在许多新兴经济体以及发达经济体的早期发展阶段，都曾出现过房地产市场自我调节失灵、房地产泡沫产生的情况。这些现象与房地产两市场四象限模型相去甚远。

进一步分析房地产两市场四象限模型，可以发现，房地产两市场四象限模型中潜含着"房地产租买可完全替代"的前提条件，在这一假设前提下，住房资产价格围绕着由房地产租金所决定的住房价值波动，因此从长期来看，近似 $P = V$。然而，承租或购买的房地产，其效用受诸多外界因素影响，两者之间并不一定能完全替代①。那么，如果房地产租买不能完全替代，或者说房地产市场上租买选择机制不存在，房地产资产价格与房地产价值的关系会怎样？

---

① Lawrence D. Jones（1989：17）就曾指出，不中立的税率政策或不成熟的租赁市场都会影响自有住房和租赁住房的效用。

考虑到中国房地产市场以住房市场为主的特征，同时，城市化的推进使房地产升值现象明显，房地产投机大量存在，下文在以下假设前提下，以城市住房市场为对象，对房地产两市场四象限模型进行推演：

假设前提：

（1）住房租买选择机制不存在

（2）住房价值持续上升并导致住房资产的市场价格不断上涨

（3）不存在抑制住房投机的外生因素

设均衡租金为 R_t，t 期住房存量为 S_t，t 期住房价值为 V_t，t 期住房新增量为 Q_t，t 期住房资产的市场价格为 P_t，住房资产市场上刚性需求[①]为 D''，住房资产市场上第 t 期非刚性需求[②]为 D'_t，住房资产市场上第七期总需求为 D_t，住房自有率为 λ，资本化率为 i，基期资本化率的倒数为 k_1，每期总需求增长幅度为 η。

采用"使用完全产出率的收益流资本化法"（Yield Capitalization Using an Overall Yield Rate）（Appraisal Institute，2001：4～20）计算物业的正常市场价值（market value）。

$$V_t = \frac{R_t}{i_t} = k_t R_t (k > 1)$$

由于假设前提（2）会导致资本化率持续下降[③]。为简化计算，本模型设资本化率 i 均匀下降，引入常数项 ϕ 表示资本化率 i 的倒数的变化幅度，则

$k_t = \phi^{t-1} k_1$（$\phi > 1$），故

$$V_t = \phi^{t-1} k_1 R_t \quad (\phi > 1, \ k > 1) \tag{2.6}$$

当期住宅存量为当期住房市场新增量与上期住宅净存量（为简化运算，设折旧率 δ 为 0，净存量与存量相等）之和。

$$S_1 = Q_1 + (1-\delta)S_{t-1} = Q_t + S_{t-1} \tag{2.7}$$

根据假设前提（2），$P_t > P_{t-1}$。住房新增量与本期及上期住房价格的差值

---

① 指受当时当地人均住房水平制约的，纯粹因人口增长而产生的购买住房需求。

② 指不受当地人均住房水平制约、与人口无关的购买住房需求，主要由房地产投机需求构成。

③ 设资本化率为运用"收益流资本化公式（Yield Capitalization Formulas）"计算的，能反映房地产收益流模式、房地产价值变化、权益者预期贴现率的完全资本化率，其基本公式为：

完全资本化率（Overall Capitalization Rate）＝产出率（Yield Rate）－调整系数

当房地产价值不断上升时，调整系数不断增长，从而使得完全资本化率趋于下降（Appraisal Institute，2001：4～19）。

呈正比，即

$$Q_t = a(P_t - P_{t-1})(a > 0) \tag{2.8}$$

在住房服务市场上，均衡租金 R 与存量 S 满足等式 D（R，经济情况）$=$ S。设经济情况保持不变，为常数，则 D（R，经济情况）为以 R 为自变量的租房需求函数，由于住房租买选择机制不存在，该函数恒定不变。

由于住房租买选择机制不存在，存量住房中的自有住房不会参与住房租赁市场运作，因此存量 S 中需要扣除自有住房的部分。设住房自有率为 λ，则租金与住宅存量的关系为

$$R_t = b(1 - \lambda)S_t + e(b < 0, e > 0, 0 < \lambda < 1) \tag{2.9}$$

在住房资产市场上，总需求可分为刚性需求与非刚性需求。其中刚性需求的弹性较低，在租买选择机制缺失且社会经济正常发展的前提下，每期数量基本保持稳定，因此设各期刚性需求恒定为 D''；非刚性需求具有追涨杀跌的特性，可设为 $D_t' = fP_t + g(f > 0)$。则各期总需求 D_t 为

$$D_t = D_t' + D'' = fP_t + g + D''(f > 0)$$

在假设前提（2）的条件下，D_t' 不断增长，从而导致 D_t 不断增长，为简化运算，设 D_t 按 $\eta(\eta > 1)$ 比例均匀增长，即 $D_t = \eta D_{t-1} = \eta^{t-1}D_1$，则上式可作以下变形：

$$P_t = cD_t + d = c\eta^{t-1}D_1 + d\left(c = \frac{1}{f} > 0, d = -\frac{g + D''}{f}, \eta > 1\right) \tag{2.10}$$

将（2.8）代入（2.7）

$$S_t = S_{t-1} + a(P_t - P_{t-1})$$

$$= S_{t-1} + acD_1\eta^{t-2}(\eta - 1)$$

则 $S_t = S_1 + acD_1(\eta - 1)(\eta^0 + \eta^1 + \eta^2 + \ldots + \eta^{t-2})$

$$= S_1 + acD_1(\eta - 1)\frac{1 - \eta^{t-1}}{1 - \eta}$$

$$= S_1 + acD_1(\eta^{t-1} - 1) \tag{2.11}$$

设 $X_t = P_t - V_t$ （将（2.6）代入）

$$= P_t - k_1\varphi^{t-1}R_t$$

$$= c\eta^{t-1}D_1 - k_1 b(1 - \lambda)\varphi^{t-1}S_t - k_1 e\varphi^{t-1} + d$$

$$\tag{2.12}（将（2.9）（2.10）式代入）$$

则 $X_{t-1} = P_{t-1} - V_{t-1}$

$$= c\eta^{t-2}D_1 - k_1 b(1 - \lambda)\varphi^{t-2}S_{t-1} - k_1 e\varphi^{t-2} + d$$

且 $X_t - X_{t-1} = c\eta^{t-2}D_1(\eta-1) + k_1\varphi^{t-2}b(1-\lambda)(S_{t-1} - \varphi S_t) + k_1\varphi^{t-2}e(1-\varphi)$

$$= c\eta^{t-2}D_1(\eta-1) + k_1\varphi^{t-2}[-b(1-\lambda)(\varphi S_t - S_{t-1}) - e(\varphi-1)]$$

(2.13)

$\varphi S_t - S_{t-1} = \varphi[S_1 + acD_1(\eta^{t-1}-1)] - S_1 - acD_1(\eta^{t-2}-1)$ （将(2.11)代入）

$$= (\varphi-1)S_1 + acD_1[\varphi(\eta^{t-1}-1) - (\eta^{t-2}-1)]$$

$$= (\varphi-1)S_1 + acD_1[\eta^{t-2}(\varphi\eta-1) - (\varphi-1)]$$

(2.14)

将 (2.14) 代入 (2.13) 得

$X_t - X_{t-1} = c\eta^{t-2}D_1(\eta-1) + k_1\varphi^{t-2}\{-b(1-\lambda)\{(\varphi-1)S_1 + acD_1[\eta^{t-2}(\varphi\eta-1) - (\varphi-1)]\} - e(\varphi-1)\}$

$$= c\eta^{t-2}D_1(\eta-1) + k_1\varphi^{t-2}[-b(1-\lambda)acD_1\eta^{t-2}(\varphi\eta-1) + b(1-\lambda)acD_1(\varphi-1) - b(1-\lambda)(\varphi-1)S_1 - e(\varphi-1)]$$

观察到上式中 $-b(1-\lambda)acD_1\eta^{t-2}(\varphi\eta-1) > 0$，且当 $t \to +\infty$ 时，该项无穷大

设 $A = b(1-\lambda)acD_1(\varphi-1) - b(1-\lambda)(\varphi-1)S_1 - e(\varphi-1)$，该项为常数项

因此 $X_t - X_{t-1} = c\eta^{t-2}D_1(\eta-1) + k_1\varphi^{t-2}[-b(1-\lambda)acD_1\eta^{t-2}(\varphi\eta-1) + A]$ (2.15)

由于 $\eta > 1, \varphi > 1, 0 < \lambda < 1, b < 0$，其他参数均大于零

因此当 $t \to +\infty$ 时，$c\eta^{t-2}D_1(\eta-1) \to +\infty$，$-b(1-\lambda)acD_1\eta^{t-2}(\varphi\eta-1) \to +\infty$

由此可得当 $t \to +\infty$ 时，$X_t - X_{t-1} > 0$

期初，$X_t - X_{t-1}$ 的正负取决于常数项 A 的大小；但不论 A 的正负大小，因其为常数项，根据 (2.15) 式可知 $X_t - X_{t-1}$ 始终随 t 的增大而增大。因此综合考虑，$X_t - X_{t-1}$ 的总体趋势图形可以有以下两种可能：

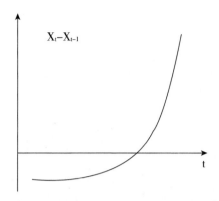

图 2 – 5　期初为负值的两时期住房价格偏离价值幅度的差额

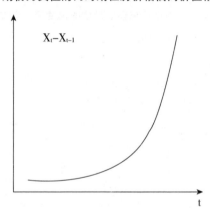

图 2 – 6　始终为正值的两时期住房价格偏离价值幅度的差额

在图 2 – 5、图 2 – 6 中，$X_t - X_{t-1}$ 均随着 t 的增大而增大且 $X_t - X_{t-1}$ 的值基本为正，但图 2 – 5 显示，初期的 $X_t - X_{t-1}$ 为负值。

X_t 是当期价格与价值的差值，由（2.12）式可知，X_t 的具体大小与各参数的数值有关，可正可负。可由 $X_t - X_{t-1}$ 可能出现的函数图形推断 X_t 的函数图形。

由于 X_t 可正可负，结合图 2 – 5 可得出 X_t 可能出现的两种情况图（2 – 7、图 2 – 8）；结合图 2 – 6 可得出 X_t 可能出现的另两种情况（图 2 – 9、图 2 – 10）；需要指出的是，虽然这四幅图无法涵盖所有增减性符合图 2 – 5、图 2 – 6 标示的函数，但它们包含了原函数在一、四象限中可能出现的所有情况，满足经济分析的要求。

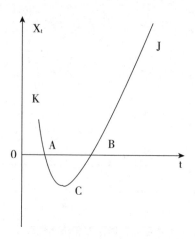

图 2 – 7   住房价格偏离价值的幅度变动全过程

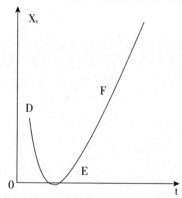

图 2 – 8   住房价格高于价值的幅度变动全过程

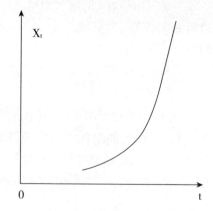

图 2 – 9   住房价格高于价值且幅度不断增大的过程

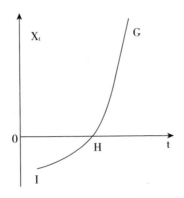

图 2 – 10　住房价格从低于价值转向高于价值的过程

进一步分析，X_t 与 X_{t-1} 可能出现如下六种情况：

情况一：$X_t > X_{t-1} \geqslant 0$，即价格大于等于价值且偏离幅度随时间的增加而增大（最典型的如图 2 – 9，另外图 2 – 7 的 BJ 段、图 2 – 8 的 EF 段及图 2 – 10 的 HG 段都有这个特点，图 2 – 8 中的 E 点为曲线与横轴的切点，是 $X_{t-1} = 0$（即价格等于价值）这一特殊情况的例证。

情况二：$0 < X_t < X_{t-1}$，即价格高于价值，且差额逐渐缩小（如图 2 – 7 中 KA 段及图 2 – 8 中 DE 段），这是价格回归价值的形式。但由于 $X_t - X_{t-1}$ 始终随着 t 的增大而增大，上述情况不会维持很久，此后会转为 $X_t > X_{t-1} \geqslant 0$ 的，即情况一的情形，如图 2 – 8 的 EF 段；也可能转变为 $X_{t-1} > 0 > X_t$ 的形式，即情况三。

情况三：$X_{t-1} > 0 > X$，即价格由高于价值转为低于价值（如图 2 – 7 中 A 点的邻域）。这是产生套利机会的开端，随即进入情况四。

情况四：$X_t < X_{t-1} < 0$，即价格逐渐低于价值且偏离幅度随时间的增加而增大（图 2 – 7 的 AC 段）。由于套利行为的存在，这种情况鲜有长期存在的可能，只会在短期内存在，因为套利资本的进入将帮助价格回归价值。随着 t 的增大，X_t 与 X_{t-1} 的关系将进入情况五。

情况五：$X_{t-1} < X_t < 0$，这时价格虽然低于价值，但价格偏离价值的幅度逐渐缩小（如图 2 – 7 中 CB 段或图 2 – 10 中的 IH 段），即价格渐渐回归价值，这是套利行为作用的结果，最终会使价格与价值相等（即 $X_t = 0$）。

情况六：$X_{t-1} < 0 < X_t$，即价格由低于价值转为高于价值，（如图 2 – 7 中 B 点的邻域或图 2 – 10 中 H 点的邻域），这正是套利行为作用的结果。此后进入 $X_t > X_{t-1} > 0$ 的状态，即价格高于价值且偏离幅度随时间的增加而增大。

综合以上六种情况，可见虽然短期内会出现住房价格低于价值，甚至偏离程度不断加大的情况，但套利行为均会扭转这些状况，从长期来看，住房价格终将高于价值，且其偏离价值的幅度会随时间的推移而增大。

　　以上模型推演表明，除非存在抑制住房投机的外生因素，当住房资产升值并推动住房价格不断上涨时，租买选择机制的缺失会促使住房价格持续高于价值，从而形成房地产泡沫。

第三章

中美房地产业界定与发展沿革的比较分析

3.1 中美房地产业的界定及比较分析

3.1.1 中美房地产业的统计界定

这里所谓"统计界定"是指政府统计部门为明确统计口径而对产业所做的界定。

1986 年，联合国为统一世界各国产业分类而修订的《全部经济活动产业分类的国际法》中，把经济活动分为 10 大类，房地产业被界定为由 4 个层次构成：①出租和经营房地产（非住宅、建筑、公寓房间住宅）；②进行土地功能分区和房地产开发（用自己的账户）；③不动产出租人；④通过合同或收费方式经营的租赁、买卖、管理、评估房地产的代理人、经纪人和管理者。

2002 年中国修订了《国民经济行业分类》（GB/14754——2002），将房地产业归为 K 门类，内含 4 个大类，根据这一分类标准，统计界定的中国房地产业是指，包括房地产开发经营、物业管理、房地产中介服务和其他经济活动的产业（如表 3 – 1）。

表 3 – 1 中国房地产业的统计界定

大类	中类	小类	
72			房地产业
721	7210		房地产开发经营
			指房地产开发企业进行的基础设施建设、房屋建设，并转让房地产开发项目或者销售、出租商品房的活动。
		◇	包括：

大类	中类	小类	
			—土地使用权的转让、买卖和租赁活动；
			—住宅、公寓的开发、销售、出租等活动；
			—办公楼的开发、销售、出租等活动；
			—商业营业用房的开发、销售、出租等活动；
			—其他建筑物的开发、销售、出租等活动。
		◆	不包括：
			—房屋及其他建筑物的工程施工活动，列入 E（建筑业）的相关行业类别中；
			—房地产商自营的独立核算（或单独核算）的施工单位，列入 E（建筑业）的相关行业类别中；
			—家庭旅社、学校宿舍、露营地的服务，列入 6690（其他住宿服务）。
722	7220		物业管理
			指物业管理企业依照合同约定，对物业进行专业化维修、养护、管理，以及对相关区域内的环境、公共秩序等进行管理，并提供相关服务的活动。
		◇	包括：
			—住宅小区、住宅楼、公寓、别墅、度假村等物业管理；
			—综合楼、办公楼、写字楼、商场、商厦、购物中心、酒店、康乐场所等物业管理；
			—工厂厂房、仓库等物业管理；
			—车站、机场、港口、码头、医院、学校等物业管理；
			—房管部门（房管局、房管所）对直管公房的管理；
			—单位对自有房屋的管理；
			—其他物业管理。

大类	中类	小类	
		◆	不包括：
			—独立的房屋维修及设备更新活动，列入 E（建筑业）相关类别中；
			—贸易大厦、小商品大厦的市场管理活动，列入 7470（市场管理）；
			—社区服务，列入 8290（其他居民服务）。
723	7230		房地产中介服务
			指房地产咨询、房地产价格评估、房地产经纪等活动。
		◇	包括：
			—房地产价格评估机构活动；
			—房屋买卖居间、代理活动；
			—房屋租赁居间、代理活动；
			—房地产咨询活动；
			—房屋置业担保；
			—其他房地产中介代理。
		◆	不包括：
			—房产测绘，列入 7640（测绘服务）。
729	7290		其他房地产活动
		◇	包括：
			—房地产交易管理；
			—房屋权属登记管理；
			—房屋拆迁管理；
			—住房及房改积（基）金的管理；
			—其他未列明的房地产活动。

资料来源：中国国家统计局，http：//www.stats.gov.cn/tjbz/hyflbz/P020060711384970629005.pdf。

自 1997 年开始，美国国家统计局对国民经济各产业的统计按照北美产业分类体系——NAICS（以下简称 NAICS）进行，2007 年颁布的 2007NAICS 对房地产业（real estate）是这样定义的：房地产分类组中的产业包括主要从事以下业务的公司：出租房地产给他人，为他人管理房地产，为他人购买、出售、租赁房地产，以及提供与房地产相关的服务，例如评估服务。这个分类组包括主要从事于出租建筑物、住宅和其他房地产给他人的权益型房地产投资信托公司（Equity REITs）①。抵押型房地产投资信托公司（Mortgage REITs）归入分类组 525 的"基金、信托及其他金融工具"（Funds，Trusts，and Other Financial Vehicles）。主要从事细分和开发未改造的房地产和为出售而建造房屋的公司归入分类组 236 的"建筑物建造"（Construction of Buildings）。主要从事细分和开发生地以便随后卖给建造者的公司归入分类组 237 的"重型及土木工程建设"（Heavy and Civil Engineering Construction）。"②

　　NAICS 中的 531 Real Estate 包括：

表 3－2　2002《北美产业分类标准》中的房地产业

2002《北美产业分类标准》代码	2002《北美产业分类标准》项目名称
53	房地产与租赁（Real Estate and Rental and Leasing）
531	房地产（Real Estate）
5311	房地产出租人（Lessors of Real Estate）
53111	居住建筑与住宅的出租人（Lessors of Residential Buildings and Dwellings）
531110	居住建筑与住宅的出租人（Lessors of Residential Buildings and Dwellings）
53112	非居住建筑的出租人（迷你型仓库除外）（Lessors of Nonresidential Buildings（except Miniwarehouses））
531120	非居住建筑的出租人（迷你型仓库除外）（Lessors of Nonresidential Buildings（except Miniwarehouses））

---

　　①　作者注：这一点是 2007NAICS 与 2002NAICS 有所不同之处，2002NAICS 将房地产投资信托（REITS，包括 Equity REITs 和 Mortgage REITs）归入分类组 525 的"基金、信托及其他金融工具"，因为它们被看作是投资工具。

　　②　见 2007 NAICS Definition，http：//www. census. gov/cgi－bin/sssd/naics/naicsrch。

续表

2002《北美产业分类标准》代码	2002《北美产业分类标准》项目名称
53113	迷你型仓库和自有贮存室的出租人（Lessors of Miniwarehouses and Self - Storage Units）
531130	迷你型仓库和自有贮存室的出租人（Lessors of Miniwarehouses and Self - Storage Units）
53119	其他房地产产权的出租人（Lessors of Other Real Estate Property）
531190	其他房地产产权的出租人（Lessors of Other Real Estate Property）
5312	房地产代理商和经纪人事务所（Offices of Real Estate Agents and Brokers）
53121	房地产代理商和经纪人事务所（Offices of Real Estate Agents and Brokers）
531210	房地产代理商和经纪人事务所（Offices of Real Estate Agents and Brokers）
5313	与房地产相关的活动（Activities Related to Real Estate）
53131	房地产物业管理人员（Real Estate Property Managers）
531311	住宅物业管理人员（Residential Property Managers）
531312	非住宅物业管理人员（Nonresidential Property Managers）
53132	房地产估价师事务所（Offices of Real Estate Appraisers）
53139	其他与房地产相关的活动（Other Activities Related to Real Estate）
531390	其他与房地产相关的活动（Other Activities Related to Real Estate）

3.1.2 中美房地产业的行业界定

这里所谓的"行业界定"，是指自认为（或通常被人们认为）是房地产行业的人士对房地产业界定的主流看法。

美国房地产行业人士一般认为：房地产职业（私营部门）包括房地产经纪、物业管理、房地产金融、房地产估价、房地产咨询、房地产开发与建筑、公司不动产管理、投资分析与资产管理、土地使用规划。（弗洛伊德、查尔斯·F〔美〕、马库斯·T·艾伦〔美〕，2005：7~11）

中国房地产业的主管部门是国家建设主管部门，因此国家建设主管部门对房地产业界定的看法即代表了房地产行业对这一概念的认识。1987 年 11 月 20 日，原国家城乡建设环境保护部《关于发展城市地产业的报告》中，对房地产业含义作了进一步说明，"房地产业包括土地的开发，房屋的建筑、维修、管理，土地使用权的有偿划拨、转让，房屋所有权的买卖、租赁，房地产的抵押贷款，以及由此形成的房地产市场"。

3.1.3 中美房地产业界定的比较分析

从上文所述的中、美两国房地产业的界定来看，两国对这一概念有四方面的共同点：

第一，无论从统计界定还是行业界定来看，中美两国对房地产业的界定，都是从"产业群"①层面进行界定的，并非产业组织意义上的产业（即提供同类商品的厂商集合）。所以，"房地产业是从事房地产开发、经营、管理和服务的产业群体"（宋春华等，1993：39）这一表述是恰当的。

第二，无论从统计界定还是行业界定来看，中美两国对房地产业的界定，都不包含自用住房的业主。尽管美国国家统计局在计算房地产业的 GDP 增加值时将自用住宅（owner occupied housing）所提供的服务（按同类住宅的市场租金计算）计入其中②，但 NAICS 对房地产业（产业代码：531）的界定，并不包含自用住宅的业主（因为自用住宅不是出租给他人的）。这样的界定是符合产业经济学原理的。

第三，中美两国对房地产业的统计界定，都不包括建筑业。这完全可以从经济学理论进行解释。从建筑与房地产的区别来看，前者只是一个关于某种物质实体的非经济概念，后者是一个与产权、商品关联的经济概念。建筑业是直接从事建筑物的物质生产活动的产业，而房地产业（包括房地产开发业）并不直接从事建筑物的物质生产活动，而是主要从事与房地产商品价值实现有关的非物质生产活动。因此，建筑业不应属于房地产业。

第四，中美两国对房地产业的统计界定或行业界定都深深地带有本国房地产业发展实际状况的铬印。

但是，两国在房地产业界定问题上的差异也是非常明显的。

首先，中国对房地产业的统计界定与行业界定是基本统一的，其主要表现就是统计部门所采用的产业分类体系中，房地产业单独作为一类，而其内容与房地产行业对房地产业的界定是基本一致的。美国房地产业的统计界定将房地

---

① 产业群是指一些有各种关联关系的产业群体，是一个通过物资流和服务流连接的各产业子集，相互间联系强于与国民经济中其他部门的联系（芮明杰，2005：171）29。

② 这只是统计上为保证 GDP 不受住房自有率变化影响（Bureau of Economic Analysis, U. S. Department of Commerce, 2008：15）。

63

产业只界定为房地产服务业①，与行业界定有明显差异。但笔者认为这是为了服从美国统计部门对产业的服务业——非服务业两分法统计②的需要，而统计界定的主体显然是清楚这种界定与行业界定之间所存在的差异的③。

其次，与"房地产"的概念有关，在中国，房地产业从事与房地产有关的经济活动，在美国，房地产业（real estate industry）从事与 real property 有关的经济活动。而在英文中，real property 是与 personal property 相对的概念，其准确的中文翻译应是"不动产"。不动产是不能移动或移动后会改变其原来性质、形状和失去原价值的物。相对来说不动产是个大概念，房地产是个小概念，后者只是前者的一部分，二者的关系如图 3 - 1。所以美国的房地产业（real estate industry）实质上是不动产业。当然，从美国房地产业（或称不动产业）的发展沿革（见第三章 3.3）来看，其主要涉及的仍是作为商品的建筑或建筑地块及其产权的经济活动，与非房地产的其他不动产（如农田、山林等）有关的经济活动并不占重要地位，故将美国的不动产业近似地视为与中国含义相当的房地产业仍是可行的。

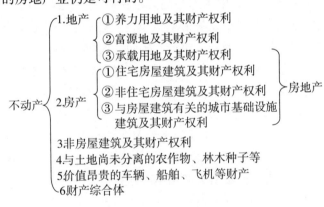

图 3 - 1 不动产与房地产的关系

综合以上对中美两国房地产业界定的比较分析，笔者认为对房地产业进行一定的学术界定是非常必要的，学术界定应在参考统计界定和行业界定的基础

---

①　参见第四章。
②　参见第四章。
③　否则 NAICS 不会在解释房地产业（531）的定义时节外生枝地解释与其没有关系的"从事细分和开发生地以便随后卖给建造者的公司"（归入分类组 237 的"重型及土木工程建设"）和"为出售而建造房屋的公司"（归入分类组 236 的"建筑物建造"）。

上保持独立性，应强调产业内部的关联性，并充分考虑产业发展、演变的规律。遗憾的是，美国房地产学者似乎对这一问题缺乏兴趣，以致众多冠以"房地产经济学"名称的教科书和房地产的专业辞典，都缺省了对"real estate industry"的定义。在中国学者对房地产业的多种版本解释中，较为严谨和全面的解释有："房地产业是从事房地产开发、经营、管理和服务的产业群体"（宋春华等，1993：39）；"房地产业是指从事房地产开发、经营和管理等各类经济活动的行业，是国民经济中具有生产和服务两种职能的产业部门，它体现了房地产经营过程各种参与者之间的经济关系"（张永岳，2005：14）。[①] 本书即在以上两种定义框架下对中美两国的房地产业进行比较研究。

3.2 中国房地产业发展沿革

3.2.1 近代至新中国成立

1840 年鸦片战争之后，中国国门渐开。在外国商人活动以及本国买办资本主义、民族资本主义工商业发展的刺激下，一些中心城市也渐渐发展起来。典型的城市有上海、广州、厦门、宁波、杭州、天津、九江、汉口等等，一般都是在历次中外战争中被迫开放的商埠。这些城市的发展，带来了房地产开发的兴盛，其中发展最快的是上海。19 世纪中后期，英国、法国、德国、日本、俄国和美国相继在上海设立租界。由于租界受"承租国"管辖，一时间成为乱世的"避风港"，各个阶层的人士，尤其是上海巨商、高级知识分子以及江浙一带的地主富豪，纷纷在租界里边租赁、购买或者建造房屋，作为自己生活起居和经商办公的地方，兼有避祸的作用。此外，这个时期，由于上海工商业的发展和周边农村自然经济渐渐破产两方面的因素，上海周边地区的农民也不断地涌向上海谋生。所有这些人的到来，使得上海的土地和房屋渐趋紧张，房屋和土地的价格节节升高，尤其是租界里面。一些精明的商人很快看到，从事商业性的房地产开发，也就是购买土地，建造房屋，然后出售或者出租，可以获取高额的投资回报。

当时，投资房地产开发的不仅有本国的商人，也有外商和买办资产阶级。比如，著名的外商投资的房地产开发企业上海新沙逊洋行，是一家靠经营鸦片

---

① 有学者评论这一定义"其特点是强调房地产业是兼有生产和服务（经营管理）职能的产业"（曹振良，2003：8）。

起家，后来转向房地产开发的洋行。1877年，沙逊洋行以8万两白银的代价，从美国琼记洋行的手中获得了"候德产业"，第一次涉足房地产投资。由于"候德产业"地理位置十分优越，增值潜力巨大，在短短数年间，为沙逊洋行带来了巨大的投资回报。这推动沙逊洋行在房地产业的投资迅速扩张。到1912年的时候，沙逊洋行在房地产业的累计投资总额已经超过了200万两白银，所拥有的产业占地大约300亩，每年收取的租金，更是高达70万两白银。有人粗略统计，沙逊洋行在大约40年的时间里，投资房地产业的税后净收益，超过1000万两白银。

当时，民族资本家们虽然也想分享房地产业这块大蛋糕，但由于在上海的外商势力过于强大而难以施展拳脚，因此，民族资本家们主要活跃于长江沿岸的一些内陆城市（如汉口）。由于民族资本家们资本不太雄厚，因此他们投资房地产业，比较多的是采用集资的方式，参与集资的业主，有时有好几十个。当然，也有一些民族资本家独资经营房地产，比如汉口的刘歆生。

1888年，中国第一家专营房地产的公司在上海成立，老板是英国商人。1901年，英国商人和美国商人合资，在天津成立了先农房地产公司。这是一家规模较大的专营房地产的公司，公司成立之初，向社会发行了总额4000两白银的股票和50万两白银的债券，6年后又发行债券150万两白银。1912年，同样是在天津，比利时商人也成立了经营房地产生意的义品房产公司，该公司还发放房地产抵押贷款。

辛亥革命以后，中国进入了高度动荡的时期，清末新军首领们拥兵自重，军阀割据带来了经久不息的内战。在这样兵荒马乱的年代，最最如坐针毡的无疑是那些有钱的地主、商人和资本家，为了躲避战乱，他们纷纷迁居几个大城市，这同时意味着财富的集中。另一方面，这一时期由于"政府"对于兴办实业的支持，也由于第一次世界大战使得西方主要资本主义国家无暇顾及中国，民族资本主义获得了大发展，城市工商业进一步兴隆，对于房地产的需求自然水涨船高。此外，从乡村流入城市的贫民也持续不断，进一步扩大了城市人口，这导致对居住用房的需求增加。在这种社会背景之下，城市变得越来越拥挤，20世纪20年代，中国的房地产开发终于迎来了第一个高潮。

随着城市土地价格的飞涨，以及建筑技术的进步，20世纪20年代，中国也开始大规模建造"高楼大厦"。与同时期的美国人正在修建的钢结构大厦相比，中国的建筑活动还是落后了一个时代。而且，在中国建造这些"高楼大厦"的业主，主要是掌握了钢筋混凝土施工技术的外国人。从20世纪20年代到 30 年代，在上海的外滩，形成了中国最著名的"高楼大厦"群。

1846 年，上海开埠。西方人沿着黄浦江西岸在外白渡桥至金陵东路之间修筑马路，称为 bund，中文翻译为外滩、黄埔滩，这就是外滩的来历。其后，英、法分别在外滩北端、南端设立领事馆，外商洋行、银行、报馆也云集于此，经过约一个世纪的营建，到上海解放前，在这个三里长的弧线上，集中了 52 幢各种风格的大厦，其中有英国古典式、英国新古典式、英国文艺复兴式、法国古典式、法国大住宅式、巴洛克式、哥特式、爱奥尼克式、东印度式、近代西方式、折衷主义式、中西掺合式等等。尽管如此，这些建筑的格调基本是统一的，整个建筑轮廓线也比较协调，成为上海的标志性建筑群之一。形成外滩"高楼"群体的时间正是 20 世纪 20 年代，随着后来外滩土地价格的飞涨和洋行资本的扩展，后来多被拆掉重建。1908 年以前建造的外滩建筑，留存至今的只有原招商局大楼、原中国通商银行大楼和原华胜大楼三处。20 世纪 20 年代以前，以当时的标准，上海仅有少数几座"高层建筑"（五层以上），分别是光绪二十九年建造的外滩 3 号英国总会（今中山东一路 3 号东风饭店）、光绪三十一年建造的南京东路外滩汇中饭店（今和平饭店南楼）、民国 4 年兴建的九江路四川中路的安利洋行 7 层大楼、民国 5 年建成的外滩中山东一路 1 号亚细亚大楼（7 层）等。1920 年之后，正是在中国房地产开发的第一个高潮时期，外滩的建设也步入热火朝天的鼎盛时期，截至 1937 年，相继建成的"高层建筑"有外滩中山东一路 12 号的汇丰银行大楼（民国 10 年建造）、13 号海关大楼（民国 14 年建造）、16 号台湾银行大楼（民国 16 年建造）、17 号字林西报大楼（民国 10 年建造）、20 号的沙逊大厦（民国 15 年建造）、27 号的怡和大楼（民国 11 年建造）、有利银行大楼（民国 11 年建造）、日清公司大楼（民国 10 年建造）、麦加利银行大楼（又称渣打银行，民国 11 年建造）、扬子保险公司大楼（民国 9 年建造）、中国银行（民国 25 年建成）、百老汇大厦、横滨正金银行大楼、格林邮船大楼、东方汇理银行大楼等。20 世纪 20 年代外滩的最高建筑是英籍犹太人维克多·沙逊（沙逊洋行的老板）投资建造的沙逊大厦。1925 年，沙逊洋行在上海不惜血本取得了 4 万平方米的土地，1929 年，这座占地 4617 平米，建筑面积 36317 平米的庞然大物竣工。大厦为钢架结构，高 10 层，局部 13 层，总高 77 米。东立面屋顶呈金字塔形，四方攒尖顶，坡度很陡，高约 10 米，用紫铜皮饰面，呈墨绿色。这座大厦的五至七层原为华懋饭店，当时是上海滩最豪华的旅馆。

1945 年 12 月，美国特使马歇尔来华，到上海后就曾下榻于华懋饭店。

1952 年大厦由上海市人民政府接管，1956 年恢复业务，并改名为和平饭店。1992 年世界饭店组织将和平饭店列为世界著名饭店之一。当时，沙逊洋行为了建造这座大厦，耗资 560 万两白银，装饰豪华，而且地理位置优越，租金当然是非常昂贵，比一般的房间要高好几倍。尽管如此，这座大厦的市场反映很好，很快就全部租出去了。鉴于沙逊大厦的再一次大获成功，沙逊洋行后来又开发了 6 座大厦，其中有 5 座在 10 层以上。在当时的上海房地产界，无论是拥有产业的土地面积，还是房屋面积，或者高层大厦的数量，沙逊洋行都是首屈一指，因此，毫无疑问地成为旧上海房地产界的龙头老大。

从整个上海来说，20 世纪 20 年代和 30 年代，仅 10 层以上的豪华大楼就出现了 28 座。其他一些城市，如哈尔滨、沈阳、天津、武汉、广州等，这个时期也出现了一些 8、9 层的高层建筑。

据有关研究统计，在那个时期，外资占房地产开发资本的比例，超过 60%，但外资中，也有不少是海外华人的份额，比如从南洋归来的富商或者实业家。

1937 年以后，由于日军全面侵华，很多重镇相继沦陷，导致外国资本的撤离和民族资本的内迁，房地产开发活动大幅减少。抗战胜利后，虽然略有回升，但随着内战的再一次爆发，房地产开发活动再次受到严重冲击，外国资本更是匆忙变卖撤出。以沙逊银行为例，不到一年间抛售了价值 128 万美元的三处地产，同时还抛售了价值 95 万英镑的股票。民族资本同样撤往海外，到 1949 年解放时，上海以民族资本为主的房地产企业只剩下 49 家，所占资本比重低于 5%。

3.2.2　新中国成立至 1984 年

新中国成立之后，在社会主义体制下，房地产开发经历了非常巨大的变化。最初，国家实行城市土地国有和不能流转的制度，房屋也退出了商品的范畴。土地使用采取的是无偿无限期申请制；城市建设早期采取的是国家包干制，政府投资、行政分配、免费（或几乎免费）使用，后来逐步过渡到两种机制：一种是"企业办社会"，无论是居住、饮食，还是商业零售、服务，甚至学校、医院，都由企业自行开发建设，并供企业的员工使用，"自给自足"；另一种则是统建。1963 年《中共中央、国务院第二次城市工作会议纪要》指出："今后在大中城市中新建和扩建企业、事业单位，要把住宅校舍以及其他生活服务和有关市政设施和投资，拨交所在城市实行统一建设、统一管理，或者在统一规划下，实行分建统管。"这就是城市建设"统建"模式的由来。此后一些有关城市建设的会议和文件，也多有对于"统建"的强调。

尽管"统建"如"企业办社会"一样，也是计划经济的产物，但与"企业办社会"这样的"小农经济"相比，还是有所进步。"统建"虽然缺乏市场调节机制，供需均衡比较困难，但对于落实城市规划、协调国家、地方和建设单位的建设投资等，还是发挥了积极的作用。从经济学的角度来说，以上这种近乎"无偿"的房地产使用机制，以及不可流转的特性，一方面导致资源配置效率下降，另一方面导致供求失衡。此外，这种机制也使经营性的房地产开发根本不可能存在，有人称这段时期为中国房地产业的"休眠"时期。

1979 年经济体制改革开始启动。1980 年，邓小平关于发展建筑业和住房制度改革的谈话首次提出了住房可以买卖的商品经济思想，接着，关于住房商品性的大讨论在全国开展，讨论使住房商品化的路子得以明确，为房地产业的发展逐步扫清了思想障碍。1980 年 6 月，中共中央、国务院在批转的《全国基本建设工作会议汇报提纲》中正式提出实行住房商品化政策，准许私人建房、私人买房，准许私人拥有自己的住宅，并进行公有住房出售的试点。1980年，国务院批转的《全国城市规划工作会议纪要》指出："实行综合开发和征收土地使用费政策，是用经济办法管理城市建设的一项重要改革，它有利于……充分发挥投资效果。"这个《纪要》鼓励采用房地产开发公司的运作形式来搞好城市建设，于是一些统建部门转换机制，变成了房地产开发公司。

1984 年，国家进一步明确了支持经营性房地产开发的方针，并规范了相应的一些制度。该年的《政府工作报告》指出："城市住宅建设，要进一步推行商品化试点，开展房地产经营业务。"这是中国房地产业的一个重要转折，房地产不但重新"商品化"，而且被明确提出要进行"经营"。1984 年 10 月党的十二届三中全会做出了《关于经济体制改革的决定》，将改革的重点由农村转向城市，逐步明确了市场化导向改革的思路，为土地使用制度改革和住房制度改革指明了方向，为房地产业的初步发展奠定了制度基础。

3.2.3　1985 年至今

3.2.3.1　第一阶段：房地产业的初步发展阶段（1985～1991）

这一阶段的土地使用制度改革和住房制度改革起步，促使房地产业获得初步发展。这一阶段的主要特点是：

（1）土地使用制度改革起步，土地供应一级市场开始形成。土地是房地产的物质载体，土地市场是房地产市场的基础性市场，改革开发的展开势必涉及土地使用制度。改革的内容是，在坚持城市土地国家所有的前提下，实行所有权与使用权分离，转让土地使用权，逐步变土地的无偿、无期限使用为有偿、有期限使用。这一改革，首先是从中外合资、合作企业收取土地使用费开始的。1985 年，在外资经济进入较早的深圳、广州、上海等地，率先对三资企业开征土地使用费，迈开了历史性的一步。接着又进行土地批租试点。1988 年上海推出的虹桥经济技术开发区 26 号地块作为第一块批租土地，向国际招标，获得成功，随后土地批租在全国迅即推开。1991 年，一些大中城市中已初步形成了外销商品房的土地供应一级市场，为日后的土地市场全面形成积累了经验。

（2）住房制度改革积极推进，住房商品化开始实施。在逐步明确住房商品性的基础上，住房制度改革实质性启动。开始时以"提租补贴"的思路进行改革，1987 年在烟台、蚌埠、唐山三城市进行试点。1988 年 8 月召开了第一次全国住房制度改革工作会议，印发《关于全国城镇分期分批推行住房制度改革实施方案》，推动住房社会化、专业化、企业化经营。1991 年北京、上海等地又出台了住房制度改革实施方案，其基本原则是逐步实现住房商品化和"自住凭其力"，改变低租金、无偿分配住房的制度；建立国家、集体、个人三结合筹资建设住宅机制，改变由国家、集体包下来的建房方法。上海的方案，还借鉴新加坡的经验，率先建立了住房公积金制度，后在全国被广泛推广。同时，各地多种形式的房改实践，推动了房改措施的多样化。1991 年 6 月，国务院发出了《关于积极稳妥地推进住房制度改革的通知》，提出了分步提租、交纳租赁保证金、新房新制度、集资合作建房、出售公房等多种形式推进房改的思路。同年 10 月召开的第二次全国房改工作会议，肯定了上海等地的做法。住房制度改革把住房分配与增加住宅供应结合起来，从体制上为房地产业的发展起到了保证和推动作用。

（3）房地产开发规模扩大，房地产业初步发展。在土地使用制度改革和住房制度改革的推动下，随着城市建设的展开，城镇房地产开发建设规模扩大，土地出让面积增加，商品房开发投资额上升，住房竣工面积和销售面积增多。1990 年全国住宅建设完成投资额 297 亿多元，竣工面积首次突破 1 亿平方米。城镇居民的居住面积增加，以上海市为例，人均居住水平从 20 世纪 80 年代初的 4.5 平方米，提高到 1991 年的 6.7 平方米。房地产业在逐步增大对国民经济增长贡献率的同时，也带动了居民居住水平的提高。

3.2.3.2 第二阶段：快速发展阶段（1992～1995）

1992 年春，邓小平视察南方重要谈话发表，并由此创立了社会主义市场经济理论。同年 10 月，党的十四大根据邓小平理论确立了中国经济体制改革的目标是建立社会主义市场经济体制，极大地解放了生产力，市场需求快速增加，推进房地产业出现第一个快速发涨时期。这一阶段的主要特点是：

（1）土地使用制度改革取得突破性进展。一方面，外资企业批租地块快速增多，有的地区甚至成几倍、几十倍地增加。另一方面，国家加大了内资企业土地有偿使用的改革力度，规定新增的商业、旅游、娱乐、金融、服务业、商品房等内资 6 类用地，都必须通过土地出让取得土地使用权，土地使用制度改革深化，吸引了大量外资和内资，加快了城市基础设施建设的步伐，同时也为房地产的市场化经营奠定了基础。

（2）城镇住房制度改革向纵深发展。在确立改革的目标是建立社会主义市场经济体制以后，明确了住房制度改革的根本方向。1994 年 7 月国务院发布了《关于深化城镇住房制度改革的决定》（以下简称《房改决定》），第一次明确提出城镇住房制度改革是经济体制改革的重要组成部分，其根本目标是建立与社会主义市场经济体制相适应的新的城镇住房制度，实现住房商品化、社会化；加快住房建设，改善居住条件，满足城镇居民不断增长的住房需求。全面规定了住房制度改革的基本内容，包括住房投资体制改革、住房分配体制改革、住房管理体制改革、住房保障体系建设、住房供应体系建设、发展住房金融和住房保险、规范房地产市场等。

至 1997 年，住房公积金制度已在全国大中城市普遍建立，租金改革逐步提升到成本租金水平，公有住房大量出售，住房自有率迅速提高，大大促进了住宅建设。

（3）房地产开发规模迅速扩张。突出表现在房地产开发企业数量猛增，各行各业参与房地产开发，商品房投资规模迅速扩大，施工面积、新开工面积和竣工面积大幅增加。与此同时，房地产开发也出现了过热现象，个别地区出现房地产开发建设的成倍增长，导致商品房供过于求，空置面积和空置率迅速上升，商品房严重积压；住房供给结构失衡，高档房和花园别墅开发过多，出现烂尾楼，造成资金积压，银行不良资产增加，由此房地产市场进入低迷和调整阶段。

这一阶段在市场经济推动下，改革的深化促使房地产业发展出现第一高峰期，同时也带来了增速过快的问题。

3.2.3.3　第三阶段：盘整消化和调整发展期（1996～2000）

由于20世纪90年代上半期房地产开发投资规模过大，引发空置率上升，房价下跌，从1996年开始，房地产业进入盘整消化期，这一时期，中央和地方政府着重采取了一系列政策对房地产市场进行调整，帮助房地产业走出低迷，得到复苏和继续发展。主要的调整措施有：

（1）压缩商品房开发投资规模，平衡供求。针对房地产开发投资规模过大，上市量集中，吸纳量不足的阶段性、结构性矛盾问题，各地方政府普遍采取了控制土地供给总量、调整房地产投资结构等措施，使土地供应量相对减少，投资规模缩小，有的大城市连续三年房地产投资出现负增长，由此缩小了商品房供给量。同时，各地又调整房地产投资结构，对土地供应实行总量控制和用途管理相结合的对策，形成外资用地以工业为主、内资用地以住宅为主的投资结构，使房地产市场供给保持适度水平，市场供求关系逐步趋向均衡。

（2）深化住房分配制度改革，扩大商品房市场需求。20世纪90年代中期出现商品房供给过剩、市场需求不足的深层原因，关键在于"实物福利分房"体制的障碍，反映在一方面职工住房水平低，另一方面商品房滞销、大量空置的矛盾现象。为此，必须加快住房分配制度改革。1998年7月国务院发布了《关于进一步深化城镇住房制度改革加快住房建设的通知》。根据这一精神，各省市都制定了住房分配货币化方案，切断了城镇职工对实物福利分房的依赖，把职工推向房地产市场，调动了购房积极性，同时，货币化补贴又增加了城镇职工的购房支付能力，扩大了商品房市场需求。住房分配货币化改革释放的巨大市场需求，成为促进房地产业发展的驱动力。

（3）建立住房抵押贷款制度，支持居民买房。我国借鉴了国外的经验，建立个人住房抵押贷款制度，包括商业性贷款和公积金贷款业务，支持居民购房。对扩大市场需求起了积极的推动作用。

（4）培育住宅业成为新经济增长点，促进国民经济增长。1997年全国的市场供求关系发生了深刻变化，普遍出现了市场需求不足的状况，拓展住宅消费成为扩大内需、拉动经济增长的重要方面，为此中央提出培育住宅业成为新经济增长点的发展战略，并采取一系列政策措施，包括降低契税、购房贷款利息抵扣个人所得税、增加贷款购房成数、已购公房上市、鼓励外地人购房等，积极扩大住宅市场需求。同时，放开搞活二三级市场，拓展巨大的存量房市场，鼓励居民"卖旧房，购新房"。房地产二三级市场联动又一次扩大了住宅市场。由此出现了新建商品房与存量房市场共同繁荣的局面，住宅业充分发挥了国民经济新增长点的作用。

这一阶段的房地产业发展出现前低后高的状况，政策调控以扩大市场需求为主，适当压缩供给为辅，调整房地产供求关系，促进房地产业在调整中获得继续发展。房地产业从1998年开始走出低迷阶段，到1999年、2000年又逐步趋向繁荣。

3.2.3.4　第四阶段：持续发展的繁荣阶段（2001～今）

经过前期的调整和制度完善，从2001年开始，中国房地产业出现了空前的持续发展的繁荣局面。形成这一局面的主要因素是：

（1）住房制度改革进一步深化。住房分配货币化的政策，一方面停止实物福利分房，切断了依赖政府和单位分房的渠道，树立起"要住房靠市场"的观念，调动了居民购房的积极性；另一方面住房分配货币化补贴和已购公房出售，增强了居民购房能力，促使居民买得起房，由此释放了居民住房消费能量，使潜在需求转化为有效需求。

（2）宏观经济态势良好、居民收入增长、消费结构升级。2001年以来，我国国民经济保持了8%以上的增长率，居民收入也随之以10%左右的速度增加。随着经济发展和收入提高，城镇居民的消费结构发生深刻变化，恩格尔系数降到43%，住和行特别是住房消费上升到主要地位，改善居住条件成为普遍愿望，居民购房承受能力提高。

（3）住房消费信贷支持力度增大。个人住房抵押贷款大幅增加，贷款品种增多，使贷款购房获得强有力的支持。

（4）城市化进程加快。全国城市人口占总人口的比重由1990年的26.4%跃升至2000年的36.2%，至2006年又上升至43.9%。① 随着城镇人口的增加，城市住房市场需求旺盛。

（5）对外开放扩大。21世纪初中国加入了世界贸易组织、北京申奥成功、上海申博成功，这些都标志着中国对外开放进入新的阶段，相应带来了许多商机，外商来华投资增多带动厂房、商铺和办公房需求增加；同时外商增多，也使外销和租赁的住房需求增加，促进住宅业发展。所有这些因素都推动了房地产市场走向繁荣。

这一阶段房地产业发展的基本特点是：

---

①　资料来源：《中国统计年鉴》（2007），中国统计出版社，表4-5"五次人口普查基本情况"、表4-4"各地区人口的城乡构成"。

（1）商品住宅开发、销售成为房地产业的核心业务。

20世纪90年代，商品住宅的购买方，主要是机构（企业或事业单位），个人购买者较少，且主要是高收入者和中高收入，进入新世纪以来，中等收入者纷纷进入房市，成为购房主体，使商品住宅市场的个人购房比例大幅提高，达到90%以上。住宅市场真正成为百姓市场，商品房销售旺盛，全国商品房销售面积连连超过竣工面积。在这种形势下，房地产开发投资特别是商品住宅开发投资快速增长。2001年全国房地产投资增长21.7%，2003年又增长29.7%。2001年住宅建设完成投资6245亿元，竣工住宅面积突破7亿平方米。与20世纪90年代那种供给过剩、大量空置的情况根本不同，商品住宅市场出现了供需两旺的市场格局，商品住宅开发、销售成为房地产业的核心业务。

（2）存量房交易市场迅速扩大，房地产经纪业顺势发展。

2000年建设部开始正式在全国推广上海房地产二三级市场联动的经验和模式。全国二三级市场均快速发展，供需两旺，各大城市的房地产市场大都已成为真正的百姓市场。许多城市开始实施的旧区改造，也催生了大量的住房需求。这些都有力地推动了各大城市房地产经纪业的快速发展。以上海为例，2004年（统计截止到5月31日）房地产经纪企业发展到10859家，是2000年2143家的4倍。当然，由于房地产市场的不够成熟，房地产经纪业的发展不够稳定。自2005年开始的房地产市场盘整，导致房地产经纪业出现"洗牌"局面，机构数量上有所缩减，如上海2005年4月底，房地产经纪机构缩减为9800家。但房地产经纪行业机构和从业人员的整体素质比上一阶段均有所提高。一些规模化的品牌房地产经纪机构有了长足的发展，房地产经纪业从业人员的整体素质也有所提高。

（3）房地产业在改善城市居民居住条件方面发挥了巨大的作用。

商品住宅市场的空前高速发展，也在很大程度上推动房地产开发企业不断提高商品住房的质量。商品住房的建筑质量、外型、房型、智能化程度、人文价值、生态环境均也大大改善，整体品质有了很大提高。使得中国城市居民在住房面积扩大的同时，居住质量也大幅度提升。

（4）房地产业对经济增长的贡献率显著提高。

据有关部门统计，2001年全国房地产增加值对GDP的直接贡献率为1.3个百分点，间接拉动的贡献率在0.6至1.2个百分点，二者相加直接贡献率和间接贡献率为1.9至2.5个百分点。在有些特大城市，房地产业还呈现出支柱产业的特征。如上海市房地产增加值占全市GDP比重已从1990年的0.5%上升到 2004 年的 8.4%，因而被上海市政府确定为上海市的六大支柱产业之一。

3.3　美国房地产业发展沿革

3.3.1　殖民地时期至 19 世纪后期

美国的殖民地时期是指 1607 年至 1776 年。1776 年，美利坚合众国成立。之后，美国经历了 1812 年至 1814 年的第二次独立战争和 1861 年至 1865 年的南北战争。直到 1884 年以前，美国经济仍处于农业经济时期。南北战争后，美国经济有了飞速发展。到 19 世纪 70 年代末，美国在全国范围内完成了产业革命，由农业国开始向工业国过渡。1884 年美国的工业生产比重已超过农业，占到 51.95%。

这一时期对房地产业的产生与发展具有重大意义的社会、经济背景事件有：移民大量涌入，土地私有化与完全所有权制度①建立，工业化、城市化、大规模铁路建设、大规模基础设施建设，建筑材料和交通技术不断创新，城市贫民窟与住房改革运动。

殖民时期，移民者基本上从美洲土著手里购买或盗用土地，大多数土地被英国政府当局和其他具有统治权利的统治者掌握。美利坚合众国成立后，美国政府通过战争或与殖民国缔结条约的形式，使自己拥有了大量的公共土地，当时全国土地的绝大部分由联邦政府和州政府拥有，私有化的程度非常低。在目前美国拥有的 23 亿英亩土地当中，当时只有 20% 为私人拥有。此后，政府花了很多的时间和精力开展土地私有化。最初的土地私有化是弗吉尼亚公司（Virginia Company）② 迫于早期移民的反抗，于 1616 年勉强同意给予每位农民至少 100 亩土地的所有权，从此开创了国家殖民模式的一个重要先例。在美国组建后初期，政府土地主要通过协议、拍卖或国会固定价出售等方式将大宗土地转入私人投资者手中。但由于许多边疆移民者无力承受土地价格，19 世纪中叶暴发了带有政治色彩的"免费土地运动"，其结果是国会于 1862 年通过了决议—"家园行动"：规定还没有获得足够土地的移民家庭只要在土地上生活和耕作 5 年，每人即可获得 160 英亩土地。通过这一计划政府共将约 3 亿英亩的公共土地转给了私人业主。与土地私有化紧密相联的是房地产完全所有权

---

① Fee simple system
② 该公司带领移民来美洲大陆耕作公司拥有的土地，付钱和分配股票作为劳动回报。

制度（fee Simple System）的建立，这一制度使个人对房地产拥有了完全的财产权利，个人可通过出售、出租、交易等进行权力的转移，于是房地产市场开始产生并兴旺。随着移民的不断涌入，土地需求猛增、土地价格快速上涨，从而导致了疯狂的土地投机活动。当时交易数量和价格产生大范围波动，于是投机的兴盛和衰败周期不断地循环重复。

土地私有化与城市化密切相关，事实上，美国联邦政府和各州政府都将出售土地作为增加收入以改善基础设施，甚至建设新城市的主要方法。由首届总统华盛顿主导的哥伦比亚特区的建设，就是这一模式的典型代表。职业土地测量师出身的华盛顿"直接参与了美国第一块大型土地开发交易——将哥伦比亚特区建设成全国的首都"（米勒斯、贝伦斯、韦斯，2003：114）。美国的城市建设在这一时期蓬勃兴起。最初的小城镇是在湖泊、河流或铁路的周围兴起。随着城镇的发展，居住地越来越集中，因此城市在主要的商业港口和工业基地发展起来，同时产生了大量的工作机会和不断创造的财富，这又进一步促使城市发展越来越迅速。

铁路，是在这一时期美国城市发展中具有至关重要作用的一个因素。19世纪中期出现的铁路，迅速成为旅客和货物在全国范围内通行的主要交通工具，很多地区依靠铁路获得了发展，同时也使得城市不再像早期城市那样受"步行距离"制约，城市的不同功能分区开始形成。

这一时期的房地产经济活动主要有土地交易和开发经营、住宅物业开发经营和工业房地产开发经营。其中最早期的活动是由殖民统治者、联邦政府和各州政府作为土地出售方（尽管也有一些土地是以赠送方式转让出去的）进行的大宗土地交易。如1791年华盛顿哥伦比亚特区市区土地的公开拍卖就完成了7235块土地的整体出售。为了提高土地的价值，联邦、州和地方政府都开始进行公路、港口、运河以及其他基础设施的建设，建设资金或者通过发行债券，再收取桥梁、公路或运河的过路费来偿还债务，或者将交通费包括在附近土地的出售或者出租收入中。而这成为此后200多年来私人房地产开发商开展重大开发项目时持续模仿的基本模式。

土地细分（Land Subdivision）经营，就是在购得（或免费得到）大块土地后，进行一定的基础设施建设，再将其分割成宗地，出售或出租给他人。从事这一活动的主体是多元化的，铁路公司及其他私人运输公司、大型土地业主兼交通设施建设、基础设施建设和房地产开发的私人企业（如荷兰土地公司），甚至宗教机构（如三圣教堂），都涉足于这一领域。铁路公司是美国第一个真正巨大的商业组织，联邦政府在授予其修路权利的同时，还将规划铁路沿线的上百万英亩土地划拨给他们（直到今天，铁路公司依然是最大的私人土地业主），因此铁路巨头成为房地产开发商（如著名的 Henry M. Flagler 和 Henry E. Huntington），他们在自己拥有的土地上大兴交通、基础设施、公共事业开发和房地产开发，并销售细分的土地，还将大量土地抵押给银行。这一时期土地细分的发展受大规模运输能力的约束，因此很多时候私人运输公司同样也是土地运营者。相对比较专业化的土地细分经营者是大型土地业主兼交通设施建设、基础设施建设和房地产开发的私人企业。荷兰土地公司是其中较为成功的一个，它由荷兰的金融家和投资者组成。最初公司的运作模式是在购得大块土地后将其分割成宗地，再迅速批租给主要的投资者。但随后莫里斯财团瓦解引起的金融恐慌使房地产市场严重低迷，于是公司调整战略，参与长期的增值投资开发业务，开创了美国早期的社区建设。荷兰土地公司在出售土地的同时会提供足够的基础设施和服务，改善当地的交通状况，从而保持商业、工业和永久居住的经济可行性。公司聘请非常有经验的土地测量师实施长期综合开发和土地零售计划，在新开发的交通线路上的战略要点建设城镇，并且参与大量活动促进城镇的人口增长和移民；与此同时，积极引进配套的商业设施以及食品加工厂、面粉厂、木锯厂等与居民生活密切相关的厂商，同时还规划了学校、教堂和公共广场等用地。可以看出，美国的房产开发商在此时已经开始城市运营了。

相对于土地的开发、经营活动而言，房地产物业开发规模尚小。当时的住宅，主要是由住宅营造商根据业主委托的合同来建造的，这些住宅营造商大多是小规模的操作者，尽管他们也建造一些房屋作为投机性质的投资①，但按照有关规范，他们每年只能建造 1~2 套，最多也不超过 5 套这样的住宅。当然，例外的事例也存在，如 Samuel E. Gross 不仅是一个土地细分经营商，他还在芝加哥中心市区建造并销售了 7000 幢独立式住宅。Samuel E. Gross 的规模化住宅开发经营主要面向中等收入和蓝领工人的细分市场，当时芝加哥地区的"气球框架"建造法为这类廉价普通住宅提供了很大帮助。工业房地产开发在这一时期就出现了。由于铁路在输入原料以及输出成品方面有非常大的作用，到 19 世纪后半叶，一些开发商开始在铁路沿线开发建设大型工厂以及工厂和工人住宅的综合体。于是，在大城市的外缘或者附近的郊区开始出现了工业园

---

① 即在没有得到委托方委托合同的情况下，自行购置土地并建筑房屋，等待机会出售。

区。到 20 世纪早期，芝加哥的房地产开发商已经建立了中央制造业园区和清洁工业园区。这些园区远离市中心，提供很大面积的单层楼层，租金较低、装卸货物便捷、且工人上班的交通也很方便。园区有专业的管理，维护着良好干净的场地与吸引人的景色。此种模式在当时看来是很有超前意识的。但当时此种开发模式只是少数，到 20 世纪 50 年代这种工业开发才成为主流。

值得注意的是，在这一时期，虽然无论是土地还是住宅物业，出售都是主要的交易方式，但租赁已被一些房地产经营者利用而成为一种重要的经营手段。这种经营方式起源于英国的长期土地租约，使地主可以稳定地收取租金，而将土地的开发、使用和分配权都交给土地承租人。典型的如三圣教堂，即使在现在，纽约的一些重要的建设场地仍然租自于它。在物业经营方面，著名的 John Jacob Astor 几乎从来不直接进行重大物业项目的开发，而是选择时机低价购入物业，然后长期出租物业，从租金中获取利润，并充分享受城市发展所带来的物业升值。这种模式被人们称为"阿斯特方法"。

在这一时期，政府的角色和作用是多元的。首先，政府是土地市场上的最大卖方，虽然出售土地的最初动机主要是为了获得城市建设的资金，但由此带来的土地私有化客观上推动了美国房地产市场的形成。其次，政府是城市规划的实施者和基础设施的建设者，通过良好的城市规划和大规模的基础设施建设，提升了土地的价值，增强了房地产市场对私人资本的吸引力。第三，政府是房地产经济活动的积极干预者和监管者，如为开发西部所进行的广泛测绘，为土地交易、开发提供了可能，再如针对建设规范、房地产交易的法律保护制订规章制度，土地用途控制，货币控制，对金融机构进行监管，都为房地产经济活动的有序进行提供了制度基础。

这一时期，一些大城市内部贫民窟恶劣的居住条件引起了社会人士的广泛关注，由此所引起的住房改革者运动（19 世纪末至 20 世纪初）波及了所有城市，导致针对新建住宅和存量住宅最低质量标准的更加严格的法律出现，这遭到房地产行业的抵抗，但也有少数房地产开发商（如纽约的 Alfred T. White）参与了住宅改革运动。

3.3.2 19 世纪末到第二次世界大战

这是一个急剧动荡的时期，19 世纪后半叶，工业化浪潮席卷美国，同时商业贸易快速发展，多渠道金融，权益融资出现，都市地区吸引了来自国内外农村地区的大量移民，城市迅速扩张。在城市中央核心区，由于各种经济文化活动以及交通干线的集聚，地价上涨，许多工业和居住用途的土地被迫改变用途，代表着城市中心的发展和新商业城市繁荣的摩天大楼纷纷出现，一些特大城市的中央商务区（CBD）逐渐形成。此后，随着城市中心区密集度的不断提高，各种城市问题出现，出现了城市人口和就业的外迁现象，英国霍华德的"花园城市"思想在美国传播开来。1929年，"大萧条"——美国历史上持续时间最长也是最严重的经济衰退开始了，产出和就业连续4年持续下降，到1933年降到谷底，整体经济水平倒退至1913年。联邦政府逐步开始干预这种危机，从1931年胡佛总统和1932年国会进行的一系列小心谨慎的经济刺激，到强有力的"罗斯福新政"，使美国经济逐步恢复。从1935年开始，美国几乎所有的经济指标都稳步回升，美国国民开始恢复了对经济的信心。但随后爆发的第二次世界大战，又给虽非二战主战场的美国带来重大的影响。

这一时期的房地产经济活动主要是商用房地产物业开发和住宅用地的土地细分、租售经营。

商用房地产（commercial property），"包括除独立式住宅（single house）、共管产权住宅（condominium）和联体式住宅（townhouse）以外的所有房地产类型，它包括投资经营的住宅用途物业——公寓（apartment）"（Levine，2004：362）。商用房地产物业开发涉及办公楼、大型零售商业物业（如百货公司）、旅馆、服务公寓和住宅社区内的零售商业物业。这一时期出现的摩天大楼主要是办公楼，最初的开发者并非专业的房地产开发、投资企业，而是大型的保险公司（如纽约人寿、曼哈顿人寿、普天寿）、传媒巨头（如纽约时报），甚至零售商（如Frank Woolworth）和制造业企业（如Singer Sewing Machine Company）等，这种开发在一定程度上起因于这些企业品牌张扬的需要，但也在客观上迎合了由于金融、商贸发展而产生的对于办公物业的旺盛需求，保险、传媒巨头将自用有余的办公面积用来出租，获得了可观的租金收益，于是这就吸引了的房地产开发、投资商（如Books Brother）开发投机性的写字楼（即纯粹为了对外出租的），纽约的帝国大厦就是这样的办公楼①。

这一时期新出现的大量供零售商业使用的多层物业——干货商店或普通商店（到19世纪时称为百货商店），也都是由这类物业的使用者——零售商来开发并持有、经营的，如John Wanamaker和Nathan Brown于1861年开设的

---

① 为了提高租金收益，帝国大厦在设计上独具匠心，如借助低肋板设计使每间办公室都有窗户，因为这样虽然减少了一些面积，但可以提高每平方英尺的租金，再如南北外立面凹进式的设计，使每一楼层形成了8~12个靠角落的办公空间，因为靠角落的办公空间可以以更高的租金出租（米勒斯、贝伦斯、韦斯，2003：141）。

Oak Hall，以及 John Wanamaker 此后开发、持有的一系列同类物业。

这一时期的城市房地产市场还出现了其他类型的创新产品——大型旅馆和公寓。大型旅馆迎合了城市所吸引的大量商业顾客和旅游者的需求，这类物业的开发商有 John Jacob Astor 的继承者和子孙们、Potter Palmer 和 Henry E. Huntington。公寓是从法国巴黎引进的一种代表新生活方式的住宅产品①，它不同于美国人长期所习惯的独立式住宅或连排住宅（因为中心地区土地价格的上涨使它们越来越不经济），而是多层、并带有最新的康体设施和广阔的附加服务的集合式住宅，而且这些住宅主要是出租而不是出售的。Stuyvesant A-partment 是这类房地产产品的先驱，它们对于城市中新兴的社会阶层——中等收入者极具吸引力。此后，一直到 1909 年，公寓住宅在纽约、芝加哥、波士顿、旧金山、华盛顿等地流行开来，成为各城市土地利用方式的一种重要形式。此后，公寓市场向高、低两端扩展，出现了许多面向高收入群体的华贵公寓和工人阶级居住的廉租屋。到 1921 年，美国年总住宅建设面积中，公寓占到了 25%，到 1928，这一比例上升到了 50%。

这一时期住宅用地细分的经营活动也急剧扩张，从事这种经营的开发商很快被疯狂的投机心理控制，管理失控和欺诈行为频频发生，大多数被开发商出售的土地只配备了最基本的基础设施，有许多甚至是沼泽地或水面。但是，也有一些富有职业道德和理想主义精神的房地产开发商（如纽约的 Alexander Bing、密苏里州堪萨斯市的 Jesse Clyde Nichols 和俄亥俄州克利夫兰的 Vanm Sweringen，他们大多信奉霍华德的"花园城市"思想），继承了 19 世纪大规模土地开发的基本模式，对大规模的土地进行良好的规划和基础设施、公共设施建设，使其具有良好的景观、公园、林荫大道和购物中心等。Jesse Clyde Nichols 所开发的"乡村俱乐部区域"就是其中的典范，其 1000 英亩的土地上容纳了 6000 栋住宅、160 座公寓楼、35000 位居民。到 20 世纪 20 年代，这一区域已成为当地最昂贵的住宅社区。

伴随着商用房地产的开发、投资，专业的物业管理公司出现了，如 Books Brother 在 1873 年收购了芝加哥地区第一个装备有客运电梯的 7 层办公大楼——波特兰大厦后，就聘请了 Owen Aldis 来代理管理这幢大厦，Owen Aldis 和他的侄子 Graham Aldis 后来成了美国商业房地产投资和管理的领袖（米勒斯、贝伦斯、韦斯，2003：134）。

---

① 它在最初被引进美国时被称为"法国公寓"。

随着房地产开发的职业化和规模庞大的房地产出租人群体以及为这一群体提供服务的物业管理经理群体的形成，民间的行业组织——建筑业主和管理者协会（BOMA）成立了，它由一些大型商业建筑的业主（即出租人，很多也就是该建筑的开发商）和物业管理经理组成，负责对这一行业进行职业培训，并在政府出台一些公共政策时协调行业成员的意见，以保持该行业统一的声音。

这一时期也是美国房地产经纪行业形成的时期。尽管自 19 世纪中期房地产完全所有权制度（fee simple system）建立后，美国人就广泛参与了房地产市场交易活动，但早期的房地产交易，主要由律师和公证人为买卖双方作见证，并处理产权转让等具体事宜。后来，介绍房地产买卖的房地产经纪人逐步熟悉了房地产方面的法律以及产权转让程序，除了买卖居间，并能代理交易双方办妥产权过户。这样，房地产经纪人在房地产的交易中，渐渐取代了律师和公证人，成为房地产交易的中介环节①，促进了美国房地产市场的发展。但当时政府还没有对房地产经纪行业给予官方的认可（张永岳、崔裴，2008：31）。1908 年，美国房地产经纪人协会（NAR）成立，其初始目的就是为了寻求政府对经纪业务的许可。

美国的房地产估价业也是在这一时期形成的，1902 年开始，房地产估价就成为房地产业内一个独立的实践领域。到 1932 年，美国房地产估价师学会（AIREA，Institute of Real Estate Appraisers，即美国估价学会（AI，Appraisal Institute）的前身宣告成立，标志着美国房地产估价业的形成。美国房地产估价师学会（AIREA）在 1938 年至 1939 年间正式通过了房地产估价的《道德规范》（Code of Ethics）。（崔裴、关涛，2007：200）

这一时期美国联邦、州和地方政府已不再像以前那样直接参与房地产市场活动，但在影响和干预房地产市场方面表现非常积极。可以说，政府首先是房地产业的支持者，当城市问题出现时，很多城市政府启动了"美化城市"运动，加强了城市公共设施建设，这对于私人的商业房地产和住宅开发产生了推动作用。而在"大萧条"时期，房地产业遭受重挫②，政府对金融机构进行了强有力的整顿，建立了政府背景的住宅金融体系：1933 年成立的房产主贷款公司（HOLC）和 1934 年成立的联邦住房管理局（FHA）③，通过各种积极措

---

① 大约在 19 世纪 90 年代（理查德·蒙德霍尔，2001：58）。

② 1933 年，将近半数的住房抵押贷款没有履约，每天有 1000 宗物业丧失抵押品赎回权。年新增住宅建设量下降到相当于 1925 年年住宅建设量的 10%。

③ 参见第五章 5.3.1.2.1。

施复兴建筑和房地产开发业。其次，这一时期政府也进一步强化了其作为房地产市场监管者的作用，如加强对城市规划管理，细化对土地利用和建筑的管制①，对于这一时期房地产市场上自发产生的民间协商性质的各种对房地产业主的限制予以支持②。对于房地产业，政府也加强了监管。如当时房地产经纪业出现了标准不统一，部分房地产经纪人采取不正当经营手法的情况，各州政府便开始考虑利用法律进行监管。到 1917 年，加里福尼亚州首先在这方面立下管理法案，后来各州政府也陆续立法，规范房地产经纪行业。尽管各州规定的具体条款有所不同，但基本精神是一致的，即通过规定房地产经纪人所应具备的各项资格、执照的颁发、执业行为的规范、相应的惩罚措施以维持其专业服务水准，保障大众的基本权益。在这一时期，政府也是房地产市场的积极干预者，如纽约等一些城市的地方政府对房东能向房客收取的租金上限进行规定③，并对实行租金管制的公寓住宅进行一定年限的税收减免，这对城市中公寓住宅的租金水平产生了重大的影响。

这一时期，房地产行业的从业者们开始认识到，行业的生存与发展，取决于行业为社会所提供的产品或服务的质量以及在此基础上行业与政府、社会公众的和谐关系。各种房地产行业协会的诞生，其目的就是提升行业水平，孤立、排斥并禁止各种不受欢迎的职业行为，并积极与公共部门、商业活动的其他部门以及普通公众进行协调，以保护自身的利益，提高政治地位，增强行业生存与发展的能力。针对房地产开发、物业管理、房地产经纪和房地产估价的各种行业标准和规范纷纷形成，构建了美国房地产业自治、自律管理规范的基本框架，同时，各个行业协会在促进房地产教育和研究，作为政府制定从城市规划到房地产征税等众多与房地产相关的公共政策的参谋等方面都扮演着重要角色。

3.3.3　第二次世界大战结束至今

第二次世界大战（以下简称二战）期间由于直接受到战争的影响，美国大部分城市的房地产市场一直发展不足，尤其是房屋需求量明显下降。战争结束后，1100 万退伍军人回到家庭所在的社区，新住宅建设量远远不能满足需

---

① 到 20 世纪 20 年代末，大部分大城市以及许多小城镇和郊区的村庄实行了规划管理。总的来说，城市规划的限制引进了一种协调机制，使得民间的开发商和当地政府在计划、融资、建设新的基础设施和公共设施方面更加有效率，这对房地产开发项目的成功来说非常必要。

② 有些对不同种族、人种、宗教和少数民族进行区别对待的限制性契约（如密苏里州堪萨市的由尼科尔斯开发的"乡村俱乐部区"）被美国最高法院判定不具有约束力。

③ 这种情况在有些城市甚至延续到 20 世纪 90 年代，参见《经济学原理》（曼昆，2003：124）。

求；刚刚被取消了限制的房价也是疯涨。这一时期美国的城市化进入一个新的阶段。早在 20 世纪 20 年代人口和就业就开始向城市外围迁移，1950 年之后，随着三分之二的新建房屋在迅速扩张的郊区中落成，很多中心城市的人口开始减少。1956 年，大规模的州际高速公路建设获得了联邦政府的投资。从城市中心辐射出来的州际公路和郊区的环城公路、环绕市中心的公路一起为城市化进入"郊区化"开拓了一个新的领域。与此同时，城市中心区的发展却停滞了，很多城市连续 30 年都没有新建办公楼。许多社区商业、房地产和市民团体提出了补救措施——最终被称之为"城市更新"的计划，其主要思路就是对位于城市中心的贫民窟和落后地区进行重建改造，清理破旧的和未被充分利用的商业和工业建筑物，让贫困居民和少数民族居民搬迁，拆除他们的房屋；并代之以崭新的办公大楼、会议中心、酒店、大型购物中心。20 世纪 40～50 年代，300 万非洲裔美国人从南方迁移到北方和西部的一些大城市，并不得不居住在拥挤、低质的住宅之中，由于历史遗留下来的种族歧视，城市中的种族冲突、住房和住区危机愈演愈烈，到 20 世纪 50～60 年代更趋于白热化，以致引发 60 年代以后非洲裔美国人的全面反击。冲突所导致的房地产损失估计有上亿美元。美国政府和有关社会组织（如福特基金会）采取了一系列法律、经济和社会行动来应对这场危机。

这一时期的房地产经济活动主要有包括住宅开发、综合性房地产开发和商用房地产开发在内的房地产开发，以住房抵押贷款及其证券化和房地产信托投资为主要内容的房地产金融。

住宅开发从来没有像在这一时期这样成为一种规模化的商业行为，而这与这一时期严重的城市住房问题是紧密相关的。20 世纪 50 年代后期，对于郊区独立住宅的需求已经基本满足，但是那些收入仍然很低以致无力支付私人住宅和公寓市场上最低价的家庭仍然为数众多。在联邦政府的一系列住宅支持计划（特别是 20 世纪 60 年代的新的可支付住宅计划）的引导和支持下，许多房地产开发商开始了大规模的住宅开发、销售或租赁经营。如从二战结束到 20 世纪 50 年代初，Levitt & Sons 在纽约长岛中部的享普斯特德开发了占地 4000 英亩、共计 17500 套供出售的住宅的项目。莱维特父子公司建立了一套大规模建造住宅的方法，产量最高时可达到每天竣工 35 套住宅的高速度。住宅建筑的单位成本大大降低，使他们可以以每套 9000—10900 美元的价格出售（王旭，2003：97），比竞争对手的价格低 799～1500 美元，但仍然可获得 1000 美元/套的利润。这些住宅大多销售给了退伍军人。20 世纪 60～70 年代，由 Richard

Ravitch 领导的 HRH 公司开发了包括曼哈顿高层居住综合体在内的 25000 多套出租的可支付住宅。

综合性的房地产开发主要涉及城市更新计划中办公、商业、住宅等房地产的综合开发和城市社区的综合开发。前者主要是一些人寿保险公司（如纽约人寿、普天寿、都市人寿）和房地产开发公司（如 Equitable 和 John hancock）。人寿保险公司把战争中积累起来的巨额资金用于投资开发了办公楼（如 Gateway Center）、公寓住宅（如 Lake Meadows），用于出租经营，获得了丰厚的回报。20 世纪 60 年代大多数"城市更新"的开发项目改善了城市的自然、文化、娱乐环境，使城市更富现代气息，而且创造了就业机会。但是城市更新工程也意味着小型商业和中低收入居民的大量搬迁。如果不拥有物业，搬迁户是得不到任何补偿的，即使有用于安置的住宅，也大多是异地安置，使居民脱离了原来熟悉的社区。尽管城市更新计划在 1968 年到 1970 年间进行了某些改进，但到 1974 年被废止了。城市社区的综合开发一是指 20 世纪 70 年代"新社区浪潮"中大规模综合用途社区的开发，典型代表是由著名的房地产开发商 James Rouse 在华盛顿特区和巴尔的摩之间开发的"新哥伦比亚社区"，二是指 20 世纪 80 年代主要由一些私营非盈利性质的社区发展公司（如旧金山的 BRIDGE 住宅公司）和社会组织（如企业基金）实施的对城市社区的复兴开发，全国总共有 4000 家社区发展公司（或组织）通过开发、租售、管理可支付住宅、社区购物中心、小公司孵化楼、工业园区以及医疗、教育、休闲等配套设施，填补了这一时期因联邦政府对城市开发和住宅建设支持减少而产生的缺口。

这一时期的商用房地产开发是与州际高速公路的大规模建设紧密相关的。许多市区的标志——写字楼、百货公司和酒店搬迁到郊区重要运输动脉的交汇处，并迅速发展起来。尽管战前就已经有现代购物中心的先例，但是这些购物中心主要是为已有的社区服务修建的。二战以后，出现第一批独立的地区性购物中心，不和某些特定的住宅开发项目相联系，从而可以吸引更大地理范围内的顾客。此后，美国购物中心总数呈指数增长，从 20 世纪 60 年代初相对较少的 7000 家，发展到 1998 年的超过 43000 家，其中包括几百家大型地区性购物中心和许多不同类型的小型购物中心。早期从事这类购物中心开发的是百货零售商，如 J. L. Hudson 百货公司 1954 年在底特律城外开发了当时最大的地区购物中心 Northland Center，两年后，另一个百货公司——Dayton's of Minneapolis 开发了 Southclale Center。此后，以 James Rouse 为代表的由独立的房地产开发商进行购物中心开发的模式流行开来。1954 年成立的购物中心国际委员会

（International Council of Shopping Centers）代表了包括开发商、业主及管理者在内的购物中心事业的参与者，标志着房地产开发、投资、管理的一个新的细分行业的形成。州际高速公路伸展还引发了另外两类商用房地产的开发、经营。一是郊区工业园区、研发园区的开发、租赁经营。如 20 世纪 50 年代 CC&F 公司沿着 128 号公路开发了尼达姆的新英格兰工业园区、沃尔瑟姆工业中心和沃尔瑟姆研究与发展园区，到 20 世纪 60 年代，CC&F 公司已经成为 128 号公路沿线 19 个工业园区中的 13 个园区的开发者和业主。1967 年，全国工业和办公物业协会（NAIOP）成立，代表着这类工业园区的开发商、业主以及管理者。另一类商用房地产是饭店、汽车旅馆。20 世纪 40 年代后期之前，除了度假胜地的酒店以外，大多数酒店都位于城市中心。20 世纪 20 年代开始，沿着主要交通干线出现了"路边旅馆"来为汽车司机服务，但是这种形式的临时住宿给人以破旧不宜的印象，被公开指责为犯罪的巢穴。20 世纪 50～60 年代，一连串的假日酒店在全美快速扩张，充分利用新州际高速公路系统的重要地段，开创性地沿着高速公路建设。现在饭店和汽车旅馆已经成为房地产开发业的一个重要细分市场，一些房地产开发商只进行短期的投资——开发并销售这些物业，但另一些开发商则在开发完成后长期持有这些物业，并通过合同委托酒店管理公司（如希尔顿、凯悦、万豪、喜来登）进行管理。除此之外，在远离城市的地方，还有以主题公园、影城等娱乐房地产（如迪斯尼魔术王国和迪斯尼未来世界）为核心、包括配套的购物中心、写字楼和住宅在内的新社区（如 Lake Buena Vista 和 Celebration①）时综合开发在这一时期出现。

从战前到战后，随着整个住宅市场规模的急剧扩大，联邦住房管理局和退伍军人管理局对大规模住房建设的支持和促进，加上金融机构提供了大量的融资，部分开发商的企业规模迅速扩大。因此这一时期也是房地产开发业规模化发展的时期，虽然从企业总体数量来看，房地产开发业仍以小型企业为主，但大规模的企业开始出现。早在 20 世纪 60 年代，在住宅建设领域就出现了大型全国性的开发商，还出现了全国性的购物中心开发商②，在 20 世纪 70 年代和 80 年代，又形成了全国性的写字楼开发商。很多大型开发商的业务是综合性的，

---

① 这两个综合社区都是由迪斯尼公司开发的，迪斯尼公司曾大量参与佛罗里达州的住宅开发，还购买了一家土地开发和住宅建设公司——Avida 公司。

② 如 1990 年时，James Rouse 的公司就在全美经营 14 家大型购物中心。

其开发的物业类型包括了写字楼、商业零售、酒店、工业、公寓以及混合用途的项目，这类大型开发商通常长期持有自己所开发的物业，进行租赁经营。Gerald Hines 公司①就是其中的一个典型代表。由于其他行业的大公司开始越来越重视他们所拥有并使用的土地和建筑物的潜在利益，因此开始关注如何更加集中、有效地使用企业拥有的房地产资产。它们越来越多地参与房地产市场活动，出现了频繁的房地产资产转让、与房地产开发商共同组建合资企业的现象。

在房地产中介服务领域，房地产咨询行业产生了，它为房地产领域内各种各样的问题提供灵活、公正、可信的建议咨询顾问服务，成立于 1953 年的 CRE（The Counselor of Real Estate）是房地产咨询行业的权威行业组织②。与此同时，房地产中介服务领域的规模化运作也开始出现。一方面，出现了规模化、综合房地产经纪、估价、咨询和物业管理的综合性中介服务企业，如 CB RICHARD ELLIS、CUSHMAN & WAKEFIELD, INC、JONES LANG LASALLE, INC、GRUBB & ELLIS COMPANY。另一方面，在以个人和小企业运作为基本模式的房地产经纪行业，由各类行业组织领导的信息共享系统——MLS 建立起来了，房地产经纪人开始了全行业内的相互协作，也就是一种在行业层面的规模化运作。

这一时期还产生了一个全新的行业——房地产信托投资（REIT）业。20世纪 60 年代，以 Bradley Real Estate Investors，Continental Mortgage Investors 等为代表的美国第一批 REITs 企业诞生。这一时期的 REITs 主要是抵押型 REITs③。20 世纪 70 年代，对于建筑业发展的盲目乐观和过量投资导致了抵押型 REITs 回报率逐步下降，而与此同时，少数权益型 REITs 则以其稳健的投资项目评估保持了可观的盈利能力。1981 年经济复苏税法的推出使得私人的有限

---

① 美国汉斯地产公司，总部设在休斯敦，创建于 1957 年，在美国 90 个城市开发建造了 700 余个项目，总建筑面积 2400 万平方米，重点是写字楼，在美国境外 16 个国家有 100 余个房地产项目，总建筑面积近 400 万平方米。公司主营业务主要有三类：一是全程开发建造，包括选项目、融资、找地、规划设计、工程建造、物业管理、及营销、租赁，这类业务带来的收入占汉斯总收入的 50%；二是第三方服务，比如摩根士丹利、施贵宝等跨国企业的公司总部大厦即由汉斯承建，此类业务收入占总收入 25%；三是物业管理服务，即为高档写字楼提供的物业管理，目前管理面积为 700 万平方米，其业务收入占总收入的 25%（资料来源：http：//www.hines.com/）。

② NAR 的五大分支机构之一，目前它在全球有 1100 个会员，这些会员都具备 CRE 资格证书（CRE designation），而且必须严格遵守职业准则和道德规范。

③ 此类 REITs 主要以金融中介的角色将所募集资金用于发放各种抵押贷款，收入主要来源于发放抵押贷款所收取的手续费和抵押贷款利息，以及通过发放参与型抵押贷款所获抵押房地产的部分租金和增值收益。目前此类 REITs 的资本化价值总值约占全部 REITs 资本化价值总值的 1.6%。

合伙公司可以从中获取极大利益，因此市场上崛起了一批私人组建的有限合伙制房地产基金企业，这些私人资本的流入导致了建筑业失去理性的膨胀，为此，美国政府又在 1986 年时实施了新的税法改革，私人有限合伙制基金失去了税收优惠，从而逐渐衰败。而为了推动 RIEITs 行业的良性发展，一系列简化法规也在此时出台。其中，允许 REITs 可以进行自我的内部资产管理。这些政策为权益型 REITs① 的发展起到了关键性的作用。经过 1990～1991 年的房地产萧条，市场开始复苏，一些私人拥有的房地产公司想抓住这一时机却因为缺乏资金而苦恼，此时上市就成了解决这一问题的来良好方案。在 1991 年 11 月 Kimco 公司完成了其自身的 IPO 上市。这一行为作为现代 REIT 时代到来的标志，激发了整个行业的复苏。自此 REITs 业进入了一个全盛时期。

这一时期，政府扮演了三方面的角色：住房建设的推动者、城市更新的主导者和房地产业的监管者。1944 年，国会通过了"退伍军人再就业法案"，成立了退伍军人管理局，建立了该局的住房贷款担保计划。1949 年通过了具有划时代意义的"住房法案"。该项法案把"为每个美国家庭提供合适的住房和舒适的居住环境"当作整个国家的目标。随后，新竣工住宅的数量达到了前所未有的规模，20 世纪 50 年代，就有 1500 万套住宅和公寓建成。20 世纪 60 年代联邦政府推出了新的可支付住宅计划，1968 年划时代的全国住房行动提出，要在连续十年中每年建设 60 万套有政府资助的住宅行动，包括一个出租性住宅的建设援助计划，一个减少抵押贷款利息成本，以鼓励中低收入家庭拥有自己住房的补助计划。1969 年的联邦环境政策法案和各州颁布的类似条例，使政府管理部门和立法机构在审查项目开发计划的可行性时，将项目环境影响分析结果作为是否批准开发项目建议的重要标准。1966 年全国历史保护法案强调保存现有的建筑结构，而不是把这些旧的建筑毁坏以给重新开发让路。

---

　　① 此类 REITs 直接投资并拥有房地产，其收入主要来源于其属下房地产的经营收入。此类 REITs 的投资组合视其经营战略的差异有很大不同，但通常主要持有购物中心、公寓、办公楼、仓库等收益型房地产。投资人的收益不仅来源于租金收入，还来源于房地产的增值收益。目前权益型 REITs 的资本化价值总值占全部 REITs 资本化价值总额的 96.1%。

表 3 - 3　美国房地产业发展历史阶段特征

时间段	经济、社会背景	房地产经济活动类型	房地产经济活动主体	政府的角色与作用	民间对房地产业的监督与管理
殖民地时期到19世纪末	移民大量涌入，土地私有化（完全所有权制度①建立），工业化、城市化、大规模铁路建设、大规模基础设施建设，建筑材料和交通技术不断创新，城市贫民窟与住房改革运动。	土地交易、开发经营	大宗土地出售	殖民地统治者、联邦政府、州政府	1. 土地市场上的最大卖方：推动房地产市场的形成；2. 城市规划和基础设施建设者：提升土地的价值，增强房地产市场对资本的吸引力；3. 房地产经济活动的积极干预者和监管者：为开发西部进行广泛的测绘；针对建设规范、房地产交易的法律保护制订规章制度，土地用途控制，货币控制，对金融机构进行监管。	住房改革运动。
			土地细分、租售经营	宗教机构、土地公司、铁路公司及其他私人运输公司、大型土地业主兼交通设施建设、基础设施建设和房地产开发的私人企业（第一代住宅用地开发商）。		
		住宅物业开发经营	住宅开发、租售经营（小规模）	私有土地业主、建筑商、房地产开发商。		
		工业房地产开发	工业园区开发	房地产开发商		

_____

① Fee simple system

时间段	经济、社会背景	房地产经济活动类型		房地产经济活动主体	政府的角色与作用	民间对房地产业的监督与管理
19世纪后期到第二次世界大战	工业和贸易发展，多渠道金融，权益融资出现，城市摩天大楼大量出现、城市问题出现、城市人口和就业外迁现象出现，英国霍华德"花园城市"思想传播，"大萧条"与房地产泡沫破灭，罗斯福新政，第二次世界大战。	商用房地产①开发	办公楼开发、租赁经营	人寿保险公司、出版与传媒公司、房地产开发商、投资商、制造业公司。	1. 房地产业的支持者：城市公共设施建设；建立政府背景的住宅金融体系；在大萧条时期，通过整顿金融机构和设立联邦住房管理局，复兴建筑和房地产开发业。 2. 房地产市场的监管者：城市规划管理；土地利用和建筑管制的进一步细化、加强；支持民间协商的对房地产业主的限制③。 3. 房地产市场的积极干预者：通过租金管制、税收减免来干预公寓住宅的租金水平。	房地产契约的合同条件限制；社区管理委员会；房地产行业协会；④
			大型零售商业物业开发、经营	零售商		
			市中心旅馆开发、经营	房地产开发商、综合性投资商		
			公寓住宅开发、租赁经营	房地产开发商		
			住宅社区商业物业开发、租赁经营	房地产开发商		
		住宅房地产开发	独立式住宅用地的土地细分、销售②	房地产开发商		
		房地产经纪		房地产经纪人		
		物业管理		物业管理经理		
		房地产估价		房地产估价师		

---

① Commercial property

② 有些开发商也通过与土地购买者签订合同来建造房屋。

③ 有些限制性契约对不同种族、人种、宗教和少数民族进行区别对待（如密苏里州堪萨市的由尼科尔斯开发的"乡村俱乐部区"）被美国最高法院判定不具有约束力。

④ 如"美国房地产经纪人协会"（NAR）、建筑业主和管理者协会（BOMA）和美国抵押银行家协会（MBA，原名为农场抵押银行家协会）、全国住宅产业协会（NAHB）。

续表

时间段	经济、社会背景	房地产经济活动类型		房地产经济活动主体	政府的角色与作用	民间对房地产业的监督与管理
二战结束至今	战后大量退伍军人回乡，住房严重短缺，城市化进入"郊区化"阶段，城市更新，州际高速公路延伸，城市内种族、住房和住区危机，新社区浪潮、新城市主义、"新经济"	住宅房地产开发	大规模住宅开发、销售	房地产开发商	1. 住房建设的推动者：将巨额资金注入有关政府背景的住房管理、住宅金融部门，通过住房法规，把"为每个美国家庭提供合适的住房和舒适的居住环境"作为整个国家的目标，推行公共住房和可支付住房计划②； 2. 城市更新的主导者：没收、征用土地，通过土地转让和财政措施吸引房地产开发，在需进行城市更新的区域进行房地产开发。 3. 房地产业和房地产市场的监管者：	房地产非盈利组织
		综合性房地产开发	综合性房地产开发（城市更新）、租售经营	人寿保险公司、房地产开发商		
			社区综合开发	房地产开发商、社会开发非盈利组织		
		商用房地产开发	地区性购物中心开发、租赁经营①	百货零售商（早期）、房地产开发商、		
			郊区工业园区、研发园区开发、租赁经营	房地产投资商		
			饭店、汽车旅馆开发、销售与租赁经营	房地产开发商		

---

① Regional shopping centre，这类购物中心与二战以前的购物中心不同，它们不属于某个特定住宅开发项目的配套商业设施，而是独立的商业项目，而且从比社区更大的地理范围吸引顾客。

② 参见第五章有关"土地利用的私人限制"的内容。

3.4 中美房地产业发展沿革的比较分析

对比分析中美两国房地产业的发展沿革，可以发现两者之间存在着一些相同点：首先，两国的房地产业都起源于土地所有权（或使用权）的私有化，而土地所有权（或使用权）的私有化都给政府带来了丰厚的财政收入，并被大量用于基础设施建设。基础设施建设又为房地产开发业的发展创造了良好的条件。其次，房地产开发是房地产业最重要的活动；第三，政府在房地产业的形成和发展中发挥了重要的推动作用。

与此同时，中美房地产业在发展沿革上存在的差异也非常明显。第一，从产业发展的连续性来看，美国房地产业的发展虽然也有因二战而停滞的情况，但并没有完全中断。而中国房地产业由于政治原因，曾经中断了相当长的一个时期，而恢复以后的房地产业与解放前的房地产业几乎没有任何关联性。第二，中美房地产开发业的经营模式有较大差异。美国房地产开发业从早期开始，开发、销售和开发、租赁就兼而有之，而中国房地产开发业主要是进行开发、销售商品房的活动，开发、租赁的模式极少采用。第三，在中美房地产业发展中，房地产行业组织的形成模式有很大差异。美国房地产业的行业组织都是纯粹由行业人士发起的民间组织，中国房地产行业组织更多是由各级政府的房地产行业主管部门推动甚至直接领导下成立的，具有较强的政府色彩（特别是在早期）。

第四章

中美房地产业现状的比较分析

4.1 中美房地产业的内部构成及其比较分析

4.1.1 房地产业的行业结构

房地产业所为一种产业群，其内部是由各种专业化的房地产行业组成的，以各行业营业收入占整个房地产业营业收入的比例来考察房地产业的内部构成，是一个比较恰当的视角。表4－1、表4－2分别显示了中国房地产业和美国房地产业的内部构成。

表4－1 2004年 中国房地产业企业法人单位主营业务收入和利润总额

	主营业务收入（亿人民币元）	占房地产业主营业务收入的比重（%）	利润总额（亿人民币元）	占房地产业利润总额的比重（%）
房地产开发经营	13315	90.33%	1035.2	84.47%
物业管理	682.1	4.63%	41.2	3.36%
房地产中介服务	211.1	1.43%	46.6	3.80%
其他房地产活动	532.4	3.61%	102.5	8.36%
合　　计	14740.6	100.00%	1225.5	100.00%

资料来源：中国国家统计局，2005，《第一次全国经济普查主要数据公报》（第三号）http：//www.stats.gov.cn/zgjjpc/cgfb/t20051216_402296629.htm.

表 4 - 2   2002 年①美国房地产业收入的行业结构

NAICS 编号	产业（行业）名称	无雇员商业机构收入（注1）（＄1,000）	无雇员商业机构收入占行业总收入比重（％）	有雇员商业机构收入（注2）（＄1,000）	有雇员商业机构收入占行业总收入比重（％）	行业收入合计（＄1,000）	行业收入占房地产业总收入的比重（％）
236117	新建住宅开发商（New housing operative builders）	无数据（注4）	0.00%	139,221,000	100.00%	139,221,000	30.30%
23721	土地细分开发商（Land subdivision）	4,291,216	23.55%	13,927,000	76.45%	18,218,216	3.96%
52593	房地产投资信托公司（Real estate investment＿REITs）（注3）	无数据（注5）	0.00%	22,874,000	100.00%	22,874,000	4.98%
5311	房地产出租人（Lessors of real estate）	100,503,540	46.37%	116,241,000	53.63%	116,241,000②	25.30%

①　美国商务部规定，每逢尾数为2和7的年份发布经济统计年鉴（Economic Census），但截止 2009 年 8 月，2007 年经济统计年鉴关于房地产业的数据尚未全部发布，故 2002 年的经济统计年鉴是笔者所能获得的最新美国经济统计数据。

②　由于美国在经济统计时将自有房地产（自有住宅或机构自有房地产）所提供的服务按同类出租房地产的市场租金水平进行统计并纳入"房地产业"（531），因此表 2 所显示的"房地产出租人"、"无雇员商业机构收入"中包含了居民自有住宅的服务收入，故本表计算房地产出租人的行业总收入时将其剔除，只计算"有雇员商业机构收入"。

续

NAICS 编号	产业（行业）名称	无雇员商业机构收入（注1）（$1,000）	无雇员商业机构收入占行业总收入比重（%）	有雇员商业机构的收入（注2）（$1,000）	有雇员商业机构收入占行业总收入比重（%）	行业收入合计（$1,000）	行业收入占房地产业总收入的比重（%）
5312	房地产代理商和经纪人事务所（Offices of real estate agents and brokers）	26,007,073	29.09%	63,381,000	70.91%	89,388,073	19.45%
5313	与房地产有关的活动（Activities related to real estate）	29,639,724	40.28%	43,942,000	59.72%	73,581,724	16.01%
总计				611,562,519	100.00%		

注1：数据来源：U. S. Census Bureau, 2002 Economic Census Nonemployer Statistics United States,

http://www.census.gov/econ/census02/data/ratios/USRATI23. HTM#N236.

注2：资料来源：U. S. Census Bureau, Industry Ratio,

http://www.census.gov/econ/census02/data/ratios/.

注3：由于 2002 Economic Census 仍按 NAICS 2002 确定统计口径，故这里的 REITs 包括权益型信托（Eauity REITs）和抵押型信托（Mortgage REITs），但根据 2002 年美国国家统计局的产业统计数据，持有并出租房地产收入占美国 REITs 业收入的 79.4%（参见第六章表 6-2），说明目前美国 REITs 业的主体是权益型信托，故此数据可近似替代权益型信托公司的收入。

注4：原资料来源处此项为空项。

注5：原资料来源处此项为空项。

分析以上两表，可以发现中美两国房地产业的内部构成中，有很多相同或相似的组成部分：房地产开发业、房地产经纪业、房地产估价和物业管理。其中，房地产开发业都是在产业总收入中所占比重较大的行业。但两国房地产业的产业主体不同。从产业收入结构来看，中国房地产业的主体是房地产开发业，而美国房地产业的主体是房地产服务业（也即 NAICS 中的 531）。但有两点必须注意的是："房地产服务业"是一个美国概念，中国较少使用这一概念，而主要使用"房地产中介服务业"概念，两者的差异在于是否包括"房地产出租人"行业（详见 4.1.3）；房地产开发业虽然是中、美两国房地产业中都具有的部分，但两国房地产开发业的内部构成也有很大的差异（详见 4.1.2）。此外，中美两国房地业内部的行业分化程度不同。美国房地产业的内部行业分化更细，出现了 REITs、房地产出租人等细分行业，而这些行业在中国尚未形成，而且美国房地产开发业也有进一步的分化。

表 4 - 3   中美房地产业内部构成的差异

	中国	美国
房地产业的主体	房地产开发业	房地产服务业
房地产业的细分行业	较简单，尚没有形成房地产出租、房地产投资信托行业，房地产开发业也未明显分化。	更丰富，有规模庞大的房地产出租业和相对较新的房地产信托投资业，房地产开发业分化为土地开发、新建住宅开发业和商用房地产开发业。

4.1.2　房地产开发业内部构成

从房地产开发业所涉及的房地产市场产品类型来看，房地产开发业可分为住宅开发商和非住宅开发商。

从房地产开发模式来看，房地产开发业可分为土地开发商、房屋开发商和土地与房屋一体化开发商（即由一家开发公司完成从土地开发到房屋开发的连续房地产开发过程）。

从房地产开发企业的主要经营模式来看，房地产开发商可分为开发、销售模式的开发商和开发、出租模式的开发商。

中国房地产开发企业商品房销售面积分用途结构（表 4 - 4）显示，中国房地产开发业主要由住宅开发商构成，非住宅开发商所占比例很小。从房地产开发业的经营收入结构（表 4 - 5）来看，中国房地产开发业的经营收入主要来源于商品房屋销售收入，土地转让收入和出租经营收入都只占很小的比例。这一方面表明，中国房地产业是以土地、房屋一体化开发商为主的产业，另一方面也显示了中国房地产开发业主要由开发、销售模式的开发商组成。

表4-4　中国房地产开发企业商品房销售面积分用途结构 单位：万平方米

年份	商品房销售面积	住宅	住宅占比	办公楼
1997	9010.17	7864.3	87%	341.43
1998	12185.3	10827.1	89%	400.6
1999	14556.53	12997.87	89%	403.43
2000	18637.13	16570.28	89%	436.98
2001	22411.9	19938.75	89%	502.57
2002	26808.29	23702.31	88%	538.92
2003	33717.63	29778.85	88%	630.49
2004	38231.64	33819.89	88%	692.84
2005	55486.22	49587.83	89%	1096.23
2006	61857.07	55422.95	90%	1231.04

年份	办公楼占比	商业营业用房	商业营业用房占比	其他	其他占比
1997	4%	634.06	7%	170.38	2%
1998	4%	810.8	7%	146.8	1%
1999	3%	1003.17	7%	152.06	1%
2000	3%	1399.31	8%	230.56	1%
2001	3%	1696.15	8%	274.44	1%
2002	2%	2218.58	8%	348.47	1%
2003	2%	2833.1	8%	475.19	1%
2004	2%	3100.29	8%	618.62	2%
2005	2%	4081.38	7%	720.78	1%
2006	2%	1337.79	2%	865.29	1%

资料来源：中国国家统计局，《2007统计年鉴》表6-37"按用途分商品房屋销售面积"。

表4-5　中国房地产开发业经营收入结构

年份	经营总收入 金额（万元）	土地转让收入 金额（万元）	占比	商品房屋销售收入 金额（万元）	占比
1991	2840325	153810	5%	2378597	84%
1992	5285565	427420	8%	4265938	81%
1993	11359074	839281	7%	8637141	76%
1994	12881866	959357	7%	10184950	79%
1995	17316624	1943981	11%	12582817	73%
1996	19687850	1203378	6%	15337647	78%
1997	22184557	1032847	5%	17552061	79%
1998	29512078	1322454	4%	24084097	82%
1999	30260108	1032492	3%	25550245	84%
2000	45157119	1296054	3%	38968215	86%
2001	54716555	1889894	3%	47294194	86%
2002	70778478	2251311	3%	61457990	87%
2003	91372734	2797200	3%	81536881	89%
2004	1.33E+08	4100917	3%	1.18E+08	88%
2005	1.48E+08	3414314	2%	1.33E+08	90%
2006	1.8E+08	3006480	2%	1.66E+08	92%

年份	房屋出租收入 金额（万元）	占比	其他收入 金额（万元）	占比
1991	39221	1%	268697	9%
1992	59617	1%	532590	10%
1993	106348	1%	1776304	16%
1994	172817	1%	1564742	12%
1995	257927	1%	2531899	15%
1996	299899	2%	2846926	14%
1997	387878	2%	3211770	14%
1998	493192	2%	3612325	12%
1999	627408	2%	3049963	10%
2000	953237	2%	3939613	9%
2001	1173453	2%	4359014	8%
2002	1445728	2%	5623449	8%

年份	房屋出租收入		其他收入	
	金额（万元）	占比	金额（万元）	占比
2003	1643335	2%	5395318	6%
2004	3055765	2%	8465884	6%
2005	2902876	2%	8208596	6%
2006	3167902	2%	8079621	4%

资料来源：经营总收入、土地转让收入、商品房销售收入、房屋出租收入、其他收入的数据均来源于中国国家统计局《2007 统计年鉴》表 6－40 "房地产开发企业（单位）经营情况"。

从美国房地产业发展的沿革来看，早在第二次世界大战之前，美国房地产开发领域已形成了土地细分开发商、新建住宅开发商和商用房地产开发商的专业化细分格局。前两者以开发完成的地块和住宅的销售收入为主要营业收入，后者是以开发完成的商用房地产（包括办公楼、购物中心、工业园区和厂房、仓库、公寓住宅等）的租金收入为主要营业收入①。在美国国家统计局统计时，前两者即为建筑业（产业编号：23）中的 new housing operative builders（产业编号：236117）和 land subdivision（产业编号：23721），后者则归入房地产出租人（产业编号：5311）之中。由于美国经济统计部门（BEA）不单独对商用房地产开发商进行统计。因此，关于商用房地产开发商的有关数据需要从有关数据中进行剥离。美国社会的房地产出租人包括商用房地产②的房地产产权人和房地产转租人，现实生活中作为出租人的产权人通常有金融机构（如保险公司、养老基金、投资银行、REITs）、房地产开发商和个人业主（individual owner）。金融机构出租房地产的收入均纳入金融业（产业编号：52）中③，因此，2002 年美国经济统计中的房地产出租人（产业编号：5311）实际上只包括房地产开发商、个人业主和转租人。个人业主一般是没有雇员的。而美国大多数产业④的统计资料按有雇员机构（establishments of firms with pay-

① 目前美国上市的房地产开发公司基本上都是这类公司，因此纽约证券交易所将上市的房地产开发公司称为"房地产持有和开发"，并解释其"是指直接或者间接地通过开发、管理或持有方式进行房地产投资的公司"（参附录二）。

② 用于出租经营的住宅——apartment，也属于商用房地产。

③ 2002 年的统计数据包括各类 REITs。

④ 种植业（111）、畜牧业（112）、投资基金、信托和其他金融工具（525）、公司管理（55）除外。

roll）和无雇员机构（businesses with no – paid employees）分别统计。因此关于房地产出租人中有雇员机构的经济统计主要包括了商用房地产开发商和房地产转租人，但房地产转租人所占的比例很小，因此可以将房地产出租人有雇员机构的经济统计数据近似看作为商用房地产开发商的数据。表4 – 6 显示，虽然新建住宅开发业是美国房地产开发业中规模最大的行业，但商用房地产开发商也已占到很大的比重。此外，很多权益型 REITs 集商用房地产开发商、产权人、管理人于一身，也可以归入房地产开发商或房地产出租人①，如果考虑到这一点，那么美国房地产开发业中商用房地产开发商所占的比重应该比表4 – 6 所显示的数值更高一些。从房地产开发业的三种不同分类来分析美国房地产开发业，结果如表4 – 9。

表4 – 6　2002 年美国房地产开发业收入结构（一）②

NAICS 编号	产业（行业）名称	收入③（千美元）	占房地产开发业总收入的比重（%）
236117	新建住宅开发商（new housing operative builders）	139，221，000	52%
23721	土地细分开发商（land subdivision）	13，927，000	5%
5311	房地产出租人（lessors of real estate）	116，241，000	43%
	合计	269，389，000	100%

资料来源：根据 U. S. Department of Commerce, Economics and Statistics Administration, U. S. CENSUS BUREAU, 2002 Economic Census Real Estate and Rental and Leasing Subjec Series 有关数据整理计算，http://www. census. gov/prod/ec02/ec0253slls. pdf.

按房地产的用途分类，美国房地产出租人一般分为住宅出租人、非住宅出租人（不含小型仓储出租人）、小型仓储出租人和其他房地产出租人，其中住宅出租人和非住宅出租人（不含小型仓储出租人）共同占据了出租市场90%以上的市场份额，且两者的规模几乎旗鼓相当（表4 – 7）。住宅出租人主要从

① 事实上 2007 年版的 NAICS 已将权益型 REITs 归入房地产出租人（5311）中。
② 本表数据仅指有雇员机构的数据。
③ 原文为 Product Line Revenue。

事公寓住宅（apartment buildings）① 出租，这部分的营业收入约占住宅出租业总收入的92%（表4－8）。

表4－7　2002年美国房地产出租人营业收入结构②

产业编号	产业名称	收入③（千美元）	比例
5311	房地产出租人 lessors of real estate	116，240，519	100%
53111	住宅出租人 lessors of residential buildings and dwellings	55，295，976	47.57%
53112	非住宅出租人（不含小型仓储）lessors of nonresidential building（except miniwarehouse）	51，778，431	44.54%
53113	小型仓储出租人 lessors of mini-warehouse and self storage units	3，675，143	3.16%
53119	其他房地产出租人 lessors of other real estate property	5，490，969	4.72%

资料来源：U. S. Department of Commerce, Economics and Statistics Administrati and U. S. CENSUS BUREAU, 2002 Economic Census Real Estate and Rental and Leasing Subject Series http：//www. census. gov/prod/ec02/ec0253slls. pdf.

表4－8　2002年美国住宅出租业收入结构

产业编号	产业名称	收入④（千美元）	比例
531110	住宅出租人 lessors of residential buildings and dwellings	55，295，976	100%
5311101	公寓出租人 lessors of apartmen－t buildings	50，861，975	91.98%
5311109	非公寓住宅出租人 lessors of dwell-ings other than apartments	4，434，001	8.02%

资料来源：U. S. Department of Commerce, Economics and Statistics Administration and U. S. CENSUSBUREAU, 2002 Economic Census Real Estate and Rental and Leasing Subject Series http：//www. census. gov/prod/ec02/ec0253slls. pdf.

---

① 它也属于商用房地产（commercial property），与共管产权住宅（condominium housing）是不同的。

② 本表数据仅指有雇员机构的数据。

③ 原文为 Product Line Revenue。

④ 原文为 Product Line Revenue。

表4-9 2002年美国房地产开发业营业收入结构（二）①

产业编号	行业名称	营业收入	开发分类	营业收入	占比	开发分类	营业收入	占比	开发分类	营业收入	占比
23721	土地细分开发商	13,927,000	住宅开发	208,443,976	77.38%	土地开发	13,927,000	5.17%	开发、销售模式	153,148,000	56.85%
236117	新建住宅开发商	139,221,000				房屋开发或土地、房屋一体化开发	255,461,519	94.83%			
53111	住宅出租人	55,295,976							开发、租赁模式	116,240,519	43.15%
53112	非住宅出租人（不含小型仓储）	51,778,431	非住宅开发	60,944,543	22.62%						
53113	小型仓储出租人	3,675,143									
53119	其他房地产出租人	5,490,969									
合计		269,388,519		269,388,519	100%		269,388,519	100%		69,388,519	

对比中美房地产开发业内部构成，两者的异同如表4-10所示，可见中国房地产开发业的内部构成较为单一，而美国房地产开发业内部构成较多样化，尤其在经营模式上与中国有较大区别。

---

① 本表数据仅指有雇员机构的数据。

表 4 - 10　中美房地产开发业异同比较

	中国	美国
住宅开发与非住宅开发	住宅开发占绝对优势	住宅开发为主，但非住宅开发也占相当比例。
土地开发、房屋开发与土地、房屋一体化开发	土地、房屋一体化开发占绝对优势	房屋开发和土地、房屋开发占绝对优势。
开发、销售模式与开发、租赁模式	开发、销售模式占绝对优势	开发、销售模式与开发、租赁模式基本上并重，但前者稍占优势。

4.1.3　房地产（中介）服务业内部构成

　　房地产中介服务业是一个中国特有的概念，根据中国《城市房地产管理法》和《国民经济行业分类》（GB/14754～2002），房地产中介服务业包括房地产经纪、房地产估价和房地产咨询三个房地产行业。其中，机构数量和从业人员最多的是房地产经纪机构[①]，它们主要从事新建商品房的销售代理、二手房和租赁房的居间、公有住房置换等经纪业务。是一个市场化程度极高的行业。相对而言，房地产估价业的规模相对要小得多[②]，主要业务是作为经济鉴证的房地产价格评估，如抵押房地产、动拆迁房地产、涉讼房地产、改制企业的房地产的价格评估。但也有极少数企业开始涉足房地产咨询业务，如土地投标报价咨询等。三者之中，房地产咨询业是一个内涵最丰富，外延最难界定的行业。由于政府没有对咨询业的人员资格和机构资质进行规定，因此目前许多名称为房地产咨询公司的机构，实际并不从事咨询业务，而是从事房屋的中介、代理。目前真正从事房地产咨询业务的机构往往是一些大型的房地产经纪机构（或其下属机构），它们主要是为开发商提供定向的市场调查、开发项目前期研究、全过程或分阶段的策划、咨询。此外，这一行业中已有少数企业以会员制方式向房地产开发商及其他房地产企业提供房地产数据库、定期的信息

---

　　① 根据国家工商总局 2008 年年初的不完全统计，全国企业名称中含有"房地产经纪"字样的机构有 3 万家。

　　② 根据中国房地产估价师与房地产经纪人学会的统计，截止到 2008 年 10 月，全国共有房地产估价机构 4729 家，注册房地产估价师 36656 人。

分析、市场与政策研究等。如果从广义层面来定义中国房地产服务业，则包括房地产经纪、房地产估价、房地产咨询、物业管理和其他相关活动，表4－1表明中国房地产经纪业与物业管理的规模彼此不相上下。

美国没有房地产中介服务业这一概念，但应该可以说有房地产服务业的概念。实际上 NAICS 中的房地产业（产业编号 531）实质上就是房地产服务业，包括资本密集型的服务业（房地产租赁）和劳动密集型或知识密集型的服务（房地产经纪、房地产估价、物业管理、房地产咨询等）。从表4－2可以看出，资本密集型服务是美国房地产服务业中比重最大的一类，并超过其他各类房地产服务业所占比重之和。在劳动密集型或知识密集型服务中，房地产经纪业所占的比重最高，其次为物业管理、与房地产相关的其他经济活动，房地产估价业所占比重最低（表4－11）。

表4－11 2002 年美国房地产服务业营业收入结构①

NAICS 编号	产业（行业）名称	无雇员商业机构收入（注1）（＄1，000）	无雇员商业机构收入占行业总收入比重（％）	有雇员机构商业机构的收入（注2）（＄1，000）
5311	房地产出租人（lessors of real estate）	100，503，540	46.37%	116，241，000
5312	房地产代理商和经纪人事务所（offices of real estate agents and brokers）	26，007，073	29.09%	63，381，000
53131	物业管理（real estate property managers）	5，571，962	15.20%	31，091，000
53132	房地产估价（offices of real estate appraisers）	2，021，004	30.47%	4，612，000
53139	其他房地产相关活动 other activities related to real estate	22，046，758	0.00%	8，239，000

① 本表是将表4－2中的"与房地产有关的活动"进一步细化而成。

续表

NAICS 编号	产业（行业）名称	有雇员商业机构收入占行业总收入比重（%）	行业收入合计（＄1，000）	行业收入占房地产服务业总收入的比重（%）
5311	房地产出租人（lessors of real estate）	53.63%	116，241，000①	41.63%
5312	房地产代理商和经纪人事务所（offices of real estate agents and brokers）	70.91% 89，388，073		32.01%
53131	物业管理（real estate property managers）	84.80%	36，662，962	13.13%
53132	房地产估价（offices of real estate appraisers）	69.53%	6，633，004	2.38%
53139	其他房地产相关活动 other activities related to real estate	100.00%	8，239，000	10.85%
合计			357，667，579	100%

可见，中美房地产（中介）服务业的差异非常大，这不仅表现在两者各自在本国房地产业中的地位相差悬殊，而且内部构成结构也极不相同，中国不仅没有形成在美国房地产服务业中占绝对优势的房地产出租人行业，而且相对而言，房地产经纪业的规模也非常小。

4.2 中美房地产业的产业属性及其比较分析

4.2.1 房地产业在产业分类体系中的归属

如2.1.1所述，产业的划分可按各种不同的分类标准形成不同的产业分类

---

① 由于美国在经济统计时将自有房地产（自有住宅或机构自有房地产）所提供的服务按同类出租房地产的市场租金水平进行统计并纳入"房地产业"（531），因此表2所显示的"房地产出租人"、"无雇员商业机构收入"中包含了居民自有住宅的服务收入，故本表在计算房地产出租人的行业总收入时将其剔除，只计算"有雇员商业机构收入"。

体系。就中美两国政府统计部门所采用的产业分类体系而言，主要涉及三次产业分类体系和服务业—非服务业分类体系。

中国对三次产业划分的规定是①：第一产业是指农、林、牧、渔业；第二产业是指采矿业，制造业，电力、燃气及水的生产和供应业，建筑业；第三产业是指除第一二产业以外的其他行业。第三产业包括：交通运输、仓储和邮政业，信息传输、计算机服务和软件业，批发和零售业，住宿和餐饮业，金融业，房地产业，租赁和商务服务业，科学研究、技术服务和地质勘查业，水利、环境和公共设施管理业，居民服务和其他服务业，教育，卫生、社会保障和社会福利业，文化、体育和娱乐业，公共管理和社会组织，国际组织。

美国负责经济统计的有多个部门，不同部门在其统计数据时对产业的划分略有不同。美国商务部经济分析局在其国民生产总值的研究报告中，将经济部门划分为两大类：非服务生产类和服务生产类。非服务生产类包括农业、林业、渔业、采掘业、制造业和建筑业；服务生产类则包括：运输业、通讯业、公共事业、批发和零售商业、金融、保险、房地产、各种服务、政府机构。美国商务部人口普查局则将上述经济部门划分为物质生产部门、生产性服务部门、非生产性服务部门、国家机构服务部门。其中，物质生产部门包括农业、林业、渔业；生产性服务部门包括运输业、通讯业；非生产性服务部门包括娱乐业、个人服务业、旅游业。美国劳工部劳工统计局（BLS）在分析美国就业情况的报告中，将经济部门归结为：农业、货物生产部门和服务生产部门。其中，农业由农业、林业、渔业构成；货物生产部门分为采掘业、制造业和建筑业；服务生产部门则由运输业、通讯业、公共事业、贸易、金融、保险、房地产、服务业（狭义）和政府机构组成。从上述统计可以看出，在划分服务生产业和非服务生产业之间的界限上，美国各官方统计机构的划分基本是一致的，既将农业（包括农业、林业、渔业）、制造、建筑业和采掘业这四大经济部门列为非服务生产部门（货物生产部门与农业），服务生产部门则基本上以运输业、通讯业、公共事业、金融业、保险业、房地产业、服务业、政府部门为主，其中金融、保险、房地产在服务生产部门类的统计中，通常已合并成一项。1984年，美国公布了《美国标准行业分类法》（SIC）。按此分类法，

---

① 见中国国家统计局，《三次产业划分规定》，http：//www. stats. gov. cn/tjbz/t20030528＿402369827. htm.

美国国民经济被分为农业部门、工业部门、服务部门。其中服务部门包括运输业、通讯业、公共事业、金融业、保险业、房地产业、批发和零售贸易、旅店业、个人服务、企业服务、修理服务、娱乐服务、保健、法律、工程技术设计、教育机构、民间团体、政府。美国的标准分类法与美国商务部经济分析局、人口普查局、劳工部统计局的分类大体上是一致的。标准分类法中，服务部门的旅游业、个人服务、企业服务、修理服务、娱乐服务、保健、法律、工程技术设计等服务行业，实际上相当于前面几种统计口径中的狭义服务业的内容。《北美产业分类标准》（以下简称 NAICS）是目前美国、加拿大、墨西哥三国共同使用的产业分类标准，由加拿大统计局、墨西哥 INEGI 和美国经济分类计划编制委员会（ECPC）联合开发完成并于 1997 年发布。该体系将产业组成 20 个主要的门类，这 20 个主要门类又进一步被细分成很多小的部门。房地产业被归入"房地产与租赁"（real estate and rental and leasing，产业编号53）。

三次产业分类法是"从国民经济史角度，从人类社会经济活动发展的先后次序区分为三次产业"（蒋学模，2001：28～29），按照这一方法衡量美国房地业，无疑其也归属于第三产业。尽管三次产业分类法流传很广，人们往往也将第三产业等同于服务业，但随着现代服务经济学的发展，人们已经发现这种简单的等同很不科学（参见 2.3.1）。美国商务部所采用的服务业—非服务业两分法产业分类体系，是比较符合现代服务经济学关于服务和服务业的界定的。如按这种分类体系来衡量中美房地产业，应该说，美国房地产业的主体是服务业，而中国房地产业的主体是非服务业，或者说，美国房地产业是以服务业为主体的产业，中国房地产业是以非服务业为主体的产业。

如第二章所述，由于三次产业分类法过于笼统，可以说，中美房地产业在三次产业分类体系中都可以归入第三产业，两者之间并没有差异，但这一点几乎没有太多的经济意义。如果按照现代服务经济理论从经济性质角度对服务和服务业的界定来看，房地产出租、经纪、估价、物业管理、投资信托等都属于服务，是由房地产服务业向社会所供给的；但房地产开发业是否属于服务业与房地产开发业的经营模式有关，以开发并销售房地产为基本经营模式的部分显然属于非服务业，因为它不是向市场提供服务，而是提供有形的产品。只有以开发、出租房地产为基本经营模式的部分才属于服务业。有很多中文文献，在解释房地产开发业属于服务业时，通常以其不直接从事建筑物的物质生产为基本论据，但这实际上混淆了产业直接从事活动的类型与其产出的类型（商品或服务）之间的差别。在现代经济全球化和国际分工体系下，一些发达国家的制造业企业将商品生产链中的生产环节转移给其他企业（特别是发展中国家的企业），自己只从事产品的研发、营销等"非物质生产"，但并不因此就可以将它们归入服务业，因为它们向市场销售的仍然是商品，而不是服务。因此，从中美房地产业主体部分的产业属性来看，可以说中国房地产业是以非服务业属性为主的产业，而美国房地产业是以服务业属性为主的产业。

因此，中美房地产业在产业分类体系归属上的异同，可总结如表4-12。

表4-12 中美房地产业在产业分类体系中的归属比较

	中国	美国
产业分类标准	《国民经济行业分类》	北美产业分类体系（NAICS）
产业分类方法	三次产业分类法	服务业与非服务业分类法
在三次产业分类体系中的归属	第三产业	第三产业
在服务业——非服务业分类体系中的归属	主体部分——房地产开发为非服务业，其他部分为服务业。	主体部分为服务业，非主体部分——以开发并销售房地产为基本经营模式的房地产开发业为非服务业。

此外，按照要素集约度产业分类法，通常可将产业划分为劳动密集型产业、资本密集型产业和技术密集型产业等。中国房地产业的主体——房地产开发业，属资本密集型产业。美国房地产业的主体——房地产服务业，其最主要的部分——房地产出租业，也属资本密集型产业。但是，与中国以开发、销售为主要经营模式的房地产开发业相比，美国房地产出租业的资本要素中，长期资本为主要部分，这与中国房地产业有较大区别。

4.2.2 房地产业与其他产业的关联特征

根据刘水杏的研究（2004），从产业关联性特征来看，中美房地产业有共同之处，也有差异。

共同之处是中美房地产业都具有很高的产业关联度，对国民经济各产业具有明显的带动效应。

中国房地产的主要关联产业偏向于物质资本和原材料产业，后向关联度高；而美国房地产业的关联产业主要是服务性产业，前向关联度高。而这是与两者的内部构成及产业的服务业和非服务业属性直接关联的。中国房地产业的主体是以住宅开发、销售为主的房地产开发业，是提供有形的房地产产品的非服务业，必然主要关联与住宅物质实体和价值形成有关的原材料以及物质资本产业。而美国房地产业的主体是提供房地产服务的服务业，其关联密切的产业也自然是服务业。

表 4-13　中美房地产业产业关联特征异同

	中国	美国
对其他产业的总带动效应	1. 416（注 1）	1. 264～1. 462（注 2）
产业关联性类别	后向关联度高	前向关联度高
前向平均直接关联度	0. 0076（1997 年）	0. 0131（1990 年）
平均完全关联度	0. 0198（1997 年）	0. 0247（1990 年）
主要关联产业类别	资本、原材料产业	服务性产业

注 1：对 40 个产业的总效应，年份不详。

注 2：1977～1990 年对其主要关联产业的总效应。

资料来源：刘水杏（2004）。

4.2.3　房地产业的时空变化特征

从理论上看，产业在不同时点上的规模状况可以从产业的要素投入量和产出量上反映出来。对于房地产业这一资本密集型产业而言，房地产开发投资额是一个较好的投入状况指标，而产出可以从产业的经济产出或主要产品（服务）的销售量和销售金额来反映。受中美两国现有统计资料的限制，本书选取房地产开发企业（单位）完成投资额、房地产开发企业销售面积和销售金额作为反映中国房地产业状况的指标，采用美国商务部经济分析局公布的分产业总体产出额作为反映美国房地产业状况的指标。图 4-1～图 4-6 显示，在 1998～2006 的期间，中美房地产业都表现出明显的短期波动性（fluctuation），这种波动性主要表现在有关指标的环比变动率而非指标绝对值上。从产出指标看，美国房地产业主要产出指标从一个波峰（谷）到下一个波峰（谷）的时间跨度为 3～4 年。中国房地产业主要产出指标（销售面积和销售金额）的波动周期为 2～3 年。中国房地产业投入指标波动的跨度与产出指标基本一致，但波峰（谷）发生的年份两者之间并不完全一致。

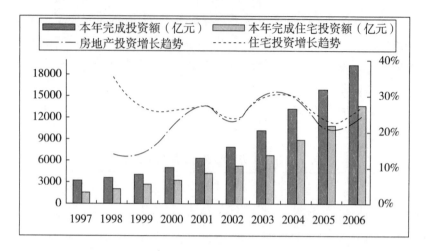

图4-1　1997～2006年中国房地产业开发企业（单位）完成投资额

资料来源：根据中华人民共和国统计局，《2007中国统计年鉴》表6－34"房地产开发企业（单位）投资完成额"有关数据制作。

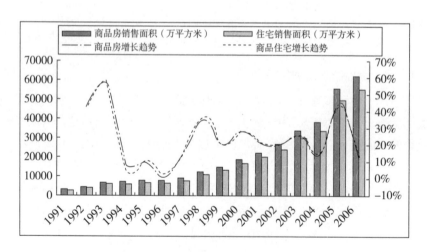

图4-2　1991～2006年中国房地产业开发企业销售面积

资料来源：根据中华人民共和国统计局，《2007中国统计年鉴》表6～36"商品房屋销售情况"有关数据制作。

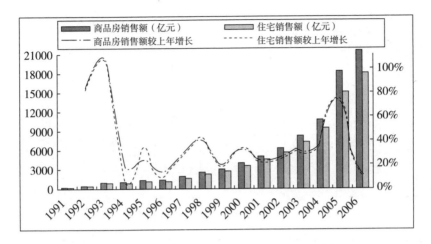

图4-3 1991～2006年中国房地产业开发企业销售额

资料来源：根据中华人民共和国统计局，《2007中国统计年鉴》表6～36"商品房屋销售情况"有关数据制作。

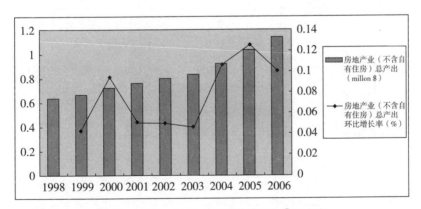

图4-4 1998～2006年美国房地产业①总产出

资料来源：根据Bureau of Economic Analysis，U. S. Department of Commerce，GDPbyInd＿GO＿NAICS＿1998－2006．数据制作。

---

① 指Real estate excluding owner‐occupied dwellings（IO cole：531000）。

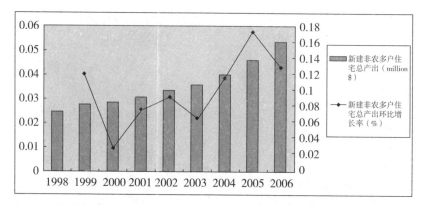

图 4-5　1998～2006 年美国新建非农多户住宅①总产出

资料来源：根据 Bureau of Economic Analysis，U. S. Department of Commerce，GDPbyInd _ GO_ NAICS_ 1998～2006. 数据制作。

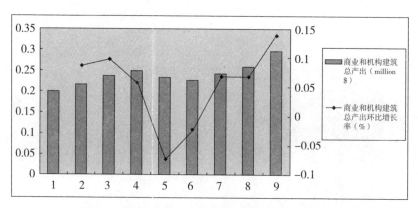

图 4-6　1998～2006 年美国商业和机构建筑②总产出

资料来源：根据 Bureau of Economic Analysis，U. S. Department of Commerce，GDPbyInd _ GO_ NAICS_ 1998～2006. 数据制作。

---

① 指 New multifamily housing structures，nonfarm（IO cole：230120）。
② 指 Commercial and institutional buildings（IO code：230220）。

当然，以上分析尚较为粗略，有学者应用时间序列分析方法中的谱分析以及其方法的一种变形，通过对我国房地产业 18 年数据的分析，论证了中国房地产业大概存在着一个 4 年左右的短周期和一个 9 年左右的中周期。（卜胜娟，2006：66 ~ 71）。美国方面，Wenzlick（1980）以美国房地产市场交易量（或销售额）为依据，通过分析 1795 年 ~ 1973 年共 180 年间美国房地产的周期波动循环变化，指出美国房地产的长期波动周期约为 18 年。Case 赞成美国房地产长期周期为 18 年的观点，进而指出长期周期主要受历史事件，如战争、经济衰退、技术创新等事件影响。同时他还提出房地产短期波动周期的概念，从美国来看短期波动周期为 5 年，主要受货币市场、贷款额度和政府住宅政策等因素影响（洪涛，2006：50）。综合以上分析，可以发现，无论从短周期还是中周期来看，中国房地产业的波动频率都高于美国房地产业。

从房地产业的空间特征看，中美房地产业自形成以来，都呈现出明显的区域性，那些活动于当地房地产市场的各类房地产企业，构成了房地产业的主体，这与房地产业的产业组织特征是密切相关的（见 4.2.4.2）。但美国房地产业发展的历史表明，自二十世纪五六十年代开始，就有全国性的房地产开发商、房地产出租人出现，而且在 2000 年以后，随着规模化、在公开市场上市的房地产企业（特别是 REITs）的蓬勃发展，全国性的房地产企业进入了一个快速发展的时期（参见附录一"美国主要的全国性房地产企业名录"）。与此同时，中国房地产业也出现了全国性的房地产开发公司和房地产经纪公司，如万科企业股份有限公司、金地（集团）股份有限公司、保利房地产（集团）股份有限公司、招商局地产控股股份有限公司、易居（中国）集团。

4.2.4 房地产业的产业组织特征

4.2.4.1 产业集中度

从产业集中度情况看，中美房地产业具有一定的共性，即总体产业集中度较低（见表 4 ~ 14、4 ~ 15）①。2003 年，中国房地产开发业中规模较大的一级、二级企业在当年完成开发土地面积、待开发土地面积和资产总额三项指标上分别占全行业的 18%、23% 和 32%，可见中国房地产开发业内土地和资金的资源配置更偏向于三级及三级以下的中小企业或非专业房地产开发企业。不过，一二级房地产开发企业的利润总额却占到全行业的 50%，这间接说明在

---

① 由于中国统计资料的局限，这里的中国房地产业只反映房地产开发业和物业管理业的情况。

一二级房地产企业中存在着规模经济。美国房地产业中的不同行业，产业集中度有明显差异①（见表4-16）。

表4-14　2003年中国房地产开发业按资质等级分的土地开发与储备、资产与利润情况

	全国总计	一级	二级	三级	四级	暂定	其他
当年完成土地开发面积（平方米）	221662582	6786974	33120526	77745185	45461166	41324302	17224329
在全行业占比	100%	3%	15%	35%	21%	19%	8%
待开发土地面积（平方米）	217825774	14009711	37364547	72617380	32060439	40433844	21319853
在全行业占比	100%	6%	17%	33%	15%	19%	10%
资产额（万元）	404864877	42000976	87630730	114508606	34490359	38574241	87659965
在全行业占比	100%	10%	22%	28%	9%	10%	22%
利润总额（万元）	5055882	852681	1684627	1102763	237781	−67123	1245163
在全行业占比	100%	17%	33%	22%	5%	−1%	25%

资料来源：根据《中国房地产年鉴》2004年表5~2、表5~3、表6~3和表6~6有关数据计算、制作。

表4-15　2003年中国物业管理公司按资质等级分的资产、利润情况

项目	总计	一级	占比	二级	占比	三级	占比	其他	占比
资产总计（万元）	277958714	11658793	4.19%	24242336	8.72%	65832813	23.68%	176224772	63.40%
利润总额（万元）	411907	37960	9.22%	73568	17.86%	55415	13.45%	244965	59.47%

资料来源：《中国房地产统计年鉴》2004年。

---

① 这里只反映房地产服务业（531）的情况。

表4-16 美国房地产业产业集中度

产业编号 （NAICS code）	企业类型和最大公司（按营业收入） （Kind of business and largest firms based on revenue）	收入 （Revenue）	
		金额 （Amount） （$1,000）	占全行业的 比例 （As percent of total）
	房地产（Real estate）		
531	公司总数（All firms）	223 563 114	100.0
	前4位最大企业（4 largest firms）	10 462 289	4.7
	前8位最大企业（8 largest firms）	15 273 244	6.8
	前20位最大企业（20 largest firms）	25 317 843	11.3
	前50位最大企业（50 largest firms）	36 200 986	16.2
	房地产出租人（Lessors of real estate）		
5311	公司总数（All firms）	116 240 519	100.0
	前4位最大企业（4 largest firms）	7 793 579	6.7
	前8位最大企业（8 largest firms）	11 818 393	10.2
	前20位最大企业（20 largest firms）	17 798 737	15.3
	前50位最大企业（50 largest firms）	25 742 204	22.1
	住宅出租人（Lessors of residential buildings and dwellings）		
53110	公司总数（All firms）	55 295 976	100.0
	前4位最大企业（4 largest firms）	5 698 498	10.3
	前8位最大企业（8 largest firms）	6 995 405	12.7
	前20位最大企业（20 largest firms）	9 472 649	17.1
	前50位最大企业（50 largest firms）	12 311 313	22.3

续表

产业编号 （NAICS code）	企业类型和最大公司（按营业收入） （Kind of business and largest firms based on revenue）	收入 （Revenue）	
		金额 （Amount） （＄1，000）	占全行业的 比例 （As percent of total）
5311101	公寓出租人（Lessors of apartment buildings）		
	公司总数（All firms）	50 861 975	100.0
	前4位最大企业（4 largest firms）	5 606 509	11.0
	前8位最大企业（8 largest firms）	6 901 560	13.6
	前20位最大企业（20 largest firms）	9 360 554	18.4
	前50位最大企业（50 largest firms）	12 106 905	23.8
5311109	非公寓住宅出租人（Lessors of dwellings other than apartment buildings）		
	公司总数（All firms）	4 434 001	100.0
	前4位最大企业（4 largest firms）	285 848	6.4
	前8位最大企业（8 largest firms）	369 675	8.3
	前20位最大企业（20 largest firms）	531 256	12.0
	前50位最大企业（50 largest firms）	770 583	17.4
53112	非居住建筑出租人（除小型仓库）（Lessors of nonresidential buildings（except miniwarehouses）		
	公司总数（All firms）	51 778 431	100.0
	前4位最大企业（4 largest firms）	6 110 732	11.8
	前8位最大企业（8 largest firms）	8 779 428	17.0
	前20位最大企业（20 largest firms）	13 002 851	25.1
	前50位最大企业（50 largest firms）	17 706 260	34.2

续表

产业编号（NAICS code）	企业类型和最大公司（按营业收入）（Kind of business and largest firms based on revenue）	收入（Revenue）	
		金额（Amount）（$1,000）	占全行业的比例（As percent of total）
53113	小型仓库和私人储藏室出租人（Lessors of miniwarehouses and self-storage units）		
	公司总数（All firms）	3 675 143	100.0
	前4位最大企业（4 largest firms）	985 463	26.8
	前8位最大企业（8 largest firms）	1 104 650	30.1
	前20位最大企业（20 largest firms）	1 289 119	35.1
	前50位最大企业（50 largest firms）	1 444 507	39.3
5312	房地产经纪人和中介事务所（Offices of real estate agents and brokers）		
	公司总数（All firms）	63 381 021	100.0
	前4位最大企业（4 largest firms）	6 512 069	10.3
	前8位最大企业（8 largest firms）	8 345 386	13.2
	前20位最大企业（20 largest firms）	11 027 077	17.4
	前50位最大企业（50 largest firms）	13 925 028	22.0

资料来源：U. S. Department of Commerce, Economics and Statistics Administration, U. S. CENSUSBUREAU, Establishment andFirmSize：2002（Including Legal Form of Organization），2002 Economic Census Real Estate and Rental and Leasing, Table 6. Concentration by Largest Firms for the United States：2002.

4.2.4.2 产业进入壁垒

在产业进入壁垒方面，房地产业内的不同行业进入壁垒有明显差异。

在房地产开发业方面，较长时期以来，由于特定的制度安排，较低的土地使用权出让金首付比例①、建筑公司垫资施工以及商品房预售制度，使中国房

---

① 当然这种情况在统一实行土地使用权"招、拍、挂"后有所改变。

地产开发企业得以利用极高的财务杠杆比例①来进行资本密集型的房地产开发，因此，资本量并不构成房地产开发业的进入壁垒。但是，政府主导的一级土地市场和早期占主流的土地使用权协议出让方式对房地产开发业构成了很强的进入壁垒②。土地使用权协议出让方式还形成了中国房地产开发业的一种特定行业结构，也就是各城市市场上，早期点据较多土地资源（特别是优势区位的土地）的公司多为有深厚政府背景的国有房地产企业③，这些在位房地产开发企业所具有的深厚区域背景，对潜在进入者也构成了较大的壁垒。这也使得中国房地产开发业的区域性特征得以强化。有学者（苗天青，2004：79～143）认为中国房地产开发业的市场结构具有区域性寡头垄断特征，是不无道理的。相对而言，美国房地产开发业的进入壁垒较低，首先，土地的私有制使土地取得环节并不构成必然的壁垒，房地产市场细分使得房地产的产品差异化程度大大增强，住宅、办公楼、零售商业房地产、工业房地产、旅馆、休闲房地产等多样化的产品，以及出售、出租并举、住宅供应（取得）方式的多样性（详见第五章）都降低了房地产开发业的进入壁垒。但是，在商用房地产领域，以租赁为主的流通模式对房地产开发企业的资本规模有很高要求，同时金融市场的变化趋势也强化了这一要求④，因此其资本规模的进入壁垒较高，且有不断增强的趋势。

在房地产中介服务业方面，中国房地产估价业和房地产经纪业都受政府对企业从业人员的职业资格要求制约（详见第五章），房地产估价业还受到政府对企业出资人要求的限制（详见第五章），因而有较高的进入门槛。在美国，政府对房地产估价业和房地产经纪业专业人员（指具有相应执业资格的人员）数量的最低门槛设置较低（详见第五章），因而进入门槛较低。

在物业管理方面，在住宅物业管理市场和中、低端非住宅物业管理市场，中国房地产开发业搭售"物业管理"的战略行为（苗天青，2004：158～162）使得物业管理行业进入的企业背景壁垒较高，而美国自用住宅物业管理市场受独户住宅为主的市场特征影响，物业管理服务与中国有明显不同，主要分化为

---

① 根据《中国统计年鉴》（2007）表6～39，1997～2006年，中国房地产开发企业（单位）的资产负债率一直保持在72.7%～76.2%的范围。

② 苗天青（2004：122～126）对此有详细的论述。

③ 虽然随着土地使用权出让方式的改革，北京、上海、深圳等特大城市的这种情形有较大改变，但众多二三线城市至今仍维持这种状况。

④ Peter Linneman（2001）对此有较详细论述。

维修、保洁等各类专业化服务，市场竞争度较高，进入壁垒主要体现在专业化水平上。中国高端非住宅物业与美国商用物业（含出租公寓）相似，行业进入的专业化壁垒较高。

从总体来看，美国房地产业的制度性进入壁垒较低，因此美国房地产业是一个"无雇员企业"比例极高的产业（参见表4-2）。根据美国国家统计局的定义，"无雇员企业"（non-employer business）是指没有领薪雇员，且企业年营业收入在1000美元或以上（但建筑业指1美元以上），并交纳联邦收入税的企业。这类企业大多数是自我雇佣的非公司个人企业，这类企业可以（或可以不）是企业主的主要收入来源①。

4.2.4.3　产品差异化程度

从产品差异化程度来看，除了房地产产品内在异质性所导致的产品差异化外，中美房地产业存在较大差异。总体而言，美国房地产业的产品差异化程度大大高于中国。首先，中国房地产业高度集中于住宅产品这种物质类产品，美国房地产业则以服务类"产品"为主，并广泛涉及种类繁多的各类"物"（即商用房地产）所提供的服务和各种"人"所提供的服务，相对于物质产品而言，服务的个性化和灵活性都大大增强了行业的产品差异性。如房地产经纪服务，美国房地产经纪人可以与顾客签订独售权（exclusive selling right）合同、独售权共享（the sharing contract of exclusive selling right）合同、开放出售权（the contract of open to selling right）合同、净卖权（the contract of selling – out）合同或联营制（joint management），来提供不同类型的经纪服务。再如购物中心出租业所提供的服务，叠加了商铺空间使用这种"'物'所提供的服务"和购物中心整体营销、推广、物业管理的"'人'所提供的服务"，在企业与企业之间具有很大差异。

4.2.4.4　企业利润水平

关于中国房地产业（主要指房地产开发业）的利润率，有关统计资料显示"我国房地产业的平均利润在1993年达到最顶峰的13.73%，随后便出现快速下降，1996年全国房地产业的平均利润率降为0.91%，处于微利状态，接着在1997～1999年连续3年出现全行业亏损（行业平均利润率分别为－0.47%、－0.36%和－1.16%），尽管从2000年开始有所恢复，但2000～2002年的平均利润率也分别只有1.62%、2.29%和3.6%，与工业、建筑业和

---

① 见 http：//www.census.gov/epcd/nonemployer/view/define.html#nonemployer.

商业（批发、零售、贸易）相比，仅略高于建筑业，而低于工业和商业。"（苗天青，2004：233~234）对此，不仅社会上的"房地产业是暴利行业"的普遍认识与其完全相左，有关学者也严重质疑。苗天青认为"有关我国房地产业利润率的统计数据存在"水分"（苗天青，2004：234），"房地产开发利润方面，大多数城市普遍在10%以上，如广东顺德1999~2003年房地产开发企业的平均利润率在25%左右，中高档房地产平均利润率更高，一般达到30~40%"（苗天青，2004：241）。

鉴于以上对房地产企业利润统计数据的诸多质疑，本书采用房地产上市公司年报分析的方法，对中美房地产开发企业的盈利水平进行分析。为了避免中美两国所采用的会计准则不同对企业财务指标计算值带来的差异，特选取中国大陆在香港证券交易所（即香港交易及结算所有限公司）上市的33家房地产公司（都是以在中国大陆的房地产开发为主要业务的公司，详细目录见附录三）与在美国纽约股票交易所上市的13家房地产持有和开发公司（详细目录见附录二）的公司年报所提供的基本财务数据进行分析，因为中国香港与美国所采用的会计准则差异相对较小。分析结果如表4-17。该表显示，中国大陆在香港上市的13家以中国大陆的房地产开发为主要业务的公司在营业利润率、净利润率和净资产收益率三项指标上都大大高于在纽约股票交易所上市的13家美国房地产持有和开发公司。这一结果对于中美房地产开发业的利润水平情况应有"管中窥豹"之效。

表4-17　中美上市房地产开发企业盈利能力指标对比

		营业利润率（Operating profit margin）	净利率（Net profit margin）	净资产收益率 ROE（Return on equity）
		经营利润/销售收入	净利润/销售收入	净利润/所有者权益
纽交所上市的13家房地产持有和开发公司	2005~2007年各年各公司均值	12%	8%	7%
	标准差	0.14	0.22	0.06
港交所上市的33家中国大陆房地产开发公司	2006年各公司均值	41%	33%	17%
	标准差	0.44	0.92	0.1

资料来源：根据各上市公司近三年的公司年报所提供的基本财务数据计算制作。

关于房地产中介服务业的利润率，可获取的资料极为有限。根据美国全国房地产经纪人协会（NAR）的报告，1996 美国房地产经纪行业典型企业的利润为其总收入（gross income）的 2.3%（The National Association of REAL-TORS®，2005：14）。

4.3 中美房地产业的经济与社会功能及其比较分析

4.3.1 房地产业的基础产业功能

从中美两国房地产业的发展历史来看，两国房地产业都为本国的各类经济、社会活动提供生产、生活的基本空间，对于社会经济发展起到了基础产业功能。但中美两国房地产业在这一方面的作用也存在一定的差异：以开发、销售模式的房地产开发业为主体的中国房地产业，其基础作用主要体现在提供作为生产、生活空间的房地产物质产品，而美国房地产业以房地产服务业为主体，其基础作用更多地体现在为房地产使用者提供"由房地产的'物'所提供的服务"，由于这种服务的提供，使各类住宅、非住宅房地产使用人对房地产的直接需求，既可以以购买的方式，也可以以承租的方式予以满足，使用人可以在两种解决方式中进行理性选择。也正是由于这种服务的存在，使得那些不具备购买房地产能力的潜在使用人，得以以市场化解决的方式使用房地产。仅以住房为例，表 4-18 显示，2006 年全美在使用住宅（occupied housing）中有 67.27% 为产权人自用，32.73% 为承租人使用。在承租人所使用的住宅中，63.9% 为公寓，此类住宅即由房地产出租业（5311）经营。

表 4-18　2006 年美国在使用住宅结构

项目 （subject）	在使用住宅 （occupied housing units）	产权人自用住宅 （owner-occupied housing units）	承租人使用住宅 （renter-occupied housing units）
在使用住宅 套数/占比 （occupied housing units）	111，617，402 100%	75，086，485 67.27%	36，530，917 32.73%

续表

项目 （subject）	在使用住宅 （occupied housing units）	产权人自用住宅 （owner-occupied housing units）	承租人使用住宅 （renter-occupied housing units）
独立式住宅 （detached） 占比	63.1%	81.4%	25.3%
联立式住宅 （attached） 占比	5.8%	5.8%	5.7%
2 单元公寓 （2 apartments）	3.8%	1.4%	8.6%
3 或 4 单元 公寓（3 or 4 apartments） 占比	4.4%	0.9%	11.4%
5 至 9 单元 公寓（5 to 9 apartments） 占比	4.7%	0.8%	12.6%
10 或 10 以上 单元公寓 占比（10 or more apartments）	11.9%	2.4%	31.3%
移动住宅或 其他类型住 宅占比 mobile home or other type of housing	6.5%	7.2%	5.0%

资料来源：U. S. Census Bureau, 2006 American Community Survey, S2504. Physical Housing Characteristics for Occupied Housing Units Data Set：, http：//factfinder. census. gov/servlet/ STTable？ _ bm = y& − geo_ id = 01000US& − qr_ name = ACS_ 2006_ EST_ G00_ S2504& − ds_ name = ACS_ 2006_ EST_ G00_ .

4.3.2　房地产业对经济增长的影响

关于房地产业对经济增长的影响（或贡献），中国学者们最看重的是房地产业增加值在国内生产总值（GDP）中所占的比例这一指标。然而，非常令人遗憾的是，中国房地产业在这一指标上表现不佳（见表4-19）。按2001年的数值，房地产业在GDP中所占比重在各产业中的排序列第12位（表4-20）。多年来，许多中国学者对这一现象进行了研究，较有代表性的认识是：统计数据显示的中国房地产业在中国GDP中所占比重偏低，主要原因在于对房地产业的增加值未计算居民自用住房所提供的服务和城市政府房地产管理部门对居民提供的住房服务，持这种认识的学者认为，这与国际上的惯例（例如美国）是不一致的。

如第三章所述，即使在美国，对房地产业的统计界定和行业界定都并不包括自用住房，美国统计部门在统计GDP时将自有住房所提供的服务计入房地产业，只是统计计算上的一种调整（Bureau of Economic Analysis，U. S. Depatment of Commerce，2008：2~4）。如果按照房地产业的学术界定，从衡量中国房地产业对GDP的贡献角度来看，中国国家统计局对中国房地产业增加值的核算范围是恰当的，其数据反映了中国房地产业的现状。事实上，一些美国学者在考察美国房地产业在国民经济中的地位和作用时，将美国商务部经济分析局所提供的包含了居民自有住房（owneroccupied housing）所提供的服务的房地产业（531）增加值，扣除自有住房所提供的服务（Hu，Dapeng、Anthony Pennington – Cross，2000），处理后的结果如表4-21。可以发现，美国房地产业的主体——房地产服务业（531）的增加值在GDP中所占的比重，在1988年~1991年间一直稳定在5.1%~5.3%。这一结果反映了美国房地产业的主体，但尚未反映美国房地产业全部。正如本章4.1节所述，美国房地产业包括房地产服务业（531）、新建住宅开发业（236117）、土地细分（23721）和权益型房地产信托投资（52593）。可能正是考虑到这一点，（Hu，Dapeng、Anthony Pennington-Cross，2001）将建筑业、扣除了自有住房所提供的服务的房地产业（531）和房地产金融业中三者的增加值加和，作为房地产业总体的增加值，1988年—1997年该值占GDP值的比重在10.7%~11.9%之间，对此，我认为是夸大了美国房地产业的产业增加值。因为虽然统计上新建住宅开发业和土地细分业归入建筑业（23），但因此将建筑业整体的增加值视作房地产业的一部分，不符合房地产业概念的界定。而将房地产金融业的增加值全部纳入房地产业中也超出了房地产业的外延，因为只有权益房地产投资信托才属于房地产业，抵押型房地产投资信托、房地产抵押贷款和房地产保险虽然与房地产有关，但本质上仍属于金融业。由于统计口径的问题，目前只能查到 2002 年美国新建住宅开发业（236117）、土地细分（23721）的产业增加值，两者之和占 GDP 的比重为 0.6%，再根据 Dapeng、Anthony Pennington-Cross（2001：4）所提供的 1988～1991 年美国房地产金融（Real Estate Finance and Insurance）[1] 产业增加值占 GDP 的比重为 1.7%～2.0% 来推断，上世纪九十年代至本世纪之初，美国房地产业全部[2]产业增加值占 GDP 的比重不会大于 7.9%[3]。这比许多中文文献中关于美国房地产业增加值占美国 GDP 的比重为 11% 左右的说法要小很多。因此，单纯按照主导产业（或中国所称的支柱产业）产业增加值占 GDP 5% 以上的标准来衡量，称房地产业为国民经济的主导产业（支柱产业），在中国尚不成立[4]，在美国也只能说是勉强成立。

但不容忽视的是，房地产业与建筑业、金融业高度关联，这一密切关联的产业群体对经济增长的贡献是非常大的。因此，从这个意义上讲，中美两国房地产业对本国的经济增长具有积极的贡献作用，而美国房地产业的贡献程度更加明显。此外，值得关注的是，目前中国的经济增长仍是一种典型的投资拉动型增长，而 2003～2006 年中国房地产业固定资产投资占全社会固定资产投资的比重为 22.3%～23.7%[5]，因此，现阶段中国经济增长对房地产业是高度依赖的[6]。

---

[1]　这并非美国商务部有关产业增加值统计中的一个独立部门。

[2]　包括房地产服务业（531）、新建住宅开发业（236117）、土地细分（23721）和权益型房地产信托投资（52593）。

[3]　5.3% + 0.6% + 2.0% = 7.9%。

[4]　不排除在少数特大城市成立。

[5]　资料来源：中华人民共和国统计局，《中国统计年鉴》（2007），中国统计出版社，表 6-7 "各地区按主要行业分的全社会固定资产投资"。

[6]　2008 年第四季度，受世界金融经济危机影响，中国房地产业出现了商品房销售缩水的情况，中央政府又重提 "房地产业是国民经济的支柱产业"，正是这一事实一个极好的佐证。

表 4-19　1991~2001 年中国房地产业对中国国内生产总值的贡献

年份	房地产业增加值（亿元）	房地产业增加值增长速度（%）	房地产业增加值/GDP（%）	房地产业增加值增量/GDP增量（%）	房地产业为GDP增长贡献的百分点（个）
1991	368.2		1.7		
1992	521.1	34.3	1.9	3.0	0.43
1993	640.7	8.6	1.8	1.5	0.20
1994	870.3	11.6	1.9	1.9	0.24
1995	1 058.6	6.0	1.8	1.6	0.17
1996	1 149.3	2.3	1.7	1.0	0.10
1997	1 258.8	8.7	1.7	1.7	0.15
1998	1 452.6	18.5	1.9	5.0	0.39
1999	1 528.4	8.4	1.9	2.0	0.14
2000	1 698.7	12.8	1.9	2.3	0.18
2001	1 885.4	10.2	1.9	2.4	0.18

资料来源：《中国统计年鉴（2001）》，《中国统计年鉴（2002）》，《中国统计年鉴（2003）》。转引自叶剑平、谢经荣（2005：23，表2-8）。

表 4-20　2001 年中国各产业增加值占 GDP 比重排序

产业	占 GDP 的比重（%）	增加值排序
A. 农、林、牧、渔业	16.11	2
B. 采掘业	4.79	7
C. 制造业	34.29	1
D. 电力、煤气及水的生产和供应业	4.46	8
E. 建筑业	6.55	4
F. 地质勘探业、水利管理业	0.35	15
G. 交通运输、仓储及邮电通信业	6.13	5
H. 批发和零售贸易、餐饮业	8.14	3
I. 金融、保险业	5.74	6

续表

产业	占 GDP 的比重（%）	增加值排序
J. 房地产业	1.94	12
K. 社会服务业	3.96	9
L. 卫生、体育和社会福利业	1.01	13
M. 教育、文化艺术及广播电影电视业	2.85	10
N. 科学研究和综合技术服务业	0.72	14
O. 国家机关、党政机关和社会团体	2.66	11
P. 其他行业	0.30	16

资料来源：《中国统计年鉴（2003）》。转引自叶剑平、谢经荣（2005：23，表2-9）。

表 4-21　美国房地产服务业（531）增加值①及其在 GDP 中的比重

年份（Year）	GDP 总值金额（Dollars）	房地产服务业 （Real Estate Services）	
		金额 （Dollars）	比重 （Percent）
1988	5, 049.6	268.5	5.3%
1989	5, 438.7	292.7	5.3%
1990	5, 743.8	306.7	5.3%
1991	5, 916.7	312.8	5.3%
1992	6, 244.4	330.0	5.3%
1993	6, 558.1	338.5	5.2%
1994	6, 947.0	359.0	5.2%
1995	7, 269.6	376.1	5.2%
1996	7, 661.6	100.9	5.2%
1997	8, 110.9	416.6	5.1%

资料来源：National Accounts Data, BEA, various years；转引自 Hu, dapeng（2000：4, Table1）。

原作者注：All dollars are current dollars in billions. To estimate the output of real estate

---

① 扣除了自有住房所提供的服务。

services, the output from owner – occupied homes is subtracted from total output of the real estate sector. The output of owner – occupied homes is estimated from table 8. 19 of the "National Income and Product Accounts" gross housing product of owner – occupied farm and nonfarm housing (lines 89 and 97).

4.3.3 房地产业对社会财富的影响

房地产是社会财富的一种存在形式，在美国住户、非盈利组织和非金融组织所持有的资产中，房地产占有相当大的比例（见表 4-22、表 4-23）。中国虽然没有类似的统计数据，但从高达 82% 的住房自有率①来看，房地产也已成为中国居民家庭最重要的资产。在美国，房地产业不仅对这一财富存在形式的形成起到重要的作用，其发达的房地产服务业（特别是房地产经纪和物业管理）对这种财富的市场配置、保值增值发挥着不同替代的关键作用。中国房地产业目前仍以房地产开发业为主体，房地产服务业尚未充分发育，因而对房地产这一社会财富存在的影响与美国有所不同，其作用主要体现在房地产物质产品的形成上，而其较高的行业利润在相当程度上使房地产商品的价格高出于其正常市场价值，更容易形成房地产泡沫，导致虚幻的财富假象。

表 4-22　1982～1999 年房地产在美国住户和非盈利组织总财富中的比重

年份	金额（十亿美无）		占比（%）				
	总资产（Total Assets）	房地产（Real Estate Assets）	房地产（Real Estate）	其他有形资产（Other Tangible Assets）	企业产权和共同基金股份（Corporate Equities and Mutual Fund Shares）	养老基金（Pension Fund Reserves）	其他金融资产（Other Financial Assets）
1982	12, 673	3, 999	31.5	8.3	7.1	10.1	42.9
1983	13, 710	4, 181	30.5	8.1	7.5	11.1	42.6
1984	14, 803	4, 630	31.2	8.1	6.6	11.4	42.5

---

　　① 对此数据尚有争议，一部分人认为，有些政府官员们有意无意把"住房自有率"与"住房私有率"混同，"住宅自有率"的标准定义应该是，以居民家庭为单位，有多少比例是住在自己持有的房子里，多少是租住在不属于自己的房里。根据这个定义，我国城市的住房自有率应仅为 60% 左右。

续表

年份	金额（十亿美无）		占比（%）				
	总资产（Total Assets）	房地产（Real Estate Assets）	房地产（Real Estate）	其他有形资产（Other Tangible Assets）	企业产权和共同基金股份（Corporate Equities and Mutual Fund Shares）	养老基金（Pension Fund Reserves）	其他金融资产（Other Financial Assets）
1985	16, 684	5, 235	31. 3	7. 8	7. 5	12. 5	40. 8
1986	18, 392	5, 719	31. 1	7. 7	9. 0	12. 6	39. 4
1987	19, 651	6, 177	31. 4	7. 9	8. 5	12. 7	39. 4
1988	21, 461	6, 712	31. 2	7. 8	9. 2	12. 7	38. 9
1989	23, 583	7, 296	30. 9	7. 7	10. 3	13. 6	37. 4
1990	24, 307	7, 405	30. 4	7. 9	9. 3	14. 2	38. 0
1991	25, 920	7, 477	28. 8	7. 6	12. 1	14. 9	36. 3
1992	27, 000	7, 664	28. 3	7. 6	13. 3	15. 6	35. 0
1993	28, 429	7, 804	27. 4	7. 6	14. 8	16. 4	33. 6
1994	29, 477	8, 017	27. 2	7. 7	13. 9	16. 8	34. 2
1995	32, 610	8, 398	25. 7	7. 3	16. 5	17. 7	32. 7
1996	35, 483	8, 833	24. 8	6. 9	17. 5	18. 7	31. 9
1997	39, 697	9, 517	23. 9	6. 4	19. 5	19. 9	30. 2
1998	43, 508	10, 238	23. 5	6. 1	20. 3	20. 9	29. 1
1999	48, 889	11, 088	22. 7	5. 8	22. 7	21. 2	27. 6

资料来源：Federal Reserve Board, Flow of Funds, Z1 tables & "Survey of Consumer Finance." 转引自：Hu, dapeng (2000：6, Table2A).

原作者注：Total assets include all the tangible assets and financial assets. Real estate assets refer to tangible real estate assets only. Assets are at market.

表 4-23　1982 年～1999 年房地产在美国非金融组织总财富中的比重

| 年份 | 金额（十亿美元） | | 占比（%） | | |
	总资产	房地产	房地产	其他有形资产	金融资产
1982	6, 145	2, 514	40.9	31.9	27.2
1983	6, 463	2, 588	40.0	31.5	28.5
1984	7, 013	2, 732	39.0	30.9	30.1
1985	7, 502	2, 854	38.0	30.2	31.7
1986	7, 838	2, 936	37.5	30.1	32.4
1987	8, 343	3, 083	37.0	29.9	33.2
1988	9, 074	3, 288	36.2	29.2	34.6
1989	9, 620	3, 471	36.1	29.1	34.8
1990	9, 828	3, 440	35.0	30.0	35.0
1991	9, 736	3, 254	33.4	30.2	36.4
1992	9, 723	3, 012	31.0	31.1	37.9
1993	10, 070	2, 901	28.8	31.3	39.9
1994	10, 691	3, 074	28.8	31.4	39.8
1995	11, 494	3, 203	27.9	31.1	41.1
1996	12, 266	3, 354	27.3	30.4	42.3
1997	13, 339	3, 756	28.2	29.3	42.5
1998	14, 251	4, 203	29.5	28.4	42.1
1999	15, 380	4, 411	28.7	28.2	43.1

资料来源：Federal Reserve Board, Flow of Funds, Z1 tables, various years. 转引自 Hu, dapeng（2000：7, Table2B）.

原作者注：Total assets include all the tangible assets and financial assets. Real estate assets refer to tangible real estate only. Assets are at market value.

4.3.4　房地产业对就业的影响

根据《第一次全国经济普查主要数据公报（第三号）》，2004 年末，中国全国房地产业企业法人单位和房地产业个体经营户就业人数分别为 396.3 万人和9.1万人，两者合计占2004年末全国第二三产业的就业人员总数（30882.8万人）的1.31%，占第三产业就业人员总数（15419.0万人）的2.63%。房地产业的就业岗位主要由房地产开发业和物业管理业所提供（详见表4-24）。

表4-24　2004年中国房地产业企业法人单位和就业人员

	法人单位（万个）	比重（%）	就业人员（万人）	比重（%）
合计	12.9	100	396.3	100
房地产开发经营	5.9	45.7	158.5	40.0
物业管理	3.2	24.8	143.4	36.2
房地产中介服务	2.0	15.5	23.5	5.9
其他房地产活动	1.8	14.0	70.9	17.9

资料来源：国务院第一次全国经济普查领导小组办公室，2005-12-16，《第一次全国经济普查主要数据公报（第三号）》。

根据美国国家统计局2002年的经济统计，2002年美国房地产业（全部）就业人数为1，617，213，占全国各行业就业总数（108，991，968）的1.48%。在房地产业所提供的就业岗位中，80.68%是由房地产服务业（531）提供的。

表4-25　2002年美国房地产业就业人员结构

产业编号	行业名称	领薪雇员人数（人）	占房地产业领薪雇员总数的比重
236117	新建住宅开发（New housing operative builders）	241，069	14.91%
23721	土地细分（Land subdivision）	52，607	3.25%
52593	房地产投资信托（Real Estate Investment Trusts - REITs）	18，696	1.16%
5311	房地产出租人（Lessors of real estate）	509，454	31.50%
5312	房地产经纪事务所（Offices of real estate agents & brokers）	280，754	17.36%

产业编号	行业名称	领薪雇员人数（人）	占房地产业领薪雇员总数的比重
5313	与房地产有关的经济活动（Activities related to real estate）	514，633	31.82%
合计		1，617，213	100%

资料来源：U. S. 2002 Economic Census, http：//www. census. gov/econ/census02/data/us/US000. HTM.

比较以上数据，可以发现，中美房地产业对社会就业均有一定的贡献，但相对于其产值（或产业增加值）而言，这种贡献并不突出。毫无疑问，这与房地产业资金密集的产业特征有关。同时，中美两国房地产业的就业岗位结构有较大差异。美国房地产服务业对就业的贡献非常大，而中国房地产服务业对就业贡献尚不显著，这与两国房地产业内部构成的差异是直接关联的。

4.3.5 房地产业对地方政府财政收入的影响

自土地有偿使用制度建立以来，中国地方政府的财政收入在很大程度上依赖于土地使用权出让的收入。因此，房地产开发业的发展就对地方政府财政收入有很大的影响。相对而言，房地产税收入对地方政府财政收入的贡献并不明显（见表4－26）。可见，中国房地产业主要是通过房地产开发业受让国有土地使用权，而向地方政府支付土地使用权出让金的方式为财政收入作贡献。中国房地产业对地方财政收入的影响具有较强的不可替代性，因为当房地产开发业不景气时，地方政府的国有土地使用权出让收入必然会减少。而房地产业的波动性必然带来地方政府财政收入的不稳定性。

表4-26 2002-2005年北京、上海房地产税收①收入、

土地使用权出让金收入占政府财政收入②的比例

	2002年		2003年		2004年		2005年	
	土地出让金收入占总收入的比例（％）	房地产税收占总收入比例（％）	土地出让金收入占总收入的比例（％）	房地产税收占总收入比例（％）	土地出让金收入占总收入的比例（％）	房地产税收占总收入比例（％）	土地出让金收入占总收入的比例（％）	房地产税收占总收入比例（％）
北京	22.60	5.78	49.33	6.57	76.06	5.23	9.83	无数据
上海	17.82	3.54	32.72	3.33	43.96	3.84	27.18	无数据

资料来源：根据《中国财政年鉴》2001年-2005年、《2005年中国国土资源报告》、《中国统计年鉴》（1999-2006）、《中国国土资源年鉴》（2000-2006）相关数据计算取得。

美国地方政府财政收入的80%来源于一般财产税（邓宏乾，2001；张志军，2003：155），一般财产税是向拥有财产（主要是房地产）的个人和企业征收的税，其中来源于房地产的财产税收入约占财产税收入的75%，因此在美国也可不正式地被称为房地产税（real estate tax）。课税对象包括房地产和企业不动产等物业，是以房地产估税价值为税基的从价税③。纳税义务人为美国公民及在美国拥有房地产物业的外国人，税收收入全归地方政府所有。在来源于房地产的财产税收入中，67%来源于居民住宅，33%来源于企业所持有的房地产④（这部分又包括房地产出租企业⑤持有的房地产和非房地产企业所持有的房地产）。可见虽然房地产对美国地方财政收入有很大贡献，但真正直接由房地产业带来的贡献所占比例并不大。而且美国房地产业对地方财政收入的贡献具有很强的可替代性，当房地产出租业收缩时，其所持有的房地产会转移到其他主体，新的产权人将承担起缴纳一般财产税的业务，地方政府的财政收入不会有太大变动⑥。

---

① 指房产税、土地增值税、城市土地使用税和耕地占用税四项。

② 指财政结算收入。

③ 各州税率不一致，一般为3%至10%，税基是房地产的估税价值，由于房地产的估税价值通常低于市场价值，因而实际税率（即按市场价值计）只在1.2%至3%之间。

④ 根据"一般财产税收入中主要来源于房地产，约占财产税收入的75%，其中来自于居民住宅约占50%，企业不动产约占25%"（张志军，2003：155）推算。

⑤ 主要是房地产出租业。

⑥ 当然，此时房地产的市场价值可能会降低，但由于估税价值原就低于市场价值，所以对实际税额影响不大。

第五章

中美房地产业差异的外生因素分析

5.1 中美房地产业外生因素的分析框架

房地产业的外生因素也即房地产业的环境因素，按照产业环境分析的 PEST 分析模式（李艳双，2003：31），可以从政治法律环境（POLITICAL）分析、经济环境（ECONOMICAL）分析、社会物质环境（SOCIAL）分析和技术环境（TECHNICAL）分析，按照这一分析模式，房地产业的外生因素可以从制度环境、经济环境、社会环境和技术环境四个方面进行分析（表5-1）。

房地产业的制度环境包括经济制度与经济体制、法律制度、政府对房地产（业）的管理（干预）制度以及房地产业的自我管理制度①。制度环境对房地产业内涵、属性及其经济与社会功能的影响是非常深刻而巨大的，其中，政府对房地产（业）的管理（干预）制度中，土地制度和税收制度的影响最甚。因此，本章将着重分析制度环境对中美房地产业的影响。

影响房地产业内涵、属性及其经济与社会功能的主要经济环境因素，有宏观经济环境与房地产业的要素市场。对于本书的研究对象而言，产业结构是宏观经济环境中最值得关注的方面。在房地产业的三大要素市场——土地市场、资金市场和劳动力市场中，相对而言，土地市场和资金市场的影响更为显著。房地产业的社会环境，包括人口、城市化水平、消费和投资偏好、社会对房地产业的认识与看法等，对于本书的研究对象而言，城市化水平是最为重要的一个因素。

房地产业的技术环境，主要涉及建筑工程技术和信息技术。但就本书的研

---

① 房地产业的自我管理虽然是来自于房地产业自身的行动，但从将房地产业的内涵、属性及其经济与社会功能作为研究对象的角度而言，可以看作是外在于研究对象的，因此本书将其列入外生因素中。

究对象而言，技术环境因素的作用并不显著，因此本书不予具体分析。

表 5 – 1　中美房地产业外生因素分析框架

制度环境	经济制度与经济体制★	
	法律体系	基本法律体系★
		房地产相关法律制度★
	政府对房地产业管理（干预）的制度★	土地制度★
		税收制度★
		住房制度
	房地产业自我管理制度★	
经济环境	宏观经济环境	经济发展状况
		产业结构★
	房地产业的要素市场	土地市场★
		资金市场★
		劳动力市场
社会环境	人口状况	
	城市化水平★	
	消费与投资偏好	
	社会公众对房地产业的认识与看法	
技术环境	建筑技术	
	信息技术	

注：表中带"★"的项目为本书着重分析的项目。

5.2　中美经济体制与法律制度的比较分析

5.2.1　经济制度与经济体制

经济制度是一个社会对基本经济问题（生产什么？如何生产？为谁生产？）的回答和制度安排，从人类历史的发展来看，当一个社会结束了其早期的传统经济制度之后，无外乎在资本主义和社会主义两种制度中选择其一，资本主义的根本特征是：私有财产、私人企业、竞争的市场、市场主体的自利动机、政府对经济的放任。社会主义的根本特征是：政府成为人民的受托人，拥有主要的资源，并按其对公民需要的理解对商品和服务的生产、分配进行安排。当然，目前的资本主义经济体和社会主义经济体之间的相互借鉴已非常普遍，大多数经济体并非绝对纯粹地只具有某一种制度中的特征。但是，经济制度上的主流特征仍会有明显的差异，而这从基础上决定了一个社会在各项制度上所作的安排。就与房地产业的相关性来看，土地制度、金融体制、住房制度都会带有其深刻的基本经济制度烙印。

美国经济的发展是与其成熟的市场经济模式分不开的，1860 年前后，美国自由市场经济体制已基本成型①，到本世纪 20 - 30 年代发展成熟。美国的自由市场经济体制，核心内容就是经济资源私有，企业自由生产，消费者自由选择购买。每个经济行为主体的利己之心，构成了市场经济活动的基本动力，每个行为主体的决策是高度分散的，它们依靠市场价格信号进行协调。20 世纪美国经济的迅速成长，证明了美国自由市场经济发展模式的巨大成功。以私有制为基础的市场经济模式，通过自由竞争性的价格体系，推动理性经济人自主决策，从而达到经济资源自主自发的有效配置。但是，任何市场制度都不可能永远处于最佳状态，随着科技的进步，国内外政治结构的变化，国际经济关系和竞争格局的演进等等，市场机制失灵的现象越来越普遍，越来越严重。自30 年代大萧条以来，美国的市场经济制度已经从高度自由竞争模式转向政府干预型的混合经济模式，甚至开始寻找"第三条道路"。所谓混合经济模式或者"第三条道路"，是指就资源配置方式而言的资本主义市场经济体制的更新、调整与适应问题，尽管西方学者对其有很多种不同的定义，但它们都是作为与纯粹的自由竞争的市场机制相对的概念而出现的。虽然混合经济模式已经成为西方发达资本主义国家市场经济的共有模式。但与其他西方国家相比，美国混合型市场经济模式仍然更多地保持了它自由竞争的市场机制，具有以下基本特征：(1) 实行自由企业制度；(2) 遵循平等竞争原则；(3) 大中小企业并行发展；(4) 产业结构优化，地区分工合理；(5) 国际化的市场经济；

---

① 在此之前，美国经济却是在政府的强有力干预甚至直接参与之下运行的。"在革命后的几十年里，美国各州和地方政府用它们的财政能力和政治自治来支持各种各样的产业发展。关于组成公司的特殊法案使得企业只负有限责任，并提供给它们特殊经营授权和垄断权利，以及征用私人财产的权利。通过要求公有银行向企业提供资本、贷款，担保发行债券，购买股票，甚至直接拨款给它们，市镇议会和州立法机关还为关键企业安排融资。几乎所有州政府都投资银行、公路、运河与铁路。"（弗兰克·道宾，2008：28）

（6）政府干预程度相对较低；（7）市场经济法律制度较为健全。在美国市场经济模式中，政府的作用突出地表现在短期调控与长期的市场秩序的维护，它造就了美国市场经济模式最显著的特征：庞大自由、统一完善、富于扩张性的国内市场体系。美国的市场体系经过长期的发展，已经相当完善。它既包括一般商品市场，如生产资料市场和消费品市场，也包括各种特殊的商品市场，如劳动力市场、金融市场、房地产市场、技术市场、信息市场等。其中商品市场、劳动力市场和金融市场是美国市场体系中的三大重要组成部分。健全的市场体系为美国企业提供了良好的生存环境，反过来，美国的自由企业制度则是美国市场经济体系运行的必要前提条件。在美国实行的以私有制为基础的自由企业制度。与西方其他发达资本主义国家相比，其经济自由的特点尤为突出，自由企业制度成为美国市场经济体制的基础和核心。美国的自由企业制度从两个方面保证了市场的竞争性：从所有制方面看，私有制经济在国民经济中占主体地位；从企业市场结构看，美国企业按组织形式可分为独资、合伙和股份公司三种企业，按照规模可分为大、中、小企业。股份制企业是美国市场经济中最重要的企业组织形式，整个美国经济越来越依赖于大公司的活力与效率。自由企业制度是美国市场经济的灵魂，只有经济行为主体具有独立的主体地位，独立支配其资源，独立决策，独立承担风险和责任，独享其经营成果，市场体系才能正常运行。（刘厚俊，2000：28~30）

美国的自由市场经济体制，是决定房地产业的要素市场运行模式的基本因素，也是影响美国房地产业的产业组织特征的重要因素。正是这种自由市场经济体制，使得美国房地产业的制度性进入门槛极低，如房地产经纪机构只需要一个持有房地产经纪人执照的人员就可开办，政府对房地产估价机构也没有对执照房地产估价师人数的要求，这是美国房地产业内大量小企业、无雇员企业存在的重要原因。而大量小企业的存在，加强了市场的竞争性，对房地产业的顾客（客户）而言，是有助于增进福利的。

与美国以自由市场经济体制为核心的资本主义经济制度不同，中国实行以公有制为基础的社会主义经济制度，虽然自 1978 年开始的改革开放已使中国摆脱了长期以来的计划经济体制而向市场经济体制转型，经过 30 年来的持续改革，中国经济中私人财产、民营企业、混合经济快速发展，但总体而言，政府仍是最大的资源拥有者和掌控者，而且是土地一级市场的唯一供给者，这是中国土地市场与美国土地市场绝然不同的根本原因（详见 5.4.1）。同时，政府对各类产业的进入设置了严格的进入门槛，这虽然有助于提升产业素质，但同时却成为产生不合法企业的一个诱因。这种情况，与一些西方国家因政府对企业的雇员数有严格要求，而诱使非法企业出现的情况有类似之处。英国学者Ball，Michael（2003：12）发现，在一些对住宅营造业有严格的雇员人数要求的欧洲国家（如德国），一些达不到政府要求的企业将工程非法转包①，由于政府监管的困难性，使得住宅营造业内形成合法企业和非法企业共存的二元结构，而这最终损害了合法企业的利益。中国房地产经纪业就存在着与此类似的问题。以上海为例，按照有关政府部门的要求，一家房地产经纪机构必须拥有4名以上执业房地产经纪人员，许多达不到这一门槛的机构无视政府规定，擅自从事房地产经纪业务，他们往往采取各种不规范甚至违法、欺诈行为，不仅严重损害客户利益，而且给房地产经纪行业的行风、声誉带来严重的负面影响。

5.2.2 基本法律体系

中美两国的基本法律体系分属于两种不同的法系，也即目前世界各国沿用的两类不同法系：大陆法系和英美法系，两者之间的差异如表5－2。中国内地采用的是大陆法系，而美国却是英美法系的典型代表。

表5－2 大陆法系与英美法系的比较

	大陆法系	英美法系
定义	大陆法系，又称为民法法系，法典法系、罗马法系、罗马——日耳曼法系，它是以罗马法为基础而发展起来的法律的总称。 大陆法系以1804年的《法国民法典》和1896年的《德国民法典》为代表形成了两个支流。	英美法系，又称普通法法系。是指以英国普通法为基础发展起来的法律的总称。 英美法系中也存在两大支流，这就是英国法和美国法。它们在法律分类、宪法形式、法院权力等方面存在一定的差别。
形成	西欧	英国
主要代表	法国和德国	英国和美国

---

① 雇员人数影响着企业的固定成本，而住宅营造业的高度波动性使许多企业主无力（也不愿）雇用较多的人员。

	大陆法系	英美法系
其他代表国家和地区	瑞士、意大利、比利时、卢森堡、西班牙、葡萄牙、荷兰、日本、整个拉丁美洲、非洲近东一些国家、美国路易斯安纳州。	加拿大、澳大利亚、马来西亚、爱尔兰、新加坡、巴基斯坦，以及中国香港地区等。
特点	规则明确、系统。规则之间的逻辑关系构成一个概念体系、制度体系，运用容易，但缺点是僵化。当社会生活发展产生新的问题、新的案件时，法律上没有规定则难以应对。法律表现为缺乏弹性，不够灵活。大陆法系各国当初之决定加入该法系，均属于自觉自愿，即系自主抉择、主动参考借鉴法国法和德国法的结果。	没有制定成文法典，没有严格的概念体系，掌握起来比较困难，对法律的运用要求较高，其优点为灵活。法律规则不是立法机关或议会制定的。而是法官创设的。当社会生活出现新的问题、新型的案件时，法官就可以创设一些规则以适应社会的变化。英美法系各国，除英国本土外，其当初之加入该法系，均非出于自愿，是被占领、被征服和殖民的结果。
法律思维方式	属于演绎型思维	属于归纳式思维，注重类比推理
法律结构	公法：指与国家状况有关的法律，包括宪法、行政法、刑法、诉讼法和国际公法。	普通法：通过国王法院的判例逐步形成的一种全国普遍适用的法律。
	私法：指与个人利益有关的法律，包括民法和商法。	衡平法：不受普通法约束，按公平与正义原则作出判决的判例法。
法律渊源	作为成文法国家，宪法、法典以及其他的法律条例等是大陆法系国家的主要渊源，判例在原则上不作为法的正式渊源。	判例曾是英美法的主要渊源，其基础是"先例约束力"原则，即法院在判决中所包括的判决理由必须得到遵循。但19世纪末20世纪初成文法在英美法系国家的比重和作用不断上升，成文法也成了英美法的重要渊源。
法典编纂	大陆法系均有成文法典。	英美法系则多为单行法、判例法。
内部分歧	大陆法系各国都主张编纂法典，但各国在法典的编制体制上却不完全相同。以民商法而言，即分为民商分立、民商合一两种编制体例。	作为英美法系的国家，美国比英国更重视成文法。美国不但有联邦成文法还有州成文法。还专门在商法领域，修订了《美国统一商法典》以及一系列的反托拉斯法。它们对于规范公司、尤其是大公司的行为有重要影响。

续表

	大陆法系	英美法系
法官的权限	大陆法系强调法官只能援用成文法中的规定来审判案件，法官对成文法的解释也需受成文法本身的严格限制，故法官只能适用法律而不能创造法律。	英美法系的法官既可以援用成文法也可以援用已有的判例来审判案件，而且，也可以在一定的条件下运用法律解释和法律推理的技术创造新的判例，从而，法官不仅适用法律，也在一定的范围内创造法律。
适用法律的技术方面	大陆法系，法官审理案件，首先考虑制定法如何规定，然后按照有关规定和案情作出判决。	英美法系的法官则首先考虑以前类似的判例，将本案的事实与以前的案件事实比较后概括出可以适用于本案的法律规则。
诉讼程序	以法官为重心，突出法官职能，具有纠问程序的特点，而且，多由法官和陪审员共同组成法庭来审判案件。	以原告、被告及其辩护人和代理人为重心，法官只是双方争论的"仲裁人"而不能参与争论，与这种对抗式（也称抗辩式）程序同时存在的是陪审团制度，陪审团主要负责做出事实上的结论和法律上的基本结论（如有罪或无罪），法官负责做出法律上的具体结论，即判决。
职业教育传统	先学法规，大陆法系在律师和法官的职业教育方面突出法学理论，所以大陆法系自古罗马以来就有"法学家法"的称号。	先学案例，英美法系的职业教育注重处理案件的实际能力，如律师的职业教育主要通过协会进行，被称为"师徒关系"式的教育。

由于美国与英国之间的渊源关系，尤其是在18世纪北美殖民地时期，英国在美国领土上占据统治地位，随之推行英国普通法，从而奠定了美国法的基础。独立战争后，美国法在继承、改造英国法的同时，进行了适应国情的创新，逐步形成了美国的法律体系，最终构成了世界上主要的法律体系之一——英美法系。其特点是坚持"遵循先例"、"一事一法"和"分域分治"的原则。

美国政体分为三级，即联邦政府、州政府和市（县）政府，每一级政府都可制定自己的相关法律。如劳动法律，联邦政府经国会通过后可以颁布；各州或市（县）也可根据本地的经济发展及地域特点等综合因素，制定自己本地的劳动法律。如美国联邦劳动法案中规定，员工最低工资为5.15美元/时，而加州由于其国民总产值在全美占居首位，为全国国民生产总值的1/9，跃居世界第五位。因此，加州法律规定，员工的最低工资为6.25美元/时，超出了联邦法律的规定标准，在不与联邦法律相悖的情况下，地方法律具有相对独立性。

美国三级法律体系的关系是：下级法律规定的权利和标准不可低于上级法律规定的权利和标准。联邦政府的法律多是宏观的、粗旷的，而地方法律则是涉及面广、具体详细的。

美国联邦政府及各州、市（县）在制定法律方面有相对的独立性，各种各样的法律数量多且内容杂，其立法也十分灵活，只要议院通过一项提案，一项法律也就随之诞生了。有时甚至就一起案件的解决提出方法，也会成为法律。

美国的法律体系不是集中统一的，是由联邦法律和各州法律组成。虽然就法律效力而言，联邦法律高于州法律，但联邦法律并不能随意推翻或改变州的法律，而只能在联邦宪法授权的范围内规范各州的法律事务。州法律是美国法律体系的基础部分，在规范和管理社会生活中发挥着重要作用。美国每个州都有自己的宪法和法律，各州之间的法律不完全相同，各州内部的法律也不完全相同，这在很大程度上影响了法律的统一实施。为了减少地区之间的法律冲突和执行司法中的麻烦，美国一直在努力统一各州的法律，"法律一体化"是发展趋势。

政府权力的分立和权力机构间的制衡原则被写进宪法，这导致美国司法部门的权力比其他国家司法部门的权利都要更强一些。法院确保行政机构和立法机构不会逾越它们的宪法或法律权限。那些认为政府履行了不恰当权力的公民可以向法院上诉，要求予以纠正。正因为如此，美国的司法机构成为美国政体中的终极权威。它们对行政规章和立法决策拥有最终的决定权，并且担当着保护市民权利、防止国家权力越界的角色。并且，通过给市民传统而不是法律制定者在法律方面的最终决定权，习惯法传统加强了司法机构的这种角色。因为行政机构在执行法律的时候没有任何权威使用制裁力量，它们只能依靠法庭来实施法律。这就导致了由司法人员来执行实施问题，它们被授权事后纠正法律的缺陷，而不是由事先采取积极行动的官僚机构来预防缺陷的发生。

英美法系"遵循先例"、"一事一法"和"分域分治"的原则，使得美国的基本法律体系使其在应对经济社会发展过程中，可灵活地增加新的法律。有关房地产的诸多法律就是这样产生的。例如，1943年，为了使联邦政府可以拨款为城市更新提供资金，通过了《住宅法案》（Housing Act）。1975，为了阻止金融机构对中低收入者居住的城市中心区的老房子拒贷，鼓励积极的放贷，通过了《住房抵押披露法案》。并且，由于联邦政府、各州、县政府三级立法，联邦法和50个州法各成体系，分为联邦法院系统和州法院系统，两者互不隶属，各自独立行使职权。因此，美国的房地产法律体系相对比较全面、完善（见5.2.3.2）。其中，美国联邦政府制订的房地产法规，主要侧重于土地规划、住房目标和低收入家庭的住房补贴等；州政府的房地产法规，则注重于土地分区、房地产交易和管理等。

中国的基本法律体系决定了各类专业法律必须以上位法为依据，而由于法制建设相对于经济社会发展的不完全适应性，房地产领域内的一些专业法律因上位法缺失而无法建立。这在相当程度上对房地产业的发展产生了不利影响。例如，美国房地产业发展的历史和现状表明，REITs是房地产业中发展速度极快的创新产业，它对房地产业的产业组织形式、社会经济功能都具有巨大的提升作用（见第六章），而REITs的创立和发展以完善的法律体系为基础。目前中国现有法律对于REITs而言存在着诸多问题（李月红，2006），使得REITs迟迟不能在中国出现。

基本法律体系的不同，还直接影响到有关房地产法律制度（如土地法规体系）的结构。土地法规体系是由相互联系、相互补充、相互制约，旨在调整因开发、利用、保护、改善土地所产生的社会关系，以及规范土地市场所产生的社会关系的法律、法规、规章和其他具有法律约束力的规范性文件所组成的系统。英美法系国家主要的土地法律制度包括彼此联系并不紧密的三项制度：地产制度、信托制度和特殊土地财产制度。大陆法系各国土地法律规范中核心内容都是直接渊于罗马法中的土地物权，其内容包括土地所有权、役权、永佃权、地上权、质权和抵押权。

5.2.3 房地产相关法律体系

5.2.3.1 中国房地产相关法律体系

5.2.3.1.1 中国的房地产法

中国目前的房地产法不同于其他国家的不动产法或物权法，它实际上是指调整房地产开发、经营、使用、管理、交易、服务、产权及税收等各种社会关系的法律规范的总称，包括有人民代表大会制定的法律，国务院制定的行政法规，各省、市、自治区人民代表大会制定的地方性法律。

新中国的房地产立法，从建国到现在，经历了停滞时期（1949－1979），恢复时期（1979－1988），现行制度创立时期（1988－1999），制度整合时期

（2000 年至今）四个阶段。

在 1988 年之前房地产立法基本是分两条线进行，一条线是房产方面的立法，另一条线是地产方面的立法。这一时期以政策规范制定和运用代替法律规范的制定及运用的特点十分突出。从 1988 年《宪法》修订以及之后的《土地管理法》修改起，现行制度创立，中国房地产立法进入新制度设计阶段。1994 年通过的《城市房地产管理法》，标志着中国房地产立法活动跨上了一个新台阶，房地产法制逐渐走向完备。并且，从此开始，地产、房产分开立法的状况逐步走向房地产一体立法的趋势。

目前，中国房地产立法逐步形成体系，并正在进一步发展和完善。在前一时期颁布的法规中，只有《城市房地产管理法》属于基本法范畴，其他有关房地产规范多是部门规章及少量的国务院行政法规。有些法规庞杂无序，相互重叠甚至冲突，在依法治国基本方略的今天，各制度将进行整合，政策将逐步转变为立法，使之成为一个体系分明、规则统一的法律体系。《城市房地产管理法》在统一房地产法律、确立房地产基本制度方面做出了重要贡献，但它仍然是一个粗线条的立法，既没有废止以前颁布的法规和规章，同时又催生了许多法规、规章的出台。

5.2.3.1.2　中国的土地法规体系

中国的土地法规体系从现行立法体制或法律法规的效力级别看，由七个层次构成。

（一）宪法

主要规定国家、集体的土地所有权，以及国家在合理开发、利用、保护、改善土地方面的基本职能和基本政策，公民、法人享有的土地基本权利和承担的基本义务等基本内容。构成我国土地法制的宪法基础。中国宪法第 9 条、第 10 条集中规定了合理开发、利用和保护土地的基本内容和土地所有权的归属。

（二）土地法律

是由全国人民代表大会及常务委员会制定的有关合理开发、利用、保护、改善土地和土地市场方面的法律规范性文件，它包括基本法律和一般法律。中国土地法律包括由全国人大制定的涉及土地方面的基本法律，如《民法通则》（1986 年 4 月）、《刑法》（1997 年 3 月）等；还有由全国人大常委会制定的涉及土地方面的一般法律，如《土地管理法》（1998 年 8 月修订）等法律。

（三）土地行政法规

是指国务院制定的有关合理开发、利用、保护、改善土地和土地市场方面的行政法律规范性文件。土地行政法规的数量很大，涉及到土地行政的各个地区领域和各个方面，是中国土地法体系的重要组成部分。

（四）地方土地法规

是指由各省、自治区、直辖市和其他依法有地方法规制定权的地方人民代表大会及其常务委员会制定的有关合理开发、利用、保护、改善土地和土地市场方面的地方性法律规范性文件。

（五）土地行政规章

是指国务院所属各部、委和其他依法有行政规章制度制定权的国家行政部门制定的有关合理开发、利用、保护、改善土地和土地市场方面的行政规范性文件。

（六）地方土地行政规章

是指由各省、自治区、直辖市人民政府和其他依法有地方行政规章制定权的地方人民政府制定的有关合理开发、利用、保护、改善土地和土地市场方面的地方性行政规范性文件。

（七）其他土地规范性文件

其他土地规范性文件是除上述 6 类外，由县级以上人民代表大会及其常务委员会、人民政府依照宪法、法律的规定制定的有关合理开发、利用、保护、改善土地和土地市场方面的规范性文件。

《宪法》是中国土地法体系的基础，在整个土地法规体系中具有最高的法律效力，其他层次者不得同宪法相抵触；土地法律具有仅次于宪法的法律效力，除宪法以外的其他层次不得与法律相抵触；土地行政法规必须根据宪法和法律制定；地方土地行政规章根据法律、行政法规、地方法规和部门土地行政规章制定。在土地行政诉讼中，土地法律、法规称为"依据法"，土地行政规章称为"参照法"，其他规范性文件只有参考的价值。

5.2.3.2　美国相关房地产法律制度体系

5.2.3.2.1　美国房地产立法体系及其特点

美国早期不动产法主要来源于英国普通法中的财产法。美国独立后废除了带有封建色彩的土地占有制度和土地继承制度，为适应美国西部开发、建设开放性近代化国家的需要，美国比较早地允许不动产的自由买卖，不动产交易规则和产权登记制度是美国不动产法的重要内容。在市场经济体制下，美国联邦政府通过抵押贷款担保、住房补贴等经济手段，间接地介入住宅建设，政府很少建房和拥有住房。因此，美国制定的房地产法规主要围绕自由住房进行，包括帮助中低收入者获得住房，业主与租户的权利保护，共享产权公寓的管理等方面。同时，专门立法为特别需要帮助的家庭提供政府支持，如无家可归者住宅法、老人住宅法、低收入者公共住宅法等。

5.2.3.2.2　美国房地产法规框架体系

（一）土地登记、注册及土地产权保险。

美国土地所有权分为联邦政府所有、州政府所有和私人所有。土地权籍管理长期以来采取土地登记制度，土地的出让、转让、继承、处分等每一次的产权转移，都记录在案。由于历史的变迁，记录在案的土地产权关系可能变得模糊不清，因而需要在法律上给予确权。目前，美国的土地产权的确权方式有两种：一是沿用传统的登记制度，通过产权保险公司进行产权保险，以达到法律上的确认；二是通过土地登记机构进行土地产权注册，得到法律上的确权。由于后者比前者所花的费用高、周期长，因此目前采用土地产权注册的业主较少，只占10%左右，绝大多数业主选择了产权保险的方式。

（二）土地分区。

政府土地部门专门颁布土地分区法，对土地进行分区，以确定用地的范围和性质。任何对土地分区的修改，须经过政府部门的批准。在美国，地方政府专门设立了土地法庭，对由于土地产权和土地分区所引起的纠纷，进行裁决。随着现代通信技术的发展和网络的普及，越来越多的美国人希望在家工作。家庭商务的开展，务必改变原居住房屋的用途，在居住区内会对周围邻居产生影响，如车流量的增加、噪声和环境的影响等。因此，土地分区法中对居住区内家庭商务有所限制；但在具体实施中，以不影响周围邻居为原则。

（三）抵押贷款。

30年代初经济大萧条，使许多贷款建购房的美国家庭无力偿还欠款，因此，1931年国会批准了联邦住房贷款法，实施了第一个救助自有住房家庭计划。1934年美国建立了联邦住房局（FHA），为住房抵押贷款提供担保。1938年创建了联邦全国抵押协会（FNMA），实现了住房抵押贷款的证券化，使长期呆滞的住房抵押物有了流动的的二级市场。由于有了政府担保和私人资金投入，美国的住房建设速度显著加快，私人拥有住房的比例增加。美国战后的住房抵押担保计划，收益者主要是能够建购房的中产阶级。

（四）共有产权住宅（condominium）。

随着城市的发展，城市市区地价迅速上涨，美国中产阶级就是在抵押贷款的情况下，也无力承受市区独户住宅的购建。因此，在郊外大量出现独立住宅建设，这样，美国的城市一般都铺得很大。但是，由于城市规划对城市范围无限制的扩大进行了限定，为了在市区充分利用土地，人们开始建造产权共有的多层住宅。每个家庭不仅享有独个单元住房，而且还拥有土地份额和公共部位的共同产权，可以由业主自行成立公司，或委托其他物业管理公司，对住宅进行物业管理和维修管理。为此，美国专门制订共有产权住宅法，对这类住房的产权关系、经营管理等，在法律上加以规范。

（五）低收入住宅。

美国的住房政策从 70 年代以后，开始由原来倾向中产阶级转向中低收入家庭。1975 年联邦政府实行了"资格证明计划"，符合条件的低收入家庭有资格享受政府给予的合理市场平均租金差价补贴。使家庭所支付的房租，按市场平均租金计，不超过家庭收入的 25～30%，最初计划实施时租金占家庭收入的 25%，后来达到 30%。1983 年联邦政府又实行了"住房券计划"，政府负担合理市场租金与家庭收入 30% 的差额，让低收入家庭在市场上自由选择住房租住。

总体而言，美国房地产法律制度体系相对完善，涉及到房地产市场和房地产业众多方面，这为美国房地产业的发展奠定了坚定的法律基础，使得这个高度竞争性的产业能够有序地发展，并相对自然地演化、提升。

5.3 中美房地产业管理制度比较分析

5.3.1 政府对房地产业的管理（干预）

5.3.1.1 中国城市房地产管理组织体系

20 世纪 90 年代初，中国房地产管理由传统的部门管理向全行业管理转变，之后，中国城市房地产行政管理组织体系日趋完善。在管理职能上，改革计划经济时期形成的集住房建设、分配、管理为一体的职能定位，将重心转向对房地产行业进行管理；在管理内容上，着力改变对企业直接管理的方式，强化市场准入和行为管理，将重心转向了间接管理；在管理的手段上，深化行政审批制度改革，将重心由微观管理转向宏观管理。在此基础上，初步形成了与房地产业发展要求相适应的城市房地产行政管理组织体系。由于房地产业有很强的地域性，我国的房地产业采用分级管理的形式，并且相应地设置了城市房地产行政管理机构。目前分为三大类：

第一类是房地产行政主管部门，对房地产业发展实施归口管理，如国家建设部主管房地产市场，国土资源部主管土地市场。

第二类是有关经济管理部门，如规划、财政、税务、工商、物价等。分别管理与本部门职责有关的业务，是对房地产业经济运行全过程、全方位进行管理不可缺少的组成部分。

第三类是有关司法监督机构，如法院、检察机关等。维护房地产业的法律秩序，保证房地产业的正常进行。

（一）国家房地产行政管理机构和职能

1. 国家主管部门

国务院房地产管理机构为住房和城乡建设部、国土资源部。住房和城乡建设部是国务院综合管理全国建设事业（包括房地产业）的职能部门。

住房和城乡建设部房地产市场监管司是主管房地产业的行政管理机关①，其主要职责是组织领导，统筹规划，贯彻执行国务院关于房地产管理的方针政策、法律法规、规划计划，充分体现宏观调控的作用，对全国房地产开发建设、流通、分配进行组织、指导和监督。具体包括：监督管理房地产市场；指导城镇土地使用权有偿转让和开发利用工作；提出房地产业发展规划、产业政策和规章制度，拟定房地产开发企业、房屋中介、物业服务企业的资质标准并监督执行；组织建设并管理全国房屋权属信息系统。

国土资源部规划司、耕地保护司、地籍司是负责全国土地、城乡地政统一管理的职能部门和行政执法部门。

---

① 1988 年 3 月 28 日—2008 年 3 月 10 日，建设部负责综合管理房地产业，2008 年 3 月 11 日起，这一职能由住房和城乡建设部承担。

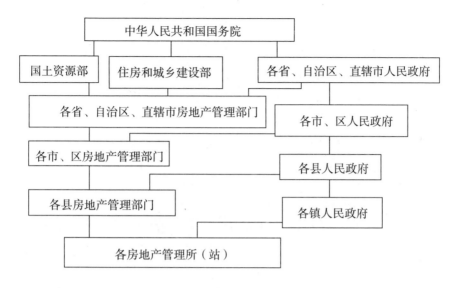

图 5－1　国家房地产行政管理机构

2. 国家有关经济管理部门

（1）财政部，是国家财政的综合管理部门，在房地产业管理方面的主要职责是：制订和执行房地产税收的方针、政策；负责组织制订有关税收条例、决定、规定及有关实施细则，制订税种的增减和税目、税率调整等规范性文件，制订减免税规定；参与研究制订国家金融、保险政策，会同有关部门研究房地产金融政策；管理和指导会计工作，包括房地产业的会计工作；调查房地产市场活动中财政税收政策、法令和财务会计制度的执行情况。

（2）国家税务总局，是综合管理税务工作的部门，在房地产管理方面的主要职责是：贯彻执行税收工作的方针、政策、参与拟定有关房地产的税收法规及其实施细则；参与研究在房地产方面合理划分中央和地方税收管理权限及税收管理体制改革，参与规定房地产税收的管理制度；负责中央税、共享税及国家制定的税种和基金的征收管理；参与研究拟定房地产涉外税收的政策、法规；等等。

（3）国家工商行政管理局，是面向广大工商企业的经济监督管理部门，也是行政执法机关。它在房地产管理方面的主要职责是：主管从事生产经营活动的房地产企事业单位的登记注册工作，核发有关证照，依法确认企业法人资格或合法经营地位，依法监督检查登记注册行为，依法核定登记注册单位的名称；依法监督检查房地产市场主体的交易活动，查处侵犯消费者权益和其他市场交易违法违章案件；依法监督管理房地产个体户、个人合伙和私营企业，规范经营行为，引导个体、私营经济健康发展。

（4）国家物价局，在房地产管理方面的主要职责是，主持和参与对房地产价格进行宏观调控的工作，并参与房地产某些方面的国家定价的制定工作，如物业管理服务收费标准的制定等。

（5）国家审计署，有对国务院各部门、经济实体所属的房地产企事业单位组织进行审计之职，也包括这些企事业单位组织的市场经济活动的审计工作。

3. 公安、司法、检查等部门

公安、司法、检查等部门，在房地产管理方面的主要职责是，从维护市场运行的法治秩序的角度，实施对房地产的管理，保障房地产管理和市场活动依法进行，并对房地产行政主管部门进行法律监督。

（二）省、自治区房地产行政管理机构

国家对城市实行三级管理的行政管理体制，即国务院、省（含自治区、直辖市）、城市，但由于房地产的不可移动性特征，房地产业具有极强的地域性。这使得对房地产业的直接行政管理，只能属于各城市的政府，也包括直辖市。因此，虽然直辖市在全国的行政管理体系中属于第二级管理，但它对房地产市场的管理，与其他城市大体相同，故将它与其他城市一并列入城市房地产管理机构。

省、自治区在管理房地产市场方面，介于国务院与城市之间，具有"中间"性质。它的机构设置，主要是委、厅、局，与国务院各部大体相同。其不同之处在于，国务院各部不仅承担法律（由全国人民代表大会及常务委员会通过颁布）、法规（由国务院颁布）草稿的拟定；而省、自治区则只能由该省、自治区人民代表大会及其常务委员会在不抵触宪法法律、行政法规的情况下，制定地方性法规。

省、自治区管理房地产业的主要机构有：

1. 省、自治区建设委员会或建设厅

它在行政上隶属于省人民政府，在业务上接受中央房地产管理机构的领导和监督，对省（自治区）内房地产业进行业务领导和监督。它在管理房地产业方面的主要职能与住房和城乡建设部相衔接，并仅限于本地区之内，以具体执行为主。

2. 省、自治区土地管理局

它在管理土地业务方面起着承上启下的作用，其职责与国土资源部相衔接，并仅限于本地区之内，以具体执行为主。

3. 省、自治区管理房地产的有关部门

包括财政厅、税务局、工商行政管理局、物价局等，都是承上启下的机构，其职责与上级部门相衔接，但仅限于本地区之内，以具体贯彻执行为主。

（三）直辖市和其他城市的房地产管理机构

按照《中华人民共和国城市规划法》规定，我国的直辖市、省辖市、地辖市、县城、建制镇均属于城市的范畴。城市是房地产业的载体，城市政府对房地产业的行政管理，是最直接的管理。

1. 城市房地产行政管理机构

我国的大、中、小城市都设有房地产管理局和土地管理局，也有的城市把两个局合二为一，如重庆市土地房屋管理局，上海市也曾将两者合并为房屋土地（资源）管理局①。它们的职权与建设部、国土资源部相比，除了具有国家、省、自治区对房地产管理的职责外，还增加以下具体的职责：

一是直接管理土地的出让工作。除了管理土地划拨之外，还根据上级批准的计划，具体管理土地的有偿出让工作。在实施过程中，区分不同情况，采取协议、招标、拍卖等方式进行出让，并在完成土地出让后，办理颁发土地证的工作。两局合并的城市，则土地证与房产证合一。

二是管理房地产市场的价格。土地出让、转让、房地产买卖、租赁的价格，由房地产主管部门会同城市的物价主管部门共同决定，并按我国的价格体制，分别采用政府定价和市场调节价等办法进行管理，如房改中的公房出售由政府定价，商品房则采取市场定价。在一般情况下，市场价是由市场供需情况来调节的，但遇有价格大涨大落对社会和人民生活产生不利影响时，政府就要进行干预，通常采用经济手段，特殊情况下也实施行政干预。

三是规范房地产开发和经营行为。各地房地产管理部门主要依靠执行法律和法规，对房地产开发和经营活动进行指导，规范市场行为，纠正、处分违法违规行为。对于合法的房地产交易，经审查无误后，发给房地产产权证书，确认其转移产权、产籍的合法性，相应地建立房地产档案资料，进行产权、产籍管理。

---

① 2008 年 10 月，上海正式启动新一轮政府机构改革，房地产管理与土地管理再次分家，分别由上海市住房保障和房屋管理局、上海市规划和国土资源管理局负责。

2. 城市有关经济管理部门

财政局，在管理房地产方面的职责与上级财政部门基本相同。

税务局，在管理房地产方面，不仅具有与上级主管部门相同的职责，还具有直接征税的职责。

工商行政管理局，在管理房地产方面，不仅具有与上级主管部门基本相同的职责，还具有直接审查房地产主体（包括房地产开发企业和中介组织）的资质和发给营业执照的职责，对于房地产企事业单位的监督检查也更直接。

各级城市政府部门对房地产业也实行分级管理，例如房地产、土地、财政、工商、税务等部门都由城市的辖区、县的局或分局，由它们共同来完成上述任务。

5.3.1.2 美国政府对房地产的管理

5.3.1.2.1 美国的政府体系及其在房地产管理（干预）方面的作用

18世纪末，美国从英国的统治下获得自由，在形成自己的全国性政府时，美国人建立了安全措施，以防止在英国统治下的那种暴政重现。新的宪法使现存社区和州（它们构成了这个新的国家）的独立性达到了最大化。自治的地区和州的出现早于宪法，联邦政府的设置是为了维持建立在市镇会议和社区自治基础上的民主，而不是为了把一种异化的治理形式强加于政体之上。因此美国的地方政府、州政府、联邦政府是自下而上成立的政府体系。积极的州和地方政府以及保护社区自治的消极的联邦政府，作为美国政体的两个基本要素，随后也反映在它的各项政策（包括房地产管理或干预政策）中。美国最初的产业政策涉及州和地方政府对经济增长的积极促进，后来的政策包括了消极的联邦结构，目的是为了保护自由经济行动者的自我决定权。

美国政府对房地产业的管理和干预早在19世纪就已经开始（参见表3－3）。早期的政府干预手段包括向民间赠送土地、运用政府的财政能力来进行基础设施建设以支持房地产开发业。在自由市场经济体制确立之后，美国政府对管理（或干预）房地产业仍然高度重视。政府通过建立房地产管理部门、房地产金融机构以及制定相关房地产法案，对房地产业进行支持和规范。如1932年，胡佛总统和国会建立了联邦住房贷款银行系统，合并和重组了储蓄和贷款协会，两年后成立了联邦储蓄和贷款保险公司，通过对于存款的保险以及储蓄银行管理的标准化，大大加强了对于储户的吸引力。1934年成立的联邦住房管理局引发了住房金融革命。在联邦住房管理局的政策鼓励下，贷款人将抵押贷款额占住宅价值的比例提高到了空前的80%～90%，将还款期限延长到 20～25 年，取消了二次抵押，并大大降低了贷款利率及总贷款费用。联邦住房管理局在全国范围内建立了一个抵押市场，替代了原来差异很大的地方市场。1976 年 11 月，作为 1976 年美国税法改革的一部分，福特总统签署 REIT 简化修正案，允许 REIT 在原有商业信托的基础上以公司的形式成立。这为今后 REITs 企业的发展打下了坚实的法律基础。此外，美国联邦政府、州政府和地方政府的其他相关公共政策，虽然并不以房地产业为制定政策的主要目标对象，但也对房地产业产生了重要影响，因而也构成了美国房地产业制度环境的一部分内容。例如货币政策对房地产资产的需求和新项目开发建设规模有着显著影响。

美国联邦政府有很多机构都负有规范房地产（业）的职责，但其中最重要的两个机构是美国住宅与城市开发部（HUD）和环境保护组织（EPA）。

（一）美国的住宅与城市开发部

住宅与城市开发部是监督影响房地产的一些联邦机关活动的一个伞状结构部门。其中比较重要的机构包括：

1. 联邦住房管理局（FHA）。为获得批准的贷款人提供房地产贷款。

2. 公共房产管理局。帮助低租金住房项目筹集资金并实施行政监督。

3. 社区设施管理局。提供基金给各城市、各县和各学院建设公共建筑物和公共工程项目。

4. 城市更新管理局。给地方政府提供财务资助，用于贫民窟的清理和整顿。

5. 州际土地销售调节办公室。调节小区土地的州际销售。

这仅仅是住宅与城市开发活动的一部分，但是很明显，许多房地产项目都是在一个或多个这样的机构管辖之下。住宅与城市开发部要求房地产开发商提供详细的报告，以考察房地产开发项目是否遵循有关的规定。一些典型的报告包括的项目有：建议的项目需要转移人口的重新安置规划、公平就业实际的说明、平等的住房机会征求意见表、环境影响的说明、完全的经济基础分析以及详细的市场分析。

（二）环境保护组织

环境保护组织创建于 1970 年，它和环境质量会议一起，负责监视联邦污染标准并且加以推进。与房地产使用者关系比较密切的联邦环境法案有：

1. 国家环境政策法案（NEPA）。要求联邦资助的一切项目提供环境影响说明。

2. 联邦水污染法案。限制沿着水道和地下水道的房地产开发。该法案已经用于暂停房地产建设直到适当的反污染的防护手段被开发。它们要求开发商在被准许平整土地或建造一建筑物以前，准备一个详细的报告，扼要说明水污染的影响。

3. 清洁空气法案。控制将加重空气污染的房地产开发。这些法案对已经用于增加开发将会累积空气污染的工业和商业房地产项目，拒绝给以建筑准许。它们要求，在建筑被准许进行以前，提交一个完整的关于空气污染标准的报告。

其他影响房地产发展的联邦法案有：噪声控制法案；国家的海岸地带管理法案；洪水灾害防护法案，它影响地图上划定的洪水地带所进行的房地产开发；以及有争议的联邦湿地法案。所有这些法案都要求在房地产项目开发被批准以前提交报告。

5.3.1.2.2 直接作用于房地产业的主要公共政策

（一）政府资助住宅

美国联邦政府和州政府都出台了一系列用于鼓励开发建设面向低收入和中等收入家庭的住宅的资助办法。有些方式是直接为目标群体建设住宅，而另外一些方式则是资助家庭支付租金①。政府部门拥有产权项目的开发建设，通常能够降低对私人拥有的出租性物业的需求。这种需求的降低是建立在公共住宅成功地吸引了租客这一假设基础上的。由于公共住宅通常具有资助性质，即这些项目能够以低于市场的租金进行供给，事实上，在美国的许多城市地区，有许多人在排队等候公共住宅。对于私人项目的需求降低会导致租金、资产价格、新项目的开发建设依次降低，并最终减少私人项目的存量规模②。

另一方面，政府资助家庭支付租金的方式以几乎与经济扩张以相同的方式刺激了住宅需求。这些方式将会使私人租赁市场需求上升，导致租金、价格、新项目的开发建设以及住宅存量依次增加。

（二）地方政府的开发管制

美国地方政府对于私人拥有的土地的开发规模和开发类型有着较为严格的控制。这样的规章制度常常是为了公众利益，但是这些规章又确实对私人项目

---

① 指市场租金。

② 由公共项目建设方式而引起的私人项目开发建设的减少有时被称为公共建设取代私人建设的挤压。

开发造成了两种额外的成本负担。首先，由于地方政府要求开发商在进行项目建设时申请各种各样的许可证，使得一个项目的必要完成时间经常被多次延期。其次，这些规章制度有时会造成项目建设场地的匮乏，提升了土地价格，增加了土地的获取成本。这种应该遵守的或者约束性的规章制度越多，就越会增加开发成本。

对于房地产开发项目而言，各级政府都要求房地产开发商提交项目报告，政府机构需要通过报告了解建议中的房地产项目是否符合土地使用的法律，从而决定是否批准、否决或修改该房地产开发项目。除了给联邦的报告外，房地产开发商还必须遵守所在州法律的要求向州政府提交报告。州政府对房地产开发项目主要检查其是否符合州住房和建设法规、州环境卫生和健康法规、小区要求、全州范围的规划控制以及州环境限制。作为获得建筑准许的一个条件，开发商还必须提交一份地块的地图和有详细说明的建筑规划。在对此规划进行研究并做必要修改后，州的机关通常会批准它。在许多州，对大多数建筑物的管理一般是由县或市一级通过的法律实施的。但是，活动房屋和预制住房（预制标准组件的住房），越来越多地由州的法规而不是地方法规来规范。

（三）房地产税收

从总体上来说，美国联邦政府的税收政策在几个方面对房地产都是有利的。不论对于公司，还是对于家庭，房地产债务的利息支付额通常可以在税前扣除，住宅所有者也能够在他们将住宅卖掉后的资本获益中得到税收减免方面的优惠。对于投资者，允许每年有较多的、远远超过实际经济亏损造成的折旧扣除额。

在地方上，名目繁多的各种房地产税收给房地产业带来较多不利影响。大多数地方政府依据商业、工业和居住物业的价值直接采用某一个税率进行征税。这种税收的有效税率一般在 1%～2% 之间，并直接提高了房地产业所必需的资本化率，结果是降低了资产价格，减少了新项目的开发建设并提高了房地产租金。

（四）政府背景的房地产金融机构和相关监管措施

在美国，联邦政府设立了许多金融机构，其目的是为了方便居住类房地产的融资。S&L 银行系统的设立，是为了能够使地方储蓄有转化为抵押贷款的渠道，同时，二级市场与国家的抵押贷款保险一起确保抵押贷款有及时的流动性。这类机构通过有利于投资资金进入抵押贷款领域的办法，能够有效降低抵押贷款的借贷成本，有助于提高了资产价格，促进了住宅项目的开发建设。

同时，联邦政府也通过许多方式对金融机构进行监管，以便能够增加或者减少长期投资资金和短期项目贷款资金流入非居住性的房地产领域。例如，当美国国会 1974 年通过了职工退休收入保障法案（Employee Retirement Income Security Act，ERISA）时，养老基金被要求增加资产的多样性——这被许多人认为会极大地增加长期商业抵押贷款的资金供应。1989 年，国会制定了《金融机构改革、复兴和执行法案》（Financial Institutions Reform, and Enforcement Act，FIRREA），其目的主要是为了解决储蓄信贷（S&L）危机。FIRREA 提高了被认为具有风险的贷款（如商业抵押贷款和短期的项目开发贷款）的资本储备要求，这些要求实际上降低了贷款人发起并持有这类贷款的意愿。美国金融业的发展历史具有许多这样的事例，每次都对进入房地产领域的资金造成了影响。长期融资获取性的降低，会使房地产的资本化率发生变动；短期项目开发融资获取性的降低，会使房屋建设成本变动。

5.3.2 房地产业自我管理制度

5.3.2.1 现时中国房地产行业自我管理组织框架体系

行业自我管理组织是一种具有悠久历史的民间组织，最初的雏形是商会或商行。早在 1858 年，法国就颁布了有关商会的法律，成为世界上第一部确认现代商会地位的法律。我国如明清时期曾经出现的"同业协会"、"行帮"、"行会"等。进入现代社会以后，在欧美经济发达国家中，有关规制行业自我管理的法律已成为国家经济法体系中的一个有机组成部分。这些国家除了一般的行会法律外，还形成了相关行业协会中涉及市场管理的相关法律，如一些国家的反垄断法和反托拉斯立法中，对行业协会的反竞争行为作出了明确的规定。

20 世纪 20 年代，上海一些较大的房地产商成立了上海房地产业主公会和房地产同业公会。这是中国早期房地产行业自我管理组织的雏形。进入 20 世纪 80 年代后，伴随计划经济向市场经济的逐步转轨和房地产业的蓬勃发展，许多房地产企业呼唤建立房地产行业自我管理组织。在此背景下，我国城市房地产行业自我管理组织获得了快速发展。

1985 年 9 月 20 日，中国房地产业协会成立。它是各地房地产业协会和从事房地产开发经营、物业管理、市场交易、中介、装饰等企事业单位及有关部门自愿参加组成的全国性行业自我管理组织，是在国家民政部注册登记、具有法人资格的社会团体，业务主管部门是国家建设部。中国房地产业协会成立以来，积极协助政府加强行业管理，传达贯彻国家的法律、法规与方针政策，及时反映广大会员企业的愿望和要求，在政府和企业之间发挥了桥梁和纽带作用。通过举办房地产业改革和发展的研讨会、形势报告会，加强房地产开发经营人才培训，广泛收集传播国内外房地产政策法规、经济技术信息和市场信息，开展对地方房地产业协会的业务指导工作，目前，中国房地产业协会已拥有会员 1300 余家，下设 11 个专业委员会，10 多个工作机构和服务机构。

随着各城市房地产业由复苏到繁荣，各城市房地产行业自我管理组织应运而生。以上海为例，随着改革开放的深入，为了振兴和发展上海房地产业，在上海市委、市政府的指导下，由房地产主管部门、房地产开发经营企业、科研教育单位合作，上海市房地产业协会、上海市房屋交换协会、上海市房地产估价师协会、上海市房地产经纪人协会、上海市物业管理协会和上海市住宅产业协会先后成立。2004 年 7 月，上海市房地产业协会和上海市住宅产业协会整合为上海市房地产行业协会，各行业协会配合主管部门在行业管理方面做了很多工作，发挥了重要作用，在行业的自我管理上进行了可贵的探索。

从总体上看，目前我国城市的房地产行业自我管理组织可分为两类。一类是比较靠近政府、属于半官半民性质的行业协会或联合会，主要以协调手段参与行业管理；另一类是纯属民间性质的行业协会，主要以服务手段开展行业自我管理。随着城市房地产行业自我管理组织的兴起和发展，其在行业管理中的作用日益突出，具体表现为：（1）协调政府和企业之间关系，对企业进行政策引导、信息沟通，及时传递国家的政策取向，并把企业的意见和行为的要求转达给政府。（2）密切企业与企业之间的联系，通过组织企业共同开拓市场，相互交流经验，组织培训等，为企业提供服务。（3）从维护全行业利益的目的出发，制定行规行约，制订产品标准和技术标准，进行产品质量和业内经济活动的监督，并受理各种违规、违约投诉，对有关房地产企业和房地产从业人员进行处罚。

5.3.2.2 美国房地产行业的自我管理

美国房地产行业组织的形成是完全的民间自发行为，自由市场的经济体制使得政府不会对行业组织的设立进行过多的限制。因此，随着房地产业的发展，每当形成一个专业化的细分房地产行业，就会产生新的房地产行业组织（这并不受政府行政管理的限制），而且在同一个房地产细分行业内，常常会产生多个行业组织，行业组织和行业组织之间也存在着一定的竞争关系。各类房地产行业组织产生的基本动因，都是行业的成员（企业和个人）为了规范行业内的市场行为，提升行业的服务和产品标准，从而赢得社会对该行业的认可和尊重，为行业的生存、发展服务。因此，当一个行业内某个行业组织为会员所提供的服务有助于提高会员的社会声誉和市场竞争力，这个行业组织的势力就会逐步增强，以致同行业的其他行业组织也会归并入这一行业组织。以美国房地产估价行业为例，目前最大的行业组织——房地产估价协会（AI）就是有关行业组织合并的产物①。表5－3列举了目前美国主要的房地产行业组织。

各类房地产行业组织一般主要通过制定相关行业标准、开展房地产专业教育、认证房地产专业资格（professional designation）②、为会员提供开展业务的平台（如全国房地产经纪人协会 NAR 的 MLS）、向社会发布相关房地产指数（如 NCREIF 和 NAREIT）等来发挥其作用。事实上，由各类行业组织所实施的这种房地产行业自我管理，对提升房地产行业的人员素质和服务质量，从而提升行业的社会地位起到了极为重要的作用，因此，行业组织所制定的各项标准、规范，对会员具有很强的约束力，它与行业组织监督其实施情况的强大执行力③相结合，从而构成了房地产行业自我管理的坚实体系。

表5－3　美国主要房地产行业组织

名称	所属行业
房地产估价协会（AI）	房地产估价
建筑业主与管理经理协会（BOMA）	房地产出租人
房地产咨询协会（CRE）	房地产咨询
联邦全国抵押贷款协公（FANNIEMAE）	房地产金融
购物中心国际委员会（ICSC）	购物中心开发、出租、管理

---

① 1991 年由美国房地产估价师学会（AIREA, american institute of real estate appraisers）和美国房地产估价师协会（ASA, american society of appraisers）合并而成立。美国房地产估价师学会和美国房地产估价师协会分别成立于1932年和1935年。目前该学会的成员已涉及美国以外诸多国家，并逐渐向国际性组织发展（崔裴、关涛，2007：198）。

② 如房地产管理协会（IREM）的 CPM，全国房地产经纪人协会（NAR）的 REALTOR、房地产估价协会（AI）的 MAI。

③ 对违反者开除会籍，取消相应的专业资格。会籍和专业资格虽然并不像政府颁发的职业执照（licence）那样是法律要求的从业要件，但却是市场认可的一种从业要件，对于取得业务有很大的帮助。

名称	所属行业
房地产管理协会（IREM）	物业管理
全国公司房地产行政官协会（NACREE）	——
全美住宅营造商协会（NAHB）	新建住宅开发商
全国工业和办公物业协会（NAIOP）	工业园区开发、出租、管理
全国房地产经纪人协会（NAR）	房地产经纪
全国房地产投资信托协会（NAREIT）	REITs
全国房地产投资受托委员会（NCREIF）	REITs
全国地产委员会（NRC）	——
退休基金房地产协会（PREA）	房地产金融
城市土地研究所（ULI）	房地产研究、咨询

5.4　中美土地制度的比较分析

5.4.1　土地制度与土地市场

美国的经济自由体制，在房地产领域主要体现在土地的私有制上，虽然至今美国仍有大量土地被政府持有，但在房地产市场上广泛交易的土地主要是私有土地。这一制度决定了美国民众取得新建房屋的方式有多种可选择的方案。美国民众可以向房地产开发商购买房地产，也可以向土地的业主（包括土地细分商）购买或以继承、受赠的方式（虽然并不普遍）获得建房地块，然后委托房屋开发商进行房屋开发，抑或分头委托建筑设计机构、建筑商等来完成房屋开发过程中的各个环节（这在美国专业化市场高度发达的情况下也完全可行）。因此有人称"在美国，人人都可以当开发商"。而在中国，目前城市居民取得新建房屋（社会保障性住房除外）的途径只有一条——向房地产开发商购买，这是形成中国房地产业以房地产开发业为主，且房地产开发业具有强有力的市场力量的一个重要的外生因素。

中国现行土地制度以土地公有制为基本特征。城市土地由国家所有，可以通过地方政府的国有土地使用权出让进入土地市场。农村土地由农村集体经济组织所有，只能在土地所在的农村集体经济组织内流转，不能直接进入商品性的土地市场。农村土地必须先由政府"征用"，然后才可以由政府出让给房地产开发商进行开发。长期以来农地征用补偿实行的是政策性补偿标准，通常远远低于被征用农地的市场价值（崔裴，2003：79）。由于自土地使用权有偿出让以来的较长一段时期，土地批租的主要形式是协议批租，作为非市场经济主体的地方政府不可能按照市场经济运行规律进行"经济人"的理性决策，许多土地不能按照土地的正常市场价格出让，尽管出让价格总是高于农地征用补偿的费用，但很多情况下是低于正常市场价格的，这与农地取得的低成本也不无关联。20世纪90年代，许多中国房地产开发商正是在这种情况下取得了极为便宜的土地，而中国城市化的快速发展，使得这些土地快速升值，这是形成房地产开发业高利润率的一个重要因素，也是吸引各种社会资本涌向房地产开发业①的重要诱因，此外也是各级地方政府倾向于保护与自身密切关联的国有房地产开发企业的动因。

5.4.2　土地利用管理

5.4.2.1　中国的房地产用地管理

房地产用地是土地使用的主要用途之一，同时随着城市化进程的加快，房地产用地处于不断扩大的进程之中，更要受到严格管理。中国房地产用地管理的主要方式就是房地产用地审批制度。房地产用地的取得和使用，要经过一系列的审批程序：

第一，用地预审。即在房地产用地项目立项审批阶段以前，在进行用地可行性论证时，房地产建设单位应向建设项目批准机关的同级土地行政主管部门提出用地预审申请，由土地行政主管部门依法对房地产用地相关事项（包括用地性质、规模用地方式）进行审查，并出具体审查意见。

第二，农用地转用审批。如为社会提供经济适用房、中低价位平价房和动迁房等的房地产用地涉及到农用地的，房地产建设单位申请办理农用地转用审批手续，并提出占用农用地的初步方案，占用耕地的，还应提出补充耕地的初步方案，承担占用农用地、补充耕地的相应义务。

第三，土地征用审批。房地产项目需要占用农村集体所有土地的，建设单位必须依法办理土地征用审批手续，同时提出征用土地的初步方案，承担补偿相关义务。

---

① 表4-14中的"其他"就反映了这种情况。

我国《土地管理法》将农用地转用及征地审批权归于省级（含直辖市，下同）以上人民政府。城市规划"圈"内的房地产用地，必须先由区（县）人民政府按照土地利用总体规划，分批次报省级以上人民政府办理农用地转用、土地征用审批手续后，方可统筹安排具体建设项目用地。

第四，项目用地审批。房地产具体建设项目用地审批，是建设项目落实到具体地块的最后审批环节。其中，"圈"内用地在已批准的农用地转用范围内，由市、县人民政府在省级政府规定的权限范围内具体确定。

项目用地审批必须明确供地方式和供地方案。即依据《土地管理法》规定，根据项目性质的不同，实行土地出让等有偿使用、划拨使用等不同方式的供地。供地方案的内容应当包括供地方式、面积、用途和时间，土地有偿使用费的标准、数额等。

供地方案批准并且实现征地后，可正式供地。其权限和程序为：（1）以划拨方式供地的，由市（县）政府土地行政主管部门向建设单位颁发《国有土地划拨决定书》和《建设用地批准书》，依照规定办理土地登记。（2）以有偿出让方式提供国有土地使用权的，由市、县人民政府土地行政主管部门按报批的土地有偿使用合同草案，与用地单位签订国有土地使用权出让合同，并颁发《建设用地批准书》，用地单位按规定交清土地有偿使用费后，颁发《国有土地使用证》。其中，以拍卖和招标形式供地的，组织拍卖、招标。（3）依法使用集体土地的，由市、县土地行政主管部门与用地单位签证《建设使用集体土地协议书》，并颁发《建设用地批准书》。

第五，存量建设用地的房地产用地审批。使用现有的国有土地即存量建设用地，按规定需向市、县人民政府土地行政主管部门申请，经土地行政主管部门审查后报市、县人民政府批准后即可。其中，以有偿使用方式供地的，市或区县土地管理部门与用地单位签订国有土地有偿使用合同；以划拨方式使用国有土地的，市或区县土地管理部门向用地单位核发《国有土地划拨规定书》。

5.4.2.2 美国的土地利用管制

在美国，以下两个有关土地的观念已被人们广泛接受：特定区位的土地供给是稀缺的；土地不仅仅是商品，更是资源。因此，对于稀缺的土地资源实施管制的必要性也已深入人心。这种社会观念与美国的土地私有制度相结合，使美国的土地利用管制途径与中国有很大差别，即它包括土地利用的私人契约限制和土地公共管制两个方面。

（一）私人契约限制（private deed restrictions）

私人土地使用限制可以通过对契约设定限制来完成。个人契约限制常常被认为是契约（covenants）、条件（condition）、及限制（restrictions）。房地产的法律条文允许所有人通过合约的方式限制土地使用，前提是合约内容与公共政策不冲突。虽然就技术层面而言，契约（covenants）、条件（condition）、及限制（restrictions）有些许不同，但是它们的基本理念是相同的——想要通过防止土地利用方式与周边资产相背的方法来维持资产价值。

个人契约限制通常可以通过三种方式来建立：1. 所有资产所有者聚集在一起设立一个对大家都有利的限制；2. 一个大块土地所有者出售一部分土地并在合约中附加相关的制约条件以保护自己剩下的土地免受新的土地所有者因不当使用而带来的损失；3. 一个大块土地的开发商为下设的一个新的小块土地（subdivision）设定的总括性的限制条件。

近年来，公共管制对个人财产的制约在一定程度上减少了个人契约限制的使用。但是很多不能靠分区（zoning）或者立法（coding）来解决的问题却可以通过个人契约限制完成，例如建筑的整体协调性、景观标准、灯光和空气的使用（light and air easements）、维修保养合同以及业主联盟（homeowner association controls）等。

（二）土地利用公共管制

土地利用公共管制即由政府对土地利用实施的管制，其目的是更好的维护秩序、促进社会和谐发展。维护秩序的一种方法就是控制土地利用。政府可以利用下列权利对土地加以管制：1. 行政权力（police power）2. 征用（the power of eminent domain）3. 政府购买（government spending power）4. 税收权利。税收将在（5.5）中讨论，下文只讨论前三种方式。

1. 行政权力（police power）

行政权力指的是政府通过制度化的权利对私人活动加以制约以促进公共健康、福利，维护社会安全。在美国，行政权力常常被用于指导土地使用。例如区划条例（zoning ordinance）、土地再细分规则（subdivision regulations）建筑及健康条例（building and health code）、建筑线退缩规定（setback requirements）、污染防控（pollution abatement）、租金控制（rent controls）等。在这些实例中，区划条例控制及土地再细分规则是最为有力的两种土地资源使用管制方法。

（1）区划条例（zoning ordinance）

区划条例指的是将土地加以划分并赋予区块用途的过程。分区最简单的一种是将区域划分成居住用途、商业用途、工业用途、农业用途等。每种用途会有很多亚等级（subclass），例如聚居区可以被细分为独户住宅（single – family）、多户型住宅（multifamily）、车房（mobile home）等。商业区也可细分为零售、商务、批发区域。工业区有重工业和轻工业之分，农业区域也有农业区、资源区（recourse）和休闲区（recreational uses）等。

虽然关于分区的立法可以追溯到殖民地时期，但在 1920 年之前人们曾对区划条例的合法性存有质疑，1920 年区划条例才被作为一种土地控制工具在美国普及开来。1926 年，在具有里程碑意义的 Euclid v. Amber Realty 公司案件中，最高法院认定土地分区是行政权力的合理运用方式。自此之后，各州都陆续通过了相关法律，允许各个城市、乡村实行区划条例。

早期的区划条例意在维护公共安全，控制危害。之后该条例又加强了保护私有财产价值的力度，禁止周边土地与目标地块之间的不协调使用，这使得区划条例的使用范围得到扩展。如今它已被广泛用于促进整个社区公共福利的提高。

（2）土地再细分规则（subdivision regulations）

行政权力的另一个重要运用方式是土地再细分规则。不良的土地细分，例如数量有限的街道和不充分的公共设施等，会成为税负者的负担，因为他们要花费相当的代价去修正早期的疏漏。土地再细分的支持者相信，不充分的管制条例是产生贫民窟及城市负面效应的根源。但反对者则认为，正是由于政府的调控阻碍了土地实现其最高最佳用途，从而导致贫民窟的产生。

如今在美国，土地再细分已得到广泛运用。房地产开发商常常被要求提供给排水设施、下水道系统、街道、人行道、路灯、学校和公园等公共设施用于细分。这样做的目的在于在社区建设的开端就开始对未来做规划，各个细分部分的购买者，而非整个社区，将被要求支付这些公共设施的相关费用。就像所有的行政措施一样，由于需要通过侵害个人权力的方式来促进公共福利，土地再细分规则一直备受争议。

2. 征用（the power of eminent domain）

行政权力允许政府以不加以补偿的方式对私人土地做出管制。征用（the power of eminent domain）的不同之处则在于它要求政府以补偿的方式获得管制权力。征用方式被广泛用于政府性的土地项目中，例如高速公路、公有住房的建设及城区翻新改造等。

大部分政府部门在征用时都不大关心原资产所有者是否愿意做这笔交易。

大部分征用案件的焦点在于补偿款的多少。法律规定资产的公平市场价格是其补偿款的赔付基础。此外，很多联邦政府和州政府还需支付给居住者（无论是房屋所有人还是租户）由于征用搬迁而产生的各种杂费。

3. 政府购买（government spending power）

利用巨大的购买力，政府可以对土地利用状况施加影响。法院认为只要是对公众有利的，政府就可以为其花费。政府资金就曾资助过各种各样的房地产开发项目，例如道路、水坝、运河、能源设施等。此外，政府机构（诸如FHA，VA 等）的贷款担保也可以影响土地利用。政府购买在指导土地利用方面非常有效，常可以独立使用，而不需要征用、行政干预或者税收政策的辅助。

美国的土地利用管制过去主要是地方政府的职责，市、县政府往往通过土地管制来实现各自的目的。但随着各类城市问题的大量出现，大量土地管制规范被提上了州政府或联邦政府的议程。美国公众也意识到有些问题是单独一个城市无法独立解决的，还有一些问题与社会群体之间的利益冲突有关。这导致了一些负责监督州内所有区域活动的组织的产生。如1972 年在加利福尼亚成立的海岸线保护组织（coastal zone conservation act）。该组织要求当地的团体将海岸线保护计划纳入他们的总体规划当中。目前美国公众正针对联邦政府是否应该出台一个全国范围内的土地管制政策而展开讨论。该项提议要求每个州都必须采纳全国通用的环境、休闲、工业土地使用规划（这类似于中国的土地利用总体规划）。

5.5 中美房地产税收制度比较分析

5.5.1 房地产税收体系

中美两国的房地产税收体系的共同点是都以地方税为主，都涉及到财产保有、资源利用、企业与个人所得类别的税种（表5－4），但区别也是极为明显的，中国房地产税收体系是重流转环节的税收，轻财产保有方面的税收，而美国房地产税收体系正好相反，这不仅反映在不同环节上税种的多寡，更主要地反映在不同环节税收收入的数量上。美国房地产税收体系中最为重要的一个税种———一般财产税（general property tax）或称财产税（property tax），是向拥有财产（主要是房地产）的个人和企业征收的税，其中来源于房地产的财产税收入约占一般财产税收入的75％，而一般财产税收入占美国地方政府财政收入的 80% 左右（辛欣，1995：22；邓宏乾，2001）。导致这种差异的最主要原因，就是中国到目前尚未设置与美国的财产税类似的物业税。

5.5.2 财产税

财产税开始于美国殖民地时代的开拓者，他们带来了英国的土地纳税观念。在美国宪法制定以后，联邦政府采用货物税、销售税和其他形式的税，而将财产税留给各州和地方政府。1900 年前后，绝大部分的州政府也放弃了财产税，而着重于其他形式的税。这样就使地方政府成为财产税的唯一征收者。直到现在，财产税仍是城市和县政府的收入的主要来源。尽管在美国有许多人抱怨高额的财产税，但地方政府都倾向于保持现存税收体系，因为财产税是非常稳定的地方财政收入来源，一是由于房地产是不能对税收人隐藏的，二是财产税的收入在商业周期的短期波动中并没有大幅度的摆动。

表 5 - 4 中美房地产税收体系比较

	中国	美国
财产持有类	土地使用税、房产税	财产税
资源占用类	耕地占用税	自然资源开采税
房地产开发类	固定资产投资方向调节税、营业税、城市维护建设税	
房地产交易类	契税、印花税、土地增值税	转让税
所得类	个人所得税、企业所得税、外商投资企业和外国企业所得税	所得税
其他		特别估价税、遗产税、礼品税

自有住房的财产税是由占有住房的所有者支付的，因而是不能转嫁的，但对于出租和商业占用的房地产，情况是完全不同的。在长时期中，财产税是商业经营的成本之一，并且会转嫁给顾客——他们可能是公寓房的承租人（对房地产出租业而言）或业务上的客户（对于其他行业的房地产业主而言）。

对于房地产出租业而言，当政府增加财产税税率时，如果市场条件允许，业主通常以较高租金的形式将提高的财产税转嫁给承租人。当然，这种转嫁仅仅发生在"卖方市场"（即房地产业主占优势的市场）的情况下——一个强大的承租需求和一个有限的出租供给。而在一种有很多空置房屋的"疲软的"出租市场中，因害怕提高租金会失去承租人，增加的财产税往往会被房地产业主自行消化。

如果承租人是工商企业，而房地产业主又能够将增加的财产税转嫁给工商业承租人，后者也会倾向于以较高的商品（服务）价格的形式转嫁给自己的顾客。但这是否可行也取决于承租人工商业运作的市场条件。如果这个市场是高度竞争的，工商业者也难以将增加的税赋完全转嫁给顾客。

从以上分析可见，自有住房的业主在承担财产税方面具有不可转嫁的劣势。此外，由于住房的买卖比起房地产出租业和工商业所持有的房地产的买卖更加频繁。因此，较之房地产出租业和工商业所持有的房地产，住房要经常被重新估价，并按新的市场价格纳税，因此，有些团体指出工商业房地产所有者比住房所有者有较好的减税机会。尽管在美国国内关于房地产税收改革的呼声很高，有些州也已制定了法律，免除所有者占用的居住财产价值的一个货币额度的税收。但至今为止，财产税始终是自用住房业主的一笔无法规避的高额支出。而如果一个家庭选择租房居住的话，是有可能规避这项支出的，即当市场条件使得出租人无法转嫁财产税时。因此，财产税的存在，是人们会在购房和租房之间进行理性选择的一个重要原因，正因为如此，美国的住房自有率未曾出现过突然的激增，一个规模可观的住宅出租市场得以长期存在，并成为房地产出租业将近一半业务收入的源泉（参第四章表4-7）。相比之下，中国住房业主的住房持有成本相当低，这也是造成中国居民的住房需求向购买需求一边倒的一个重要原因，同时也是中国城市空置存量住房广泛存在的一项重要因素。

美国的财产税还为地方政府增加了许多政府财产。如在20世纪30年代的大萧条时期，一些财产所有者欠税，它们的财产因此转变为政府财产，许多城市和县在这一时期获得了大量的土地。

尽管征收财产税的基本目的是为地方政府提供收入，但是，美国地方政府也具有运用其对财产税的控制权来影响土地使用的可能性：

1. 通过对宗教、教育和慈善机构进行税收豁免，来保证这类机构的用地。

2. 对乡村财产税实施优惠待遇，以刺激保持乡村土地，从而维持开发的绿色空地。

3. 对开采资源（如木材和矿石）者收税，迫使其迅速利用资源，而在增长时期实施特别的税收优惠，以鼓励资源的发展和保存。

4. 对某些社区采取人为的低财产税税率以吸引工业和其他产业，形成某种特定的产业园区；或者对某些社区提高财产税税率以阻止商业在这一社区的发展。

5. 以较高的财产税税率强化土地的使用，因为财产所有者为了获取较高的收入以抵消税收的增加，必然会出租多余的房间和车库、耕种更多的土地或使用更多的肥料集约化耕种土地，等等。

尽管以上这些手段在美国各地方政府的实际运用中使用得并不充分，但它给了中国政府一个很好的启示：中国土地利用管理中，长期存在着对违规行为执行难的困境，是否与政府的管理手段不够充分有关？而一些房地产开发企业的土地占而不用或低强度使用行为，是否与政府管理的有效性不足有关？

5.6 中美社会经济环境比较分析

5.6.1 城市化

美国是高度城市化的国家，其城市化的历史可分为三个阶段：

（1）城市化酝酿时期（1690 年～1830 年）

这一时期美国的城市数量少，城市人口增长不稳定，在 1690 年至 1790 年的 100 年间，农村人口的增长均超过城市人口增长；农业占国民经济的主导地位，但城市中从事商业、制造业以及其他服务业的人口比例高。1974 年波士顿、费城和纽约三大城市平均 23% 的人口受雇于商业，24% 的人口受雇于制造业，50% 的人口从事服务业，4% 的人口在政府部门工作。

（2）城市化开始、加速及初步完成时期（1830 年～1920 年）

以南北战争为界，这一时期可分为内战前（1830 年～1865 年）和内战后（1865 年～1920 年）两阶段。

内战前（1830 年～1865 年），城市集中于工业化开始的地方，即美国东北部。城市人口比例由 1820 年的 7% 上升到 1860 年的 20%，且在 1820 年～1860 年间，城市人口以每 10 年平均 57% 的速度增长，城市规模相应增大；交通运输技术的改进以及西进运动，带动了西部城市的发展，尤其是中西部和五大湖区；随着制造业向东北部的集中，区域经济的分化出现。1840 年，新英格兰和中大西洋地区的非农产业就业份额分别为 38% 和 32%，而其他地区，这一份额为 10% 以及 18%。

内战后（1865 年～1920 年），工业化、城市化加速且基本同步进行。19 世纪末，美国基本完成工业化。1920 年，美国基本实现城市化，制造业带形成，城市化加速；农奴制度废除，南部城市化启动；铁路网的完善，尤其是横贯东西大铁路的修建，促使工业化和城市化向西推进；居住区向外发展，城市呈多中心发展态势；以集中型城市化为主，郊区化开始出现，但大量的人口和产业活动还是集中在市中心，产业的集中度越来越高。

（3）城市化的新阶段———郊区化时期（1920年至今）

1920年以后，美国城市化进入郊区化发展阶段，它源于城市的扩散与蔓延，推动力是商业利益和消费偏好，即各类企业、居民户、政府自然向郊区转移。美国政府在此期间的州际公路计划以及住房补贴政策也有力地推动了郊区化进程。二战结束（1945年）后郊区化加速发展。

表5-5 美国城市化历史进程（1690~1990）年代

年代	2500人以上的城市数目	总人口（单位：百万人）	城市人口比例（%）
1690	4	0.21	8.3
1790	24	3.9	5.1
1820	61	9.6	7.2
1860	392	31.4	19.8
1880	939	50.2	28.2
1920	2722	105.7	51.2
1940	3464	131.7	56.5
1960	4996	178.5	63.1
1960*	18088	178.5	64.7
1990*	19289	248.7	61.6

*表示1960年人口普查定义的新地区。

数据来源：1690年数据来自Bridenbaugh（1938）以及美国历史统计。其他数据来自1960年《人口普查》第1卷，人口特征，美国概要1-14-15以及1992年的统计概要。转引自Sukko Kim & Robert A. Margo. Historical Perspective on U. S. Geography. Handbook of Regional and Urban Economics, 2003, vol-ume 4, August. P57.

当今阶段美国郊区化发展的特点是：

第一，庞大的人口、产业空间布局均衡的大城市地区取代城乡对立且空间狭窄的传统城市。郊区次级中心的形成及扩张、一种与传统的紧密型城市不同的多中心的现代大都市形成。二战前的美国城市功能集中，人口、制造业、商业等都聚集在城市中心附近的狭窄地区，而狭窄的城市中心之外则是贫困的农业附庸。当时美国最大的城市纽约、芝加哥等城市的面积不超过 250 平方英里。战后，城市向外扩散，城市边界之外的郊区次级中心大量涌现，随着郊区次级中心的扩散与蔓延，最终形成多中心化的大城市地区。今日新型的城市面积大多超过 5000 平方英里，改变了过去的以街区来衡量城市规模的方式，新型城市的面积以快车道和高速公路形成的发展走廊来衡量。制造业、传统服务业等功能向外分散之后，为战后美国大城市中心的再发展让出空间，城市由此进行了产业重组，由工业城市转变为以知识为基础的城市（knowledge－based cities），城市也由传统的制造业中心逐渐转化为智力中心；由过去生产产品转换为培训、管理、分配知识及工业技能，以此带动整个大城市地区以知识为基础的制造业发展。郊区次级中心则由农业附庸转变为制造业生产中心及经济增长中心，郊区经济实力与城市中心相抗衡。城市与郊区次级中心组成的空间巨大的新型城市地区，向周边产生巨大的辐射影响，有力地推动整个社会经济的发展。

第二，大城市向外扩散，大城市地区多中心化，强有力地推动城市集群化发展。城市集群化包括城市群及集合城市（Megaloplis）等形式，城市群是其较低的城市系统，集合城市亦被称为大城市圈，是一系列城市、郊区和村庄的集合物，是一个巨大的人口和经济活动的集合区域。集合城市不仅在规模上、而且在质上都与其他城市有所不同，集合城市内的城市、郊区、村庄形成了全新的一体化关系。郊区次级中心的扩张，强有力地推动集合城市的形成。城市向外分散，郊区向四周蔓延，大城市地区间的郊区相互交错，城乡间差异已不明显。在此基础上，相邻几个大的城市地区构成了连绵数万平方英里而各地区差异不大的集合城市。二战后，美国形成了三大集合城市：东北集合城市（Boswash）、中西部集合城市（Chippitts）及加利福尼亚集合城市（Sansan）。集合城市的出现，使城市化空间极大地拓展。集合城市带来了巨大的经济效益。今日美国，庞大的经济、人口日益向十来个大大小小的城市群集中。集合城市内形成了门类较为齐全的经济共同体，单个城市经济具有一定的专业化特征。因此集合城市具有良好的整体经济效益，具体表现在土地的高度集约化和较高的生产率上。三大集合城市仅占全美 3% 的土地面积上集中了全美大部分制造业。

第三，城市化异常成熟，在城市化向非城市地区扩散中，出现了"边缘城市"（edge city），它们位于州际高速公路通道上，具有传统城市中心区的经济成份，但其空间结构却有很大的差异。传统城市的中心区通过方格式的街道与城市其他部分联接起来，而边缘城市与周围住宅联系很少。人们去边缘城市工作和购物，而其居住地则远离边缘城市。有学者认为"边缘城市"预示着城市未来的发展方向（徐和平、蔡绍洪，2006：13～22）。

美国的城市化发展，特别是二战以后郊区化的加速发展，为房地产开发业带来了巨大的市场需求。而郊区化过程中，各种在原有城市区域以外的地方迅速出现的各种功能区域（如产业园区、郊区商业中心）需要具有强大资金实力的房地产开发商进行开发，而且，由于这种与传统城市形成过程迥异的功能区域，是由土地、房屋与基础设施结合的功能综合体，不可能在开发完成伊始就产生充实的现金流，而需要资金的持续投入以培养其现实的盈利能力，同时各类规模巨大的功能综合体的最高最佳使用来自于内部各组成部分协同而成的系统化运作，因此，对这类综合体分散产权（即转让给众多的小业主）是不可行的。房地产开发商必须自己持有并经营这些综合体①。这是美国房地产开发业中规模化、以开发、租赁模式开发、持有并经营商用房地产的企业存在并不断壮大的主要需求面因素。

中国近 30 年来，城市化快速发展，20 世纪 90 年代以来，更进入了高速发展阶段，其与人民消费结构升级和住房制度改革的效应相互叠加，催生了中国居民巨大的住房投资需求。购买住房成为中国百姓在这个阶段的主要生活梦想。而中国房地产市场上的商品房预售制度，房地产开发商在土地使用权出让金支付、建筑工程费用支付方面所能得到的种种宽松环境，使中国房地产市场中的住房开发成为一种对自有资金比例要求低、资金周转快（相对于非住宅开发而言）的项目。与住宅开发相比，商用房地产开发不仅对专业化程度要求高，而且对自有资金要求高，资金回笼速度缓慢，根本无法吸引从各行各业匆忙进入房地产市场的、急于获得"第一桶金"的资本。这是中国住房开发业成为中国房地产业占绝对优势的行业的一个重要原因。

5.6.2　产业结构

在资本主义工业化进程中，产业结构发展的基本规律是第三产业、服务业在国民经济中占据越来越重要的地位。美国在这种产业结构的发展进程中，领先于世界各国，"早在 1956～1957 年间，其服务业就业人数已超过了农业和工业就业人数的总和。到 90 年代，高收入国家服务业就业人数已上升到总就业人数的 60%～70%，其中美国已超过 70%。"（杨国昌，2002：8）20 世纪 90

---

① 只有当这类综合体达到经济可行的稳定现金流时才有可能转让给其他投资者（比如 REITs）。

年代以来，美国第三产业的就业人口在全部就业人口中的比重和产值在国内生产总值的比重均占 7 成以上（见表 5 - 6、表 5 - 7）。中国自新中国成立（1949 年），特别是改革开放启动（1978 年）以来，虽然第三产业持续增长，但直到 2000 年以后，在第三产业就业的人口只占总就业人口的 3 成左右（见表 5 - 8），第三产业在国内生产总值中只占 4 成左右（见表 5 - 9）。可见中美两国产业结构上的差异是巨大的。美国以服务业为主体的产业结构，决定了房地产市场上存在着大量的商用房地产直接使用需求，商用房地产的开发以及为商用房地产投资者、使用者服务的房地产经纪、物业管理高度发达也就是必然的了。此外，美国以服务业为主体的产业结构也影响着人们的思想观念，"服务"这种无形商品的价值可以得到人们的普遍认同，因此房地产服务业的发展具有良好的社会基础。而在中国现有的产业结构下，商用房地产的市场需求尚未充分发育，房地产业主要集中于住宅市场与这一状况是密切相关的。同时，服务业尚不够发达的现状和几千年农业社会给人们思想观念所带来的影响也不可低估，服务作为一种无形的商品，其使用价值和价值，都未能被中国消费者广泛而深刻地认同。因此，房地产服务业缺乏坚实的社会基础。这是中国房地产业高度集中于以开发、销售模式为主体的房地产开发业的一个重要原因。

表 5 - 6   1990～2001 年美国劳动力就业在三次产业中分布（%）

时间	第一产业	第二产业	第三产业
1990	2.7	26.1	72.2
1991	2.8	24.2	73.1
1992	2.8	23.5	73.8
1993	2.6	23.1	74.4
1994	2.6	22.9	74.5
1995	2.7	22.9	74.4
1996	2.7	22.3	75.1
1997	2.6	22.1	75.3
1998	2.4	21.2	76.4
1999	2.5	20.1	77.5

时间	第一产业	第二产业	第三产业
2000	2.6	18.9	78.4
2001	2.3	18.5	79.2

资料来源：转引自景跃军、王晓峰（2006：112），原作者根据美国劳工部网上公布的数据整理而成，http：//www. bls. gov。

表5-7　按照当年价格计算的1990～2001年美国国内生产总值的产业分布（%）

时间	第一产业	第二产业	第三产业
1990	1.9	24.1	73.5
1991	1.7	22.9	75.0
1992	1.8	22.2	75.4
1993	1.6	22.0	75.2
1994	1.7	22.5	75.0
1995	1.5	22.6	75.6
1996	1.7	22.2	75.6
1997	1.6	22.1	75.6
1998	1.4	21.8	77.0
1999	1.3	21.8	77.7
2000	1.3	21.5	78.5
2001	1.3	20.3	79.6

资料来源：美国商务部，http：//www. commerce gov。转引自景跃军、王晓峰（2006：112）。

表5-8　1952～2006年中国就业人员的三次产业分布

年份	经济活动人口（万人）	就业人员（万人）	构成（合计＝100）		
			第一产业	第二产业	第三产业
1952	21106	20729	83.5	7.4	9.1
1957	23971	23771	81.2	9.0	9.8

年份	经济活动人口（万人）	就业人员（万人）	构成（合计＝100）		
			第一产业	第二产业	第三产业
1962		25910	82.1	8.0	9.9
1965		28670	81.6	8.4	10.0
1970		34432	80.8	10.2	9.0
1975		38168	77.2	13.5	9.3
1978	40682	40152	70.5	17.3	12.2
1979	41592	41024	69.8	17.6	12.6
1980	42903	42361	68.7	18.2	13.1
1981	44165	43725	68.1	18.3	13.6
1982	45674	45295	68.1	18.4	13.5
1983	46707	46436	67.1	18.7	14.2
1984	48433	48197	64.0	19.9	16.1
1985	50112	49873	62.4	20.8	16.8
1986	51546	51282	60.9	21.9	17.2
1987	53060	52783	60.0	22.2	17.8
1988	54630	54334	59.3	22.4	18.3
1989	55707	55329	60.1	21.6	18.3
1990	65323	64749	60.1	21.4	18.5
1991	66091	65491	59.7	21.4	18.9
1992	66782	66152	58.5	21.7	19.8
1993	67468	66808	56.4	22.4	21.2
1994	68135	67455	54.3	22.7	23.0
1995	68855	68065	52.2	23.0	24.8
1996	69765	68950	50.5	23.5	26.0
1997	70800	69820	49.9	23.7	26.4
1998	72087	70637	49.8	23.5	26.7
1999	72791	71394	50.1	23.0	26.9

续表

年份	经济活动人口（万人）	就业人员（万人）	构成（合计＝100）		
			第一产业	第二产业	第三产业
2000	73992	72085	50.0	22.5	27.5
2001	74432	73025	50.0	22.3	27.7
2002	75360	73740	50.0	21.4	28.6
2003	76075	74432	49.1	21.6	29.3
2004	76823	75200	46.9	22.5	30.6
2005	77877	75825	44.8	23.8	31.4
2006	78244	76400	42.6	25.2	32.2

资料来源：中华人民共和国统计局，《中国统计年鉴》（2007），中国统计出版社，表5 － 3。

表5 － 9　1978 ~ 2006 中国国内生产总值三次产业构成

年份	国内生产总值	第一产业	第二产业	工　业	建筑业	第三产业
1978	100.0	28.2	47.9	44.1	3.8	23.9
1979	100.0	31.3	47.1	43.6	3.5	21.6
1980	100.0	30.2	48.2	43.9	4.3	21.6
1981	100.0	31.9	46.1	41.9	4.2	22.0
1982	100.0	33.4	44.8	40.6	4.1	21.8
1983	100.0	33.2	44.4	39.9	4.5	22.4
1984	100.0	32.1	43.1	38.7	4.4	24.8
1985	100.0	28.4	42.9	38.3	4.6	28.7
1986	100.0	27.2	43.7	38.6	5.1	29.1
1987	100.0	26.8	43.6	38.0	5.5	29.6
1988	100.0	25.7	43.8	38.4	5.4	30.5
1989	100.0	25.1	42.8	38.2	4.7	32.1
1990	100.0	27.1	41.3	36.7	4.6	31.6
1991	100.0	24.5	41.8	37.1	4.7	33.7

年份	国内生产总值	第一产业	第二产业	工 业	建筑业	第三产业
1992	100.0	21.8	43.4	38.2	5.3	34.8
1993	100.0	19.7	46.6	40.2	6.4	33.7
1994	100.0	19.8	46.6	40.4	6.2	33.6
1995	100.0	19.9	47.2	41.0	6.1	32.9
1996	100.0	19.7	47.5	41.4	6.2	32.8
1997	100.0	18.3	47.5	41.7	5.9	34.2
1998	100.0	17.6	46.2	40.3	5.9	36.2
1999	100.0	16.5	45.8	40.0	5.8	37.7
2000	100.0	15.1	45.9	40.4	5.6	39.0
2001	100.0	14.4	45.1	39.7	5.4	40.5
2002	100.0	13.7	44.8	39.4	5.4	41.5
2003	100.0	12.8	46.0	40.5	5.5	41.2
2004	100.0	13.4	46.2	40.8	5.4	40.4
2005	100.0	12.5	47.5	42.0	5.5	40.0
2006	100.0	11.7	48.9	43.3	5.6	39.4

资料来源：中华人民共和国统计局，《中国统计年鉴》(2007)，中国统计出版社，表3－2。

5.7 中美房地产金融市场①的比较分析

5.7.1 间接金融市场

目前中国房地产（主要是房地产开发项目）的间接融资渠道比较单一，大都是通过银行贷款。但在银行方面，房地产业被列为信贷高风险行业，银行在贷款期限、贷款额度、担保方式和核批时间等方面的规定过于苛刻，房地产开发与房地产金融的运作节拍不合，尤其是加入世界贸易组织后，银行对贷款

---

① 本书主要侧于针对房地产业者的金融市场，不涉及个人购房者的金融市场。

发放的进一步限制，使得融资难成为房地产企业无法回避的难题。

在美国，房地产开发可以通过多种方式进行间接融资。从融资目的来看，主要有以下几类融资：

（一）土地购置融资

土地购置融资主要有以下几种情况：第一，土地投机者。他们通过购进土地并通过转卖来牟利；第二，土地细分开发商，他们购进成片的土地，或者相互毗邻但不属于同一个业主的地块以合成为一块成片的土地后，进行总体规划和基础设施建设，然后将不同的地块出售给新建住宅开发商或个人建房者；第三，新建住宅开发商。他们购置可供建设住宅的地块，建成房屋后出售。第四，大型房地产开发商，他们购进土地后进行土地开发和房屋开发，然后进行租赁经营。土地购置所需投资除部分使用自有资金外，主要通过以下方式进行融资：

1. 常规抵押贷款。土地投机者和大地产商常常以将要购置的土地作抵押，向金融机构申请土地购置贷款以获取短期融资。由于发放这种贷款风险较大，所以通常提供的贷款额度不超过地价的一半。

2. 建筑贷款。建筑商常以这种方式进行土地购置、土地开发和建造地上物的一揽子融资。对放贷者来说，发放一揽子贷款比仅对房地产开发的前期用途放贷所承担的风险要小得多。

3. 定金抵押。土地买卖双方签订分期贷款购地协议后，卖方只需支付定金即可获得土地所有权契据，其余本金连同利息，可按协议规定的数额和期限分期偿还。这种融资方式可使买方获得比银行贷款更优惠的条件，而卖主之所以愿意接受这种付款方式则由于在土地要价上有更大的发言权，并由于产权已转移和地价分散收回而获得税赋减少的利益。

4. 分期付款卖地合同。这种融资方式通常在开发商很难获得抵押贷款情况下才被采用。这种情况下，买方通常只获得土地占有权，只有付清全部地价款后才能取得土地所有权。

5. 附带优先购地权的长期租赁。当开发商缺乏购地能力时，可与土地供给者签订附有优先购买权的长期租地契约，这类契约一般还规定开发商在行使优先购买权时，可以将已支付的租金从应付地价中扣除。

6. 联合开发。这类卖地协议规定，开发商可采取延期付款方式先取得土地进行开发，然后用该开发项目创造的收益来偿还地价款，或以约定项目收益的一定比例作为土地报酬，从而使卖地者成为开发项目的权益投资者。由于这种土地购置融资方式解决了开发商资本周转上的困难，又使卖地者有可能获得比地价更多的收益，因此得到了广泛的应用。

（二）建筑融资

建筑融资一般属于短期融资。美国的住宅建筑贷款期限通常为 8－12 个月，商业性建设项目贷款期则为 18－36 个月，或项目完成所需时间为限，贷款一般随项目进展而分期拨给。建筑融资的提供者主要有：

1. 商业银行

在美国，商业银行在参与建筑贷款以及抵押贷款方面历史最悠久。建筑贷款的一半以上是由 14000 多家商业银行发放的。在全美独户家庭住宅、多户家庭住宅和出租公寓住宅的建筑贷款中，商业银行所占份额分别为 51%、52% 和 55%。商业银行资金主要来自短期存款而不是长期储蓄，正与建筑贷款周期较快、流动性强的特点相适应。在 20 世纪 60～70 年代，房地产开发业的区域性明显，开发商一般在当地开发经营，而商业银行也是规模较小的地方银行。因此，房地产开发商可能通过与银行经理建立私人性质的密切关系①来获得贷款。但是，20 世纪 90 年代以来，商业银行业发生了大规模的兼并，许多小规模的地方性商业银行不复存在，在金融市场上活动的商业银行往往是全国性甚至国际性的大型商业银行。与仅提供建设贷款不同，大型商业银行现在安排几乎所有类型的房地产融资，变得更像投资银行一样。这种大型商业银行的总部通常远在开发商所在城市以外的大城市，因而与地方性的开发商之间不再有过去那种私人性质的联系，房地产开发商获得贷款的条件就是漂亮的财务报表。在这种情况下，在公开市场上交易的房地产公司更被商业银行所青睐。

2. 储蓄贷款协会（S&L）

储蓄和贷款协会（S&L）在 19 世纪中叶发展起来，它以略高于其他金融机构的存款利率吸收大量的个人零星储蓄用以发放抵押贷款。在它出现之前，互助储蓄银行是重要的房地产贷款人，但从全国角度看，随着储蓄和贷款协会的出现，并逐渐成为住宅贷款人中的领导者。互助储蓄银行在住宅借贷方面的角色和影响力逐渐衰落。目前储蓄和贷款协会（S&L）是美国最大的住宅抵押贷款机构，它专门促进中等收入者建造和拥有自己的住宅，通过每个月的储蓄计划汇集资金，然后贷款出去用于支持 1～4 户家庭住宅②的建设和购买。

---

① 比如参加当地的某种俱乐部以与银行经理结识并成为朋友（Lenneman，Peter，2000）。

② 指规模限于 1－4 个单元住宅的住宅建筑项目。

3. 抵押银行公司

这类公司始建于十九世纪，当时美国开发西部地区需要大量资金，而大量信贷金剩余的东部地区投资机构并不熟悉西部房地产市场行情，抵押银行公司作为两个地区借贷双方的中间人便应运而生了。这类公司一般先取得东部金融机构的放款许诺，然后向西部的当地银行借款放贷，在90～120天后再将贷款转卖给东部信贷机构，抵押银行公司从中收取1～3%的贷款议定费和以后年份的贷款管理服务费，费率通常在0.25%～0.5%之间。

4. 人寿保险公司

人寿保险公司主要投资于商业性房地产项目，并常以股权投资作为放宽条件，但同时也通过购买银行抵押贷款来从事二级抵押市场投资业务。

5. 房地产投资信托公司（抵押型 REITs）

这类公司通常是将个人的投资引向房地产基金组织，通常是由银行、保险公司和大投资者发起创办的。个人投资者以购买公司股票或基金受益凭证的方式向公司投资并分享利润。比房地产有限合伙方式更具流动性，且投资者享有不必缴纳公司所得税、享受有限责任、集中管理、自由进出和转让等优惠条件，在这一利益的吸引下，房地产开发能筹集到更多的资金。主要提供抵押贷款的 REIT 公司通常被称为抵押型 REITs。

（三）长期融资

开发商在建造商业中心，公寓住宅等供出租经营的商房地产项目时，在项目竣工后不能很快收回投资，就会需要申请长期性融资来偿还建筑贷款。当开发项目不大时，开发商一般通过地方银行和储蓄机构取得建筑贷款和长期贷款；如果项目较大时，则需向大的商业银行申请建筑贷款，并另向储蓄机构或保险公司申请长期贷款。长期融资的放款机构常将预先做出的长期融资安排列为向开发商提供贷款的附加条件。

历史上，人寿保险公司是房地产长期信贷的主要提供者。从 19 世纪中叶开始，人寿保险公司投资组合中 25%～50% 的投资都投向房地产资产。通过发放优质贷款，人寿保险公司避开了抵押型 REITs 在 20 世纪 70 年代、储蓄和贷款协会（S&L）在 20 世纪 80 年代经历的问题。但是，在 20 世纪 80 年代末和 20 世纪 90 年代初，新的监管政策规定，人寿保险公司要将持有的储备按风险分成不同的类别，而权益房地产被列入高储备（高储备意味着该资产的风险高）类别。与此同时，人寿保险业务本身也发生了变化，变动性人寿保险增加，传统的完全人寿保险减少，结果要求人寿保险公司提高其资产的流动性。这两个事件导致人寿保险公司的战略决策发生了变化：大多数人寿保险公司不再希望持有高额的商用房地产权益。虽然大多数人寿保险公司还是重要的房地产贷款人，但这些贷款活动中越来越多是通过商业抵押贷款证券（CMBS）市场进行的。在需要的时候，人寿保险公司可以通过出售一组贷款来满足流动性要求。实践中，有些人寿保险公司也为证券化目的而发起贷款，这实际上充当了投资银行的角色。另一迹象是人寿保险公司希望在其投资组合中持有金额较大（着眼于发起成本方面的规模经济）、质量较高的贷款。

除以上金融机构外，辛迪加财团及其他一些非机构贷款人也在房地产间接融资市场上保持着重要的地位。

在讨论美国房地产业的间接融资市场时，二级抵押市场是必须要特别关注的。二级抵押市场是美国抵押贷款融资的重要来源，它使初级抵押市场放款者可以卖出抵押贷款，以收回资金并投入新的放贷业务。整份或部分抵押贷款以及由抵押贷款担保的证券，都可以在二级市场出售，买主是养老基金会、保险公司等大型机构投资者。为了促进二级市场的发展，美国的许多联邦机构也直接参加买卖活动。其中政府全国抵押协会，主要为联邦住宅管理局（FHA）和退伍军人管理局（VA）贷款的证券化提供担保。经过担保的证券以其较高的收益率使美国的二级抵押市场充满了活力，并为房地产开发的融资拓宽了渠道。美国实行的是自由市场经济，政府对房地产开发的直接投资并不多，主要通过提供贷款和抵押贷款保险来促进开发。如住宅和城市发展部通过"地方街区开发补贴计划"和"租用住宅更新计划"，为城市开发和危旧房改造提供部分政府补贴和政府贷款。

20世纪80年代后期各能源生产州大规模的房地产萧条，导致了储蓄与信贷协会大范围的破产，但储蓄机构的衰落对融资购买住房带来的冲击很小，因为在过去30年中债券和抵押银行获得了急剧的增长，二级抵押市场也迅速扩展。通过大型政府背景的机构如 Fannie Mae，Freddie Mac 和 Ginnie Mae 以及大量私人债券公司、抵押公司可以从大范围的机构投资者中获得资本。保险公司、退休基金、储蓄机构以及全球投资者现在都参与二级抵押市场。这些新的资本来源为一级放贷者以及借贷者提供了充足的基金。最近迅速增长的商业抵押贷款证券（CMBS）成了房地产开发债务资本的一个重要来源。证券化和二级抵押市场将全球资本引入了商业房地产。

商业抵押贷款支持证券（CMBS）是起源于S&L崩溃的一种金融创新。它将房地产贷款组合证券化，通过资本市场向个人和机构投资者出售。借助这种方式，投资者可以购买贷款组合的一部分，就像可以购买 REIT 的一部分权益一样。投资银行看到了这种创新所带来的赚钱机会，因而极力推动国会提供必要的立法，以允许它们组合贷款并向投资者出售组合中的不同风险类别的证券。立法的主要目的是避免证券化的税收负担。投资银行的机会来自于两个方面。第一，它们能通过贷款组合的证券化，帮助现有的房地产贷款人（S&L、商业银行和人寿保险公司等）提高其投资组合中部分资产的流动性；第二，它们能直接为证券化目而发起新的贷款。这个过程被称为渠道过程，贷款被称为渠道贷款。投资银行自行发起贷款，而一旦发放的贷款达到较高的金额，组合就可以被证券化。这种情况很像传统的住宅贷款，在住宅贷款中，抵押银行发起贷款，然后向人寿保险公司出售该贷款组合。

在 20 世纪 80~90 年代，商业抵押贷款支持证券（CMBS）市场高速增长，速度甚至比 REIT 还快（如图表 5-10 所示）。1988 年 CMBS 贷款余额还只有54 亿美元，但到 1998 年底已经迅速增加到 2070 多亿美元。

表 5-10　1988-1999 年美国商业抵押贷款支持证券（CMBS）贷款余额

年份（12 月 31 日）	价值（10 亿美元）
1988	5.4
1989	9.8
1990	14.8
1991	21.5
1992	33.4
1993	47.5
1994	63.1
1995	75.4
1996	98.3
1997	132.8
1998	207.4
1999[a]	225.0

[a] 到 6 月止。

资料来源：Morgan Stanley, Commercial Mortgage Alert.

20 世纪 80~90 年代，美国房地产金融市场风起云涌使房地产金融市场出现了某种程度的市场分割，较大的、质量较高的贷款被人寿保险公司取得（它们持有这些贷款，作为其投资组合的一部分），而风险较高的贷款被证券化并出售给投资者①。

5.7.2 直接金融市场

中国的房地产直接金融市场主要就在股票市场，企业债券或其他形式（如项目投资信托）的直接融资渠道的规模几乎微乎其微。

美国房地产直接金融市场主要包括机会基金和房地产投资信托（权益型REITs）。它们都是在过去20多年来迅速发展起来的。

（一）机会基金

20世纪80年代，储蓄和贷款（S&L）危机爆发（尽管这场危机已经过去20多年了，但它对现代房地产金融的发展产生了重要影响），为了处置巨额不良贷款和破产机构，联邦政府创立了清算信托公司（RTC）。在与规模庞大且错综复杂的危机斗争了许多年后，RTC取得的进展十分有限，因而不得不转向私人部门寻求解决方法。大量的房地产必须转手，为了开始整治过程，财务所有权和实际运作都需要归属新的参与者。

RTC在寻求私人部门的帮助时，并不考虑传统的房地产贷款人，而是考虑其他的全球资本市场中的主要参与者，特别是那些能快速应变和有能力处理高额风险的参与者。华尔街企业（如摩根斯坦利、高盛和美林），某些私人权益企业（如科龙尼风险资本基金 Colony Capital Fund），甚至对冲基金（如卫斯布鲁克 Westbrook 房地产基金）都参与进来了。这些高风险、高收益的参与者创立了房地产资本市场的一个重要的新参与者——房地产机会基金。通过使用它们自己的一些资金，加上从其他投资者那里筹集到的大量资金，购买不良贷款，价格经常为每美元（不良贷款）10~50美分。然后，再寻找独立承包商，来运作这些处于困境中的房地产。运作机会基金的投资专家获得了很高的报酬。只要收益超过了最低的成功处理比率（通常约为10%），典型的基金就能赚取金额等于基金所创造的总体收入之20%的收费②。在收费之后，它还像其他投资管理者一样按比例（10%）③取得基金的收入。因而总体收益率可达

---

① 这为2008年发生的金融海啸埋下了祸根。

② 这些费用是支付给基金管理者的，而不是支付给房地产出租、管理者。房地产出租和经营管理任务是由机会基金聘请物业与资产经营管理专家来完成的。

③ 这一收费比房地产投资管理者原来收取的高很多。

到 25%，远远高于历史上退休基金和其他机构投资者从商用房地产上取得的收益。

高收益的机会基金之所以能出现，不仅是因为贷款（以及某些情形中的直接权益）是以贷款的原始成本的一小部分获得的，而且因为早年房地产市场正处于上升阶段。储蓄和贷款危机减缓了开发进程，工作机会的增加在一段时间内超过了空间存量的增长速度。因此，如果购买了适当的项目，而且进入市场的时机恰好处在市场周期的适当阶段，就可以使收益达到很高的水平。20世纪90年代初是美国商用房地产租金增长的"最佳时机"，这在很大程度上解释了机会基金初始时的成功原因。它同时在很大程度上解释了房地产投资信托的戏剧性增长。

在为投资者提供了多年的超过 20% 的回报后，机会基金继续成功地筹集了新的资金。1998 年，这些基金筹集了超过 100 亿美元的资本金，当财务杠杆比为 3∶1 时，这将产生近 400 亿美元的房地产投资。但是，随着 20 世纪 80 年代 S&L 问题的逐步解决，同时也由于房地产周期进入了一个新的阶段，机会基金要寻找同样类型的投资，就变得越来越困难了。在这种情况下，1998 年有些机会基金将其部分活动转移到了欧洲。1999 年，它们更进一步把大部分活动转移到了亚洲。但机会基金遗留在美国本国的资金，对房地产开发商而言依然十分重要。

（二）房地产投资信托（权益型 REITs）

房地产投资信托的创立，是为了使小额投资者能够分享到原来少数富有的个人和大机构才能获得的商用房地产的收益。在 20 世纪 60 年代缓慢启动之后，REITs 在 20 世纪 70 年代初期迅速增长。虽然这些 REITs 有部分是直接拥有房地产的权益型 REITs，但大多数是抵押型 REITs，它们发放房地产抵押贷款。在 20 世纪 70 年代初，抵押型 REITs 迅速扩张，而且经常是通过放宽发放标准实行的。宽松的放贷标准，加上严重的衰退，产生了 20 世纪 70 年代中期的金融危机。实际上，20 世纪 70 年代中期的 REITs 崩溃类似于 20 世纪 80 年代 S&L 的崩溃：错误的决策和总体经济的低迷共同导致了金融危机。

许多权益型 REITs 成功度过了这段时期，但直到 20 世纪 90 年代初，它们在房地产金融中并不占有特别重要的地位。1990 年总的资本量（公开交易的 REIT 股份的数量乘上每股的价格）少于 100 亿美元。但是，投资银行很快就看到了其中的机会，认为这些有税收优惠的工具（因为 REITs 回避了实体层面的税收）是享受高涨阶段好处的良好途径。从 1992 年底 KIMCO 成功发行开始，新权益型 REITs 的发展突飞猛进，而这个进程是由原来的私营公司推动的。

与机会基金的运作环境相同，REITs 能使用个人投资者通过股票市场提供的资金，以低廉的价格购买房地产。REITs 变成很具吸引力的成长性股票，因为当个人投资者寻找 8% 的现金收益（股利收益）时，REITs 所持有的房地产资产却能提供 10% 的收益。像机会基金一样，权益型 REITs 搭上了房地产复苏期的便车。通过出售股票并将募集的资金投资于房地产，它们就能轻而易举地提高收益。虽然这一策略在市场周期的上升阶段运作良好，但最终还是遇到了困难，尤其是 REITs 希望以较低的价格购买房地产资产，并保证其至少获得 10% 的现金收益时。

1998 年初，市场周期继续向前发展，租金的增长率迅速下降。此外，由于来自 REITs 自身和机会基金的需求压力，房地产价格上涨，从而导致收益率下降。在那时，华尔街对 REITs 改变了看法，认为 REIT 的增长不算迅速。出租情况较好的物业物有所值，但其价值的增长速度很难与微软、英特尔或 Amazon. com 相比拟。

1998 年之后，大多数 REITs 因其股票价格的下降，逐渐转型为价值型公司。如表 5 - 11 所示，在 2007 年底，REITs 的权益资本量为 3120 亿美元。未来 REITs 很可能会得到机会基金的大量注资，并继续保持主要房地产投资者的角色。从长期看，REITs 很可能取代税收导向的有限合伙企业（20 世纪 70 年代的大所有者）和人寿保险公司（20 世纪 80 年代的大所有者），成为房地产权益的主要持有者。

表 5 – 11　1988 – 2007 年美国 REITs 市场资本总量

年份（12 月 31 日）	价值（10 亿美元）①
1988	11. 4
1989	11. 7
1990	8. 7
1991	13. 0
1992	15. 7
1993	32. 2

① 反映全部 REITs 的权益，而不是包括债务在内的市场资本总量。

年份（12 月 31 日）	价值（10 亿美元）
1994	44. 3
1995	57. 5
1996	88. 8
1997	140. 5
1998	138. 3
1999	124. 2
2000	138. 7
2001	154. 9
2002	161. 9
2003	224. 2
2004	307. 9
2005	330. 7
2006	438. 1
2007	312. 0

资料来源：NAREIT

金融市场是现代经济的核心，其最重要的作用在于通过融资活动将社会闲散资金导向那些最佳生产性投资场所，从而最大限度地推动实体经济的增长。房地产业作为资金密集型产业，更离不开金融市场的支持。由于美国的房地产金融市场充分发展，房地产业迅速发展、演进。其中，房地产间接金融市场上长期融资渠道的畅通和直接融资市场（特别是权益型 REITs）的快速发展为美国商用房地产的开发、出租经营提供了充足的资金，这是美国房地产出租业得以发展并在房地产业中占具重要地位的一个重要因素。

第六章

中美房地产业差异的内生因素分析

6.1 分工与房地产流通方式演进

6.1.1 分工与房地产业

正如曹振良指出的那样,房地产业是从建筑业中分蘖出来的(曹振良,2003:1~23)。当人们从建筑物的完全自给自足转为由业主委托建筑商建造时,建筑业形成了,而当人们可以从那些自己出资建好建筑物的建筑商那里购买房地产(它已经不是单纯的建筑物,而是可以在市场上交易的商品)时,这些建筑商也就演化为房地产开发商了。从美国和中国房地产业的发展沿革(如第三章所述)来看,很多早期的房地产开发商中正是从建筑商转型而来。当人们购买房地产的需求形成一定的规模,房地产开发业就形成了。这实际上是一个分工深化的结果。尽管从提供房地产的物质产品这一层面而言,房地产开发业似乎与建筑业没有什么不同,表现为房地产业或建筑业与购(建)房业主之间的分工,业主不必再从事房屋建设的具体事务。可以将这种分工称为"商品使用价值层面的分工"。但房地产开发业与购房业主之间的分工不仅限于此,而进一步深入到商品价值层面,在房地产商品的价值构成"C + V + M"中,M 是剩余价值,在利润平均化的市场条件下,即转化为平均利润(P'),是房地产开发商因承担了房屋建设资金"C + V"在开发过程中的预先支付而产生的潜在风险,而应该获得的风险回报。而在"建房业主 + 建筑商"的房屋建设模式中,建筑商并不承担房屋建设资金"C + V"的垫付义务[1]。因此,可以说,在"购房业主 + 房地产开发商"的分工模式下,房地产开发商不仅替购房业主完成了其如果作为自行建设者而需要自行完成的建筑生产活动

---

[1] 现实生活的例外属于非正常市场的现象。

（这是形成房屋使用价值的基础），而且替购房业主承担了其如果作为建房业主而必须承担的在房屋建设过程中的资金投入及其相应的风险（这是形成房地产商品价值的基础）。因此"购房业主＋房地产开发商"的分工模式属于"商品价值层面的分工"。房地产是耐用期很长的商品，房地产的价值"C＋V＋M"并不是一次性转移到房地产使用者所生产出的商品、服务或劳动力再生产结果①的价值中去的。因此，购房者实质上是投资者，他（她）在购房时所支付的房地产价格（在正常的市场条件下即等于房地产的价值"C＋V＋M"），是在未来很长的使用期内房地产所持续提供的服务（即承载、容纳生活、生产活动的"动态使用价值"）的对价。如果购房者是出于自身对这种服务的直接需求而购房，也就意味着，作为消费者的他（她）必须同时也是一个投资者。房地产出租业的出现，意味着房地产价值层面的分工进一步深化：房地产消费者不必再承担投资者的工作（积累及筹集资金、风险分析与投资决策、风险控制）了，因为房地产出租人已将这份工作承接过去。可见，房地产业的形成与发展，都是分工不断深化的结果。

根据新兴古典经济学的分工理论，分工演进的速度受到交易费用②的制约，交易费用系数越低，分工水平就越高；反之则越低。交易费用取决于交易技术、制度安排和城市化因素（杨小凯、张永生，2003：90）。分工的内生演进（一种动态机制，指在任何经济参数都不发生外生变化时，分工会随时间的流逝而自发地演进）可以用动态全部均衡模型予以解释：在初始阶段，人们对各种生产活动都没有经验，生产率很低，因此付不起交易费用，只好选择自给自足。当每个人慢慢在每种活动中积累了一些经验，生产率慢慢地提高，因而能负担得起一点交易费用，于是选择较高的专业化水平。通过市场自由择业和自由价格机制，这些自利决策的交互作用会使整个社会的分工水平提高。升高的专业化水平反过来加速了经验积累和技能改进，使生产率进一步上升，此时每个人在权衡专业化将带来的报酬和当前增加的交易费用后，认为可以付更多交易费用，因此反过来会进一步增加专业化水平。这样，良性循环过程就会出现。这个过程使分工演进越来越快（杨小凯、张永生，2003：167～169）。

由于在房地产生产、流通、消费各环节的各种经济活动各自有不同的专业

---

① 即人的体力和脑力的增长。

② 参见脚注16。

要求，房地产业内部存在着专业化经济和分工经济。分工程度和分工格局则受各种房地产经济活动的交易费用影响。如果某种房地产经济活动因专业化而提高效率所产生的收益，大于因专业化而产生的交易费用，则该种经济活动就会成为一个独立的房地产行业。交易费用受交易技术、制度安排和城市化因素的影响，其中尤以制度安排因素影响最为明显。制度安排包括法律法规、政府的行政管理和道德共识。

6.1.2 房地产流通与房地产流通方式演进

分工与私有产权制度建立的结果是商品的出现，商品离不开流通。在商品经济运行中，流通作为社会再生产过程的一个重要环节，始终发挥着重要的作用，并呈现出地位不断提高，作用日益增强的趋势。以至于在现代市场经济中，"生产已经完全建立在流通的基础上"（马克思、恩格斯，1974：371，376）。房地产流通，作为房地产经济运行的一个重要环节，其在房地产经济中的地位和作用也日趋显著。在自由市场经济条件下，房地产流通具有自发演进、不断发展的过程，从而规定了房地产业内生演进的基本路径。

6.1.2.1 房地产流通的内涵与特点

房地产流通，"是房地产产品实现的过程，这个过程是通过市场进行的。这个实现过程，就构成了房地产交易市场。房地产市场的交易活动，主要有房地产的买卖、租赁和抵押三种流通方式"（宋春华等，1993：40）。从历史的角度去考察，房地产流通的三种方式并不是同时出现的，它们在房地产流通中的作用，也不是一成不变的，而是由于房地产商品的自身特点，随着房地产业与其他产业之间以及房地产业内不同行业之间分工的自发演进而相应出现的。

房地产商品是价值量巨大、耐用时间长、具有空间固定性的特殊商品，从而致使房地产流通具有不同于一般商品流通的特点，同时也使得人们对房地产流通产生了不同的需要。首先，"商品流通是商品的多次交换行为所连接成的商品价值转换和商品实体运动的过程"（晏维龙，2004：9），而房地产流通由于房地产的空间固定性，并不呈现出商品实体运动的过程，而是以房地产产权运动的形式出现。房地产产权是由房地产占有权、使用权、收益权和处分权四项基本权能组成的"权利束"。"权利束"中的不同部分，还可以组合成各种房地产他项权利（租赁权、抵押权等），因此，房地产流通实质上是房地产价值转换和产权运动的过程，而不同的产权类型运动，可以构成不同的房地产流通形式。其次，房地产既是可以直接使用的消费品（住宅）或生产资料（商

173

用房地产），又是具有保值、增值和信用担保功能的资产品，并非所有的主体都需要房地产的多种功能，同时，房地产巨额的价值也并不是所有人都有能力支付的。因此，虽然以房地产全额价值和所有权运动为实质的房地产买卖一直是房地产流通的基本形式，但是，如何创新房地产流通形式以满足人们的多种需要，一直是房地产市场内生的发展动力。于是，租赁和抵押就出现了。

6.1.2.2　房地产流通方式的演进

虽然房地产租赁很早就存在了，但租赁成为房地产市场上一种主要的房地产流通形式，是在房地产投资人与使用人分离的条件下才形成的。而这一情况又主要表现在商用房地产领域，包括写字楼、商铺、旅馆、餐厅、度假村、游乐场、健身俱乐部、高尔夫球场、服务式公寓①、工业房地产等。美国房地产业发展的实际情况表明，商用房地产作为各种企业的生产资料，在其发展的早期阶段经常是被需要这种生产资料的企业直接购买并持有的（虽然也有被承租的），如商店拥有店铺，工厂拥有仓库，宾馆企业拥有酒店物业。但是，商用房地产这种生产资料与其他大多数生产资料有一个显著的区别就是它属于固定资产，而且价值量巨大、耐用期长。商用房地产的价值是在漫长的耐用期内逐步转移到用家（也就是使用它的企业）所生产或提供的商品与服务中的。随着商品经济的发展，各行各业的规模化、专业化趋势日益加强。商用房地产巨大的价值量给规模化、专业化的用家带来沉重的负担。商用房地产空间固定、流动性弱的不动产特征，也不能适应用家在变化日益加快的市场上对经营场所要适应企业经营模式调整的灵活性要求。于是，在分工自发演进的经济规律作用下，出现了商用房地产持有者与商用房地产使用者的分离：商用房地产更多地被拥有雄厚资金的金融机构（如保险公司、投资银行、养老基金）所持有，而各种需要使用商用房地产的企业则向这些金融机构租赁商用房地产。在房地产租赁交易中，承租人在承诺支付租金后所获得的是租赁权，它是以租赁合同为权利存在前提的债权。因此，房地产租赁与房地产买卖等房地产转让的流通方式有着本质的区别：由物权的流通转变为债权的流通。"债是法律上可期待的信用，是商品经济的产物，具体而言，债是承认让渡商品和实现商品价值在时间上分离的结果，债权制度确认了这种分离造成的结果的合理性，由于债权制度的设立，给商品交换带来了巨大的方便，使商品交换超出了地域、时间和个人的限制。"（黄达、刘鸿儒、张肖，1990：112~113）在房地产租赁

---

① 或称酒店式公寓，英文称 apartment，是指由多个住宅单元组成并全部用于出租的住宅建筑。

交易中，出租人，也就是房地产的产权人，其在获得产权时一次性支付（或在相对较短的时间内分期支付）的资金，不能像在房地产买卖中那样一次性收回，而是在相对较长的租赁期内逐步收回。因此，只有那些对现金流的要求符合这一特点的主体才能承担投资人和出租人的角色。可见，房地产租赁流通形式的发展正是社会分工自发演进的结果。

房地产抵押作为一种流通方式，是房地产部分价值（可用抵押贷款支付的价值）和部分权利组合（抵押权）的运动，它对于房地产流通的主要作用在于促进了房地产买卖。因为房地产抵押使房地产购买人对房地产产权的占有和支付房地产价值这两种行为在时间上的分离成为可能，而同时又保证了房地产出售人在让渡房地产产权的同时得以实现房地产全额价值。在这一过程中，信用所发挥的关键作用也是显而易见的。抵押权的设立及运动只是为信用提供担保而已。然而，房地产抵押的流通经济学意义还不仅仅局限于此。自20世纪70年代以来，在美国发展起来的房地产抵押二级市场，使得房地产这种实物性、异质性、空间固定性、单位价值量大的资产品，通过证券化而转化为一种金融产品（CMBS），从而在其流通对象、地域范围上大大突破了原有的限制。

从买卖到租赁、抵押，可以看出，房地产流通方式的演进是沿着如何通过流通中的产权形式创新来实现房地产价值运动的重构这一方向发展的，而房地产价值运动的重构总是以有利于提高价值实现的可能性为宗旨的，它或者是通过价值支付时点的分散化，或者是通过价值支付主体的分散化，或者是将以上两者结合。房地产流通演进的这一路径，到了20世纪60年代更取得了创造性的继承和发挥，并主要表现在房地产投资信托（REITs）和分时度假产品的出现及其以后的发展上。

6.1.2.3 房地产流通方式的突破

1960年，美国国会通过了《国内税收法典》（Internal Revenue Code）的修订条款，正式开创了房地产投资信托制度（Real Estate Investment Trusts）。1961年美国颁布《房地产投资信托法案》，1965年美国首个REITs上市，1969年荷兰首个REITs上市。此后，虽然在20世纪70～80年代，REITs主要局限于美国并遭受了种种挫折，但自20世纪90年代以来，REITs在美国、欧洲、以及本世纪以来的亚洲，都取得快速的发展（参见第五章表5-11）。目前，以公司法人形式直接投资、持有并管理收益性房地产的权益型REITs是REITs的主流，它通过公开发行其公司股票汇集来自于民间的大量分散的资金，将之投资于各类商用房地产并进行租赁经营，并按有关法律规定将近乎于100%的投资收益回馈给广大股东。由于 REITs 并非仅仅以其持有房地产向社会提供所谓"由物提供的服务"，而是迭加了其他服务（主要是"由人提供的服务"）内容，如持有并经营购物中心的 REITs 并非单纯地出租购物中心的房产，它们还为承租购物中心内商铺的商家提供整体营销推广服务，其本身的综合化、规模化也为商家带来更多的客流。正因为如此，近十几年来，REITs 优秀的投资回报表现吸引了成千上万的投资者，使购买 REITs 成为替代直接投资房地产的最佳方式，以至于许多原来直接投资于商用房地产，但并不擅长经营商用房地产的金融机构（如人寿保险公司、养老基金），也转而购买 REITs 股票来优化其投资组合。同时，REITs 股票可以在证券市场上自由流通，这就使得大量商用房地产在保持管理者、使用者相对稳定的同时，灵活、方便地进行着实质意义上的产权与价值运动。可见，REITs 公司在商用房地产流通中的角色类似于物理学意义上的某种能量转换装置，通过这一转换装置，原本流动性很弱的商用房地产转化成为具有良好流动性的金融资产。根据美国全国房地产投资信托协会（NAREIT）的有关报告，截至到 2006 年 1 月 31 日，美国 REITs 共有 198 家房地产投资信托基金上市交易，市值达到 3584.38 亿美元，平均每天交易量达到 20.11 亿美元。其中权益型 REITs（Equity REITs）为 153 家，市值达到 3279.53 亿美元，平均每天交易量为 17.79 亿美元。

分时度假是在欧美发展起来的另一种房地产流通转化形式。它最初是度假者分别购买度假地同一房间不同时段的产权，共同维护、分时使用房产的一种度假方式，后由购买房屋产权转为购买房屋使用权，同时可以通过时段交换网络与其他度假村或饭店的度假时段使用权进行置换。《欧盟分时度假指令》（European Union Timeshare Directive）将其定义为："所有有效期在 3 年以上、规定消费者在按某一价格付款之后，将直接或间接获得在 1 年的某些特定时段（这一期限要在一周以上）使用某项房产的权利的合同，住宅设施必须是已经建成使用、即将交付使用或即将建成的项目。"分时度假最初是旅游业人士的创造。20 世纪 60 年代，德国人亚历山大·奈特将他管理的一家旅馆按时段分别出售给不同的度假者，并给予每个购买者在一定时期内享有度假地房产的住宿和娱乐设施的权利，同时允许这种权利转让和出售。这就是分时度假的雏形，此后这一形式很快被房地产开发商利用，成为销售房地产的创新形式。20 世纪 70 年代中期，美国经济衰退造成大量房地产（特别是别墅）积压，开发商们通过将完整的住宿单元合法地分成 52 周时段的形式，把大量在建或尚未销售的积压房地产转变为分时度假产品，大大提高了这些房产的可销售性，取得了巨大的成功。当时的分时度假销售形式只是使部分度假房产产权的拥有者可以在同等产权条件下，换取不同时间段，不同地区的其他度假房产的使用权。此后，这一形式不断发展，有多种方式可供灵活选择，1990 年迪斯尼公司率先推出了点数制，即把结构、价格、地点各不相同的一批度假房产的住宿和娱乐服务按点数定价，顾客购买一定量的点数后可在同点数级别内的所有度假房产内自由消费而不受住房面积、停留时间和消费项目等因素的限制。点数制后来逐渐发展成为"分时度假交换系统"，并在 20 世纪 90 年代因互联网的支持而得到迅猛发展。2007 年全美分时度假系统销售额为 100.6 亿美元，比2006 年增长 6%①。从本质上看，现在的分时度假产品已不是单纯的房地产，而是由其提供商所提供的一种包含了特定房产的使用权和有关服务的服务性商品。分时度假交换系统中流通的也并不是度假房地产的所有权（甚至使用权），而是购买者依据销售合同对分时度假产品提供商所拥有的债权。

REITs 和分时度假的出现与发展，使房地产流通突破了其原有的内涵，以与房地产产权密切关联的股权、债权的流通替代了房地产产权的流通，克服了房地产商品单位价值量大、流动性差的缺点，大大提高了房地产价值运动的速度和范围，从而在实质上促进了房地产流通。同时，REITs 和分时度假的出现与发展，也说明房地产在与其他资产（如家具、设备、人力等）结合后更易于流通。可见 REITs 和分时度假对于房地产流通具有划时代的意义。

6.1.3 中美房地产业发展演进路径的差异分析

从美国房地产业发展的历史来看，它兴起于房地产开发业，这与社会经济发展中的城市化阶段是密切相联的。传统的房地产开发业通过开发各种类型的房地产商品并通过销售来获得收益，这与汽车、家电制造等制造业并无本质的不同，因而可视为一种"类制造业"。当房地产流通演进到租赁成为主要流通方式之一时，许多房地产开发商（特别是商用房地产开发商）也逐渐转型为房地产出租人，他们在房地产开发完成后并不是将其出售，而是自己持有并对外出租。房地产出租人是典型的服务业。在北美产业分类体系（NAICS）中，房地产出租人与房地产经纪以及与房地产有关的其他经济活动（如房地产估价、物业管理等）共同组成了房地产业（产业编号 531）。由于房地产价值量

---

① 数据来源：美国度假地开发协会（ARDA）http：//www. arda. org/AM/Template. cfm？Section = State_ of_ the_ /ndustrg.

巨大，房地产出租人（不包括转租人）实质上也是投资人，必须拥有雄厚的长期资金，因此，并非所有的房地产开发商都能完成这种转型。与此同时，REITs 由于拥有良好的资本来源通道，自然而然地由原来以投资房地产抵押权为主转为以投资房地产实体而进行租赁经营为主。从美国房地产业发展的沿革及房地产业的现状来看，房地产业始终朝着专业化分工不断细化的方向发展，基本上符合分工自发演进的客观规律。

目前在中国，房地产业内部分化为房地产开发业、房地产中介服务业和物业管理三大类。房地产开发业主要从事土地开发和物业开发。房地产中介服务业主要针对房地产流通而提供中介服务，主要分为房地产估价业和房地产经纪业，房地产咨询并没有形成稳定且独立的专业化行业。房地产估价业为房地产交易、房地产资产管理、土地征用、房屋动拆迁等提供价格评定的经济鉴证类服务；房地产经纪业为房地产交易者提供代理、居间服务。物业管理针对房地产的使用过程提供建筑及设备、绿化的维护、安保、保洁等服务。

以上这种行业结构格局是从三个行业原点（房地产开发业、房地产估价业和房屋置换业）分化、组合而成的。房地产开发业是在二十世纪八九十年代随着中国土地使用制度改革、住房商品化而出现的。房地产估价业则是在同一时期应城市土地定级估价和城市房屋动拆迁补偿评估的需要而发展起来的，当时大都属于政府机关的下属部门，后因房地产估价师执业资格制度的法律认定以及九十年末推行的脱钩改制（即与政府脱钩，改制为只能由估价师自然人出资的企业），而成为目前中国房地产业中极其独立的一个行业。房屋置换业主要是从 1996 年开始随着各大城市开放公有住房使用权置换和售后公房上市而出现的。房地产开发业在发展过程中，一部分人员分化出来，形成了商品房销售代理业和物业管理业。其中的商品房销售代理业与稍后出现的房屋置换行业被合称为房地产经纪业，但两者之间在实际商业运作上的融合并不充分。

中国房地产业的这种行业分化格局，并不具有均衡意义，而事实上始终处于一种不断演进的状态，这其中，最具表征性的是与房地产行业分化相伴的房地产营销代理模式的演变。

二十世纪九十年代中期，在当时因经济宏观调控，房地产市场低迷的背景下，商品房销售代理业从开发业中分离出来，以其专业的商品房销售代理服务形成了与房地产开发业的代理－委托关系。最早的代理模式常常没有关于最低承销面积的约定。一些代理商的机会主义行为（代理商单纯从自身利益出发，只管将代理楼盘中好销的房源尽快销售并提取佣金，剩下销售困难的房源，让开发商独自面对），使房地产开发商渐渐厌恶这种代理模式。此后，出现了约定最低承销比例的销售代理模式（代理商完成承销楼盘总面积的一定比例后才能按双方约定的比例得到佣金）。在这两种模式阶段，销售过程中的市场推广费和销售费用通常由开发商支付。自 1997 年以来，开发商对营销策划的作用日益重视，一些房地产营销策划企业便应运而生并专注于承担策划业务。然而，开发商逐渐意识到：用不菲的策划费所换来的策划报告并不一定能指导自己的销售部门或销售代理商取得良好的销售业绩（内生交易费用过大）。于是，一方面开发商开始要求代理商在承销投标时提交营销策划报告，这迫使销售代理商必须充实自己的策划力量；另一方面，许多营销策划商开始培养自己的销售队伍，主动承接销售代理业务。如此一来，房地产营销策划企业自然地融入了商品房销售代理业，营销策划这一本质上属于房地产咨询的中介服务，也由专业化分工转为销售代理商的自给自足。与此同时，这使得商品房销售代理商承接业务的资金投入明显增加（增加了营销策划费用）。此外，开发商也逐渐将原本由自己承担的广告费、售楼处费用等向代理商转嫁。此后，又出现了商品房包销代理模式，通常是开发商与代理商谈定一个包销底价和包销面积，同时约定付款方式，无论是否售出，代理商都必须按合同支付包销款。但代理商有权确定包销房源的销售价格，并赚取其与包销底价之差价①。此时房地产营销代理商的行为已从服务行为演变为投资行为。其所提供的"动态的使用价值"——"房屋销售"并没有卖给房地产开发商，而是提供给作为投资者的自己（作为资本投入），以获得投资收益——差价。

可见，在中国房地产市场上，商品房营销策划服务和销售服务都显示出从专业化到自给自足的反向演进轨迹，这与新兴古典经济学的分工内生演进理论是完全相悖的。

长期以来，中国房地产开发项目中经常存在投资者缺位的现象。首先，房地产开发项目的投资者必须具有雄厚的资金实力。由于中国资本市场和金融体制未能形成为房地产开发项目提供充足资金的直接融资渠道，加上中国房地产开发业存在着制度性进入壁垒（参见第四章），经济社会中的其他主体不易进入房地产开发市场，因此，长期以来，中国房地产开发企业被迫担当开发项目

① 在目前的政策框架下，房地产"包销"已经属于非法的经营模式，但在中国房地产市场发展的历史过程中，它曾经流行，并引起了许多争论。

投资者和管理者的双重角色，而实际上相当数量的开发企业并不具备雄厚的资本。其次，房地产开发项目的投资者必须具有较强的风险规避能力（具体包括战略决策、投资管理水平以及影响这两点的市场分析能力、创新能力等）。在专业化分工的经济体中，市场分析、创新、战略决策和投资管理都是可以由智力资本以提供"动态使用价值"——专业服务的方式来提供的。但是，由于中国现有制度安排的缺陷，专业服务的内生交易费用较大，房地产开发商通常不愿意通过市场交易来获取这类服务。而相当数量的中国房地产开发企业自身缺乏投资决策和管理的专业人才，也没有形成高效的企业管理模式，因此基本不具备有效规避风险的能力。很多房地产开发商充其量只是项目过程中程序化工作的具体实施者。与此同时，由于长期在房地产市场上直接与消费者接触，并在涉猎各类不同开发项目的销售过程中不断比较、鉴别，一些销售代理商逐步形成了较强的市场分析能力和创新能力，进而掌握了相对较强的风险规避能力。一旦这些企业因种种原因掌握了规模化资本的支配权，就基本具备了投资者的条件，必然会想方设法尝试投资行为。商品房包销代理模式，正在房地产开发商将自己不能胜任的投资者角色部分地转移给具有投资者能力的商品房销售代理商的一种方式。

6.2 房地产业的发展、演变

6.2.1 房地产业资产经营模式的演变

在房地产市场的发展过程中，房地产买卖作为房地产流通的基本形式，与以开发、销售模式为基本经营模式的房地产开发业作为房地产业的核心，是两者并存的状况。这一阶段房地产业的资产运营模式可以抽象地概括为图 6-1。在这种模式下，企业的主要收益来自于商品房销售收入与开发投资（初始投资、追加投资及财务费用等）的差额。这是一种以资本增值收益为主的资产运营模式。

在房地产租赁的流通形式中，收入来源于日常的租金收入和投资持有期末的资产转售收入。租赁经营者的收益来自于投资持有期内现金流的净现值（见图 6-2）。这是一种以现金流收益为主的资产运营模式。美国的商用房地产的经营主要采取这种模式。这也是 REITs 的典型资产运营模式。

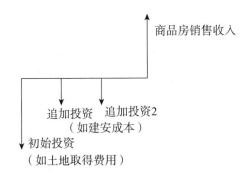

图6-1 以销售为主的房地产开发的资产运营模式

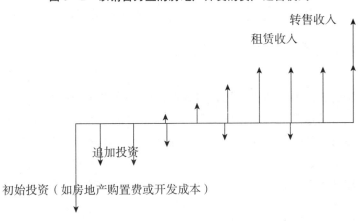

图6-2 以租赁为主的房地产经营模式

　　从房地产流通演进的路径来看，通过创新流通中的权利类型，以及将房地产与其他资产结合，重构房地产流通的价值运动模式，以提高房地产的功能性，并有利于房地产价值支付主体和支付时点的分散化，从而提高房地产流通的可能性、速度并扩大流通主体的范围，是市场机制作用下的必然规律。而在这一演进的过程中，房地产业，作为房地产资产的运营者，必然从注重资本增值的运营模式转向注重现金流的运营模式。这实质上也是房地产业从不成熟向成熟转变的标志，并已被国际房地产业的发展状况所应证。日本早稻田大学川口有一朗教授认为，中国、日本和美国正好处于这一资产运营模式演变的三个不同阶段（见图6-3）。但是，中、日、美三国的经验也说明，实现这一资产运营模式转变的前提是市场能自发产生适应新运营模式的经营主体。这一主体必须拥有充足的长期资金，而这又与金融市场的状况密切相关。

图 6 – 3　房地产资产运营模式的演变①

6.2.2　房地产业内部行业结构的演变

房地产开发作为一种资金密集型的活动，对投资者具有必然的需求。而房地产流通演进的基本规律也表明，房地产流通环节也对房地产投资者有着必然的要求。在市场经济条件下，房地产买卖作为房地产市场交易的主要方式，是房地产流通的最基本形式。如前所述，在房地产买卖关系中，无论房地产购买方的动机如何，购买行为本质上是一种投资行为。但事实上，并非所有的房地产使用者都具备投资者的基本条件。因此房地产流通环节也存在着投资者与使用者分工的潜在可能。从美国房地产市场发展的历史经验看，当房地产租赁成为房地产流通的主要方式之一时，房地产流通环节中的分工经济就是显而易见的了。因为房地产租赁是房地产投资者与使用者分工，并通过交易来实现各自利益的房地产流通方式。在房地产租赁关系中，投资者出资购买、持有房地产，并出租给使用者——租客，后者则按期支付租金——房地产所提供的服务的对价，同时也正是房地产投资者投资收益的主要来源（投资者的投资收益另外还来源于投资持有期末房地产的转售收入）。

房地产开发与房地产流通对投资者的必然要求，导致房地产业行业分化具有一种必然的趋势：只要市场机制能充分发挥作用，房地产业内部的分工演进会自发地催生作为房地产投资者的新兴房地产行业。从美国房地产业发展的实际情况来看，作为房地产投资者的房地产出租业者，有相当大一部分是从"类制造业"的房地产开发商转型而来。房地产开发业发展的"倒 U 曲线"

---

① 引自川口有一郎 2006 年 11 月 20 日在上海易居房地产研究院的演讲 PPT "Real Estate Markets"。

（参第二章2.3）实际上是与房地产业行业结构的这种演化规律有关。同时，房地产投资者在投资活动中需要进行的各种专业活动，凡适合外包的（即内生交易费用适度，并小于分工带来的效益增加），就有可能形成独立的房地产服务业（参见表6－1）。

表6－1　房地产生产环节、分工与行业分化

房地产生产环节	房地产工作类别	房地产工作细类		内生交易费用	行业
生产	房地产开发	投资决策		大	房地产投资
		融资	直接融资	——	房地产投资
			间接融资	一般	房地产金融
		产品开发		大	房地产投资
		开发过程管理		一般	房地产开发
流通	买卖	房地产销售	销售方案策划	大	房地产销售代理
			市场推广	大	
			销售	一般	
	租赁	出租物业经营	物业经营管理	大	房地产投资
			租赁方案策划	大	房地产租赁代理
			市场推广	大	
			招租	一般	
消费		物业管理	建筑、设施维修	小	房地产设施管理
			绿化、景观养护	小	绿化
			保安	小	保安
			保洁	小	保洁

6.2.3　房地产业社会经济职能的演变

随着房地产业的发展、演进，房地产业的社会经济职能也逐渐变化。房地产业在其发展的早期阶段，以生产环节（房地产开发）为主，主要为社会提供生活、生产的基础性物质产品———各类住宅和商用房地产。而随着房地产流通方式的进化，大量的产业资源甚至社会资源向房地产流通环节投入，形成

了房地产业内新的行业——房地产出租业，主要为社会提供一种动态的使用价值——房地产的使用及其相关的服务。

以美国房地产出租业中的后起之秀——自 20 世纪 90 年代以来迅猛发展的权益型 REITs 来看，其主要功能是出租房地产。根据 2002 年美国国家统计局的产业统计数据，持有并出租房地产，是美国 REITs 业的主营业务（参见表6－2）①。

因此，在市场机制作用下的房地产业内部行业分化，将自发地形成资金和专业实力雄厚的房地产投资业（它们也是最主要的房地产出租人），和为房地产投资业服务的房地产开发、房地产金融、房地产经纪（销售代理、租赁代理）、房地产设施管理等细分行业。房地产投资业对资金的高度依赖，使得该行业主要通过资本市场从社会直接融资，因此一般必须是上市企业或具有社会融资功能的金融机构。在美国，房地产的主要投资者包括投资银行、REITs、保险公司、养老基金等。这其中，REITs 与其他金融机构有明显不同之处。REITs 因法律限制，只投资于房地产，而非像其他金融机构一样仅仅将房地产作为投资组合中的一种投资品，而且，权益型 REITs 是通过直接的专业化房地产经营管理，使其持有的房地产产生持续、可观的收益。所以权益型 REITs 实质上正是分工演进机制催生出来的专业房地产投资业（北美产业分类体系 NAICS 过去曾将 REITs 归入 525 的"基金、信托及其他金融工具"，但 2007 版已将其中的权益型 REITs 归入 531 的"房地产"中）。由于 REITs 建立在特定的法律和金融体制基础之上，因此，在不具备这些基础的国家（地区），房地产投资业更多是由上市的房地产开发企业演变而来。如中国香港，房地产市场上的主要投资者是新鸿基、和记黄埔等房地产上市公司。房地产投资决策、房地产产品开发、租赁物业经营管理等活动，由于内生交易费用较大，通常会由房地产投资业自行承担。而房地产开发过程管理、销售、招租和物业管理中的各种专业化管理，因内生交易费用适度，会在市场机制条件下的分工演进过程中、成为独立的房地产开发业、房地产经纪业和房地产设施管理业的服务内容（物业管理中更为专业化的绿化、保安、保洁则进一步外化，由房地产业以外的各相应行业承担）。房地产间接金融主要由金融业提供。销售、租赁中所需的销售（租赁）方案策划、市场推广工作，一方面内生交易费用较大，不易

---

① 正因如此，北美产业分类体系（NAICs）2007 年修订版将原来隶属于金融业的权益型 REITs 并入房地产业中的房地产出租人（产业编号 5311）。

外化为独立的专业性行业，另一方面其专业性与销售、租赁工作更接近，其成效也主要是从销售、租赁的业绩中反映，因此会由房地产经纪业承担，作为其自我服务的工作。

表 6 – 2　2002 年美国房地产投资信托业收入结构

产业或产品线细类	机构数	产业、产品线收入（千美元）	产品线收入占产业收入的比例
房地产投资信托（Real Estate Investment Trusts – REITs）	1，912	22，873，655	100.0
出租自有房地产的租金收入（Gross rents from real property owned by this establishment）	1，819	18，157，844	79.4
房地产经纪佣金收入（Real estate brokerage fees and commissions）	28	15，175	0.1
物业管理收费（Property management fees）	512	510，905	2.2
运营方租金折让提成或佣金收入（Receipts and /or commissions from operators of concessions on your premises）	6	652	0.0
为他人建筑、重建和维修而获得的收入（Revenue from construction, remodeling, and repair work done for others）	22	41，276	0.2
出售自有房地产的净收入（Net gains (losses) form sales of real property owned by this establishment）	354	1，326，995	5.8
其他投资净收入（other investment income – net）	66	145，391	0.6
利息收入（Interest Income）	409	2，223，662	9.7
其他收入（Other revenue）	299	392，183	1.7

资料来源：2002 Economy Census, Finance and Insurance, Subjects Series *by US CENSUS BUREAU*。

尽管目前房地产投资信托（REITs）在美国房地产业总产出中所占的比重并不大，但其十倍于房地产业其他行业的年均增长率①，使人们可以预料它的未来前景，而与此同时，可以推断房地产业的经济职能将以提供服务为主。

美国房地产投资信托（REITs）业的研究还显示，以权益型 REITs 为代表的现代规模化房地产出租企业，其所提供的服务是一种高度专业化的服务。例如，购物中心的经营者必须深知零售商业的经营之道，以及如何整合购物中心内的各种业态。因为购物中心内不同商业、服务业业态的数量和空间组合，所形成的是不同的整体。只有达到整体大于部分之合，购物中心的经营者才实质上创造了价值，才有可能实现购物中心物业的最高最佳使用，从而给购物中心的资产持有者带来增值收益。正是这种服务的专业化，使房地产投资存在着专业化经济。在市场规律的作用下，权益型 REITs 的存在与发展，让个人、企业等多种其他经济主体放弃了充当房地产直接投资人的动机和行动。第四章表4 –22、4 –23 显示，1982 年 ~ 1999 年（正是权益型 REITs 快速发展的时期），美国住户（households）、非盈利组织（non-profit organizations）和非金融组织（non-financial companies）总资产中房地产所占比重均明显下降，这是否由权益型 REITs 的存在与发展所引起？对此，本书采取格兰杰检验方法，对房地产信托投资基金规模（简称 REITs）与非金融机构持有房地产规模（简称 NO-RA）之间的内在关系，进行以下实证分析：

（一）原始数据选取

数据1：非金融机构持有房地产规模（表6 –3）

表6 –3　1990 ~ 2007 年各季度美国非金融机构持有的房地产资产价值

数据名称	Nonfinacial Organizations Real Estate
数据来源	美联储统计数据 www. federalreserve. gov/releases/z1/
时间跨度	1990 年 1 季度 ~ 2007 年 4 季度
单位	美元（百万）
1990Q1	800944
1990Q2	799486
1990Q3	800664

---

① 根据 DATAMONITOR 的有关报告，2000 –2004 年全球房地产信托投资（REITs）年均复合增长率（CAGR）为 23. 7%，而 2001 –2005 年全球房地产管理与开发的年均复合增长率仅为 2%。

数据名称	Nonfinacial Organizations Real Estate
数据来源	美联储统计数据 www. federalreserve. gov/releases/z1/
时间跨度	1990 年 1 季度～2007 年 4 季度
单位	美元（百万）
1990Q4	800896
1991Q1	797662
1991Q2	793713
1991Q3	774059
1991Q4	755396
1992Q1	743671
1992Q2	731449
1992Q3	717908
1992Q4	706367
1993Q1	704165
1993Q2	702885
1993Q3	706021
1993Q4	709399
1994Q1	720355
1994Q2	732411
1994Q3	741526
1994Q4	752824
1995Q1	758482
1995Q2	762343
1995Q3	772333
1995Q4	782616
1996Q1	790583
1996Q2	802862
1996Q3	814304

续表

数据名称	Nonfinacial Organizations Real Estate
数据来源	美联储统计数据 www. federalreserve. gov/releases/z1/
时间跨度	1990 年 1 季度 ~ 2007 年 4 季度
单位	美元（百万）
1996Q4	832407
1997Q1	862497
1997Q2	882195
1997Q3	904776
1997Q4	935765
1998Q1	972368
1998Q2	1015244
1998Q3	1030014
1998Q4	1050502
1999Q1	1069907
1999Q2	1096653
1999Q3	1105237
1999Q4	1126642
2000Q1	1151246
2000Q2	1187642
2000Q3	1214152
2000Q4	1235675
2001Q1	1243046
2001Q2	1245548
2001Q3	1247612
2001Q4	1239881
2002Q1	1259644
2002Q2	1270691
2002Q3	1289621

数据名称	Nonfinacial Organizations Real Estate
数据来源	美联储统计数据 www. federalreserve. gov/releases/z1/
时间跨度	1990 年 1 季度~2007 年 4 季度
单位	美元（百万）
2002Q4	1309047
2003Q1	1341359
2003Q2	1362578
2003Q3	1384223
2003Q4	1412078
2004Q1	1439289
2004Q2	1470533
2004Q3	1508197
2004Q4	1565670
2005Q1	1603818
2005Q2	1682721
2005Q3	1733171
2005Q4	1790856
2006Q1	1859238
2006Q2	1936549
2006Q3	1999051
2006Q4	2041108
2007Q1	2102671
2007Q2	2184856
2007Q3	2250622
2007Q4	2326044

数据 2：REITs 规模（表 -4）

表 6 - 4 1990～2007 年各年美国 REIT 业资本化总值

数据名称	REIT Industry Market Capitalization
数据来源	http：//www. reit. com
时间跨度	1990 年～2007 年
单位	美元（百万）
1990	8737
1991	12968
1992	15912
1993	32159
1994	44306
1995	57541
1996	88776
1997	140534
1998	138301
1999	124262
2000	138715
2001	154899
2002	161937
2003	224212
2004	307895
2005	330691
2006	438071
2007	312009

（二）单位根检验

在进行格兰杰因果关系检验前，需要首先确认时间序列的平稳性。本书采用扩展的 Dickey – Fuller（简称 ADF）检验及 Phillips – Person（简称 PP）检验法，来检验各变量序列的平稳性（为揭示可能的变量之间的非线性，所有变量都预先对数化处理）。在检验前，本书画出了非金融机构的房地产规模（NORA）与房地产信托投资资金规模（REITs）之间的趋势图。从图 6 - 4 可以看出，NORA 与 REITs 在原始数据状态下（经对数化后），即两者的水平序列均存在明显的趋势性，不满足平稳序列的要求。而图 6 - 5 经过差分后（Diff 表示一阶差分）的数据则表现出稳定序列的一些特征，因此可以进一步通过 ADF 与 PP 检验来证明序列是否满足一阶差分稳定。

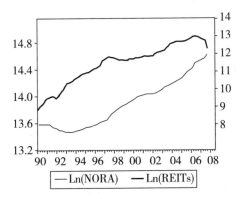

图 6 - 4　水平序列的 NORA 与 REITs 趋势

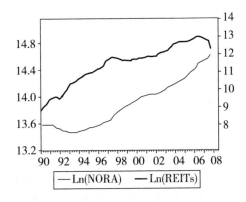

图 6 - 5　差分后的 NORA 与 REITs 趋势

这里采用 ADF 检验和 PP 检验两种方法同时验证。ADF 检验 PP 检验的具体检验结果如下表：

表6-5 1990~2007年美国房地产信托投资基金规模
（REITs）与非金融机构持有房地产规模（NORA）ADF 检验结果

变量	ADF 检验			
	统计量	临界值	P-value	结论
Ln（NORA）	-2.81	-3.16	0.19	I（1）
Diff Ln（NORA）	-3.48	-3.47*	0.05	
Ln（REITs）	-1.39	-2.59	0.58	I（1）
Diff Ln（REITs）	-2.29	-1.95*	0.02	

表6-6 1990~2007年美国房地产信托投资基金规模
（REITs）与非金融机构持有房地产规模（NORA）PP 检验结果

变量	PP 检验			
	统计量	临界值	P-value	结论
Ln（NORA）	-1.99	-3.16	0.59	I（1）
Diff Ln（NORA）	-3.28	-3.17	0.08	
Ln（REITs）	-0.77	-3.16	0.96	I（1）
Diff Ln（REITs）	-2.23	-1.61*	0.03	

检验结果显示，NORA 与 REITs 均满足 I（1），即经过一阶差分后，序列是平稳的。

（三）格兰杰因果检验

针对单位根检验的结果，本书选取了一阶差分后的变量进行格兰杰因果关系的检验。在正式采用格兰杰因果检验之前，必须确定格兰杰因果检验的滞后阶数，这里采用 SC 信息准则加以确定，然后利用确定的阶数来检验两者之间的格兰杰因果关系，检验结果如下表6-7：

表6-7 1990~2007年美国房地产信托投资基金规模
（REITs）与非金融机构持有房地产规模（NORA）不同阶数下 SC 的信息量

变量	Lag1	Lag2	Lag3	Lag4
Diff Ln（NORA） - Diff Ln（REITs）	-9.07	-8.92	-8.65	-8.51

由上表可知，NORA 与 REITs 变量之间因果关系的滞后阶数可以确定为
1 阶

表 6 - 8   1990 ~ 2007 年美国房地产信托投资基金规模
（REITs）与非金融机构持有房地产规模（NORA）格兰杰因果检验表

零假设	F - 统计量	P - 值
NORA 的变化不是引起 REITs 变化的格兰杰原因	0.26	0.61
REITs 的变化不是引起 NORA 变化的格兰杰原因	4.05	0.05

从表 6 - 8 可知，我们不能拒绝 NORA 的变化不是引起 REITs 变化的格兰
杰原因的这样一个原假设，但却可以在 5% 的显著性水平上拒绝 REITs 的变化
不是引起 NORA 变化的格兰杰原因的这样一个原假设，即 REITs 的变动是引
起 NORA 变动的格兰杰原因。

正如林毅夫所言[1]："社会科学的理论在本质上是一个用来解释社会现象
的逻辑体系……对一个理论的批评，不是针对其内部逻辑的一致性问题，就是
针对其逻辑推论与经验事实之间的一致性问题。如果一个理论在逻辑上挑不出
毛病，各个有关的推论也不被已知的经验事实所证伪，经济学界就应该暂时接
受这个理论。即使还有保留意见也只能从更多新的经验事实着手，以求证
伪它。"

根据本书对中美国房地产业发展、现状的实证分析，可以认为，在正常市
场条件下，房地产业的发展演进轨迹是，从以生产环节（房地产开发）为主
的"类制造业"，转化为真正意义上的服务业，从向社会提供有形的产品——
房地产，转为提供"服务"——房地产的使用功能或者从事房地产专业活动
的人力资源及相关资源的使用功能。相应地，房地产业不再是它兴起时的那种
"高比例负债和投机性开发的产业"（Linneman，Peter，2001：8），其产业运
营从以资本增值为主的运营模式转向以现金流收益为主的运营模式，此时，房
地产租赁市场发达，房地产市场更接近于"房地产两市场四象限模型"（见第
二章 2.4.1）所描述的状态，因而房地产市场波动大大减少[2]。而且，房地产

---

[1]　在祝贺《经济研究》创刊 40 周年时的讲话。

[2]　2001 年，美国著名房地产学者，宾夕法尼亚大学沃顿商学院教授 Peter Linneman 指出："即使
空置率达到了自 1993 年来都没出现的水平，房地产业所产生的副作用已经被控制到很有限的程度。"
（Peter Linneman, The Force Changing Real Estate Forever: Five Years Later, Zell/LURIE REAL ESTATE
CENTER, 2001, Page 8.）

业对 GDP 的贡献，不再以不断增加对土地（特别是耕地）的占用为前提。这样的房地产业，较易与国民经济保持一种和谐的关系。其次，房地产业更多地涉及到非住宅领域（参见表 3），意味着更多的房地产以专业化分工的方式被投资、使用，因而可以通过市场机制实现帕累托最优，这必然大大增进社会福利。第三，通过 REITs 实现的房地产业收益分散化也使得房地产业具有有助于总体经济运行中分配环节良性运行的积极作用。

第七章

结论与启示

7.1　基本结论

7.1.1　中美房地产业内涵、属性和社会功能的异同

从内涵上看，中美房地产业都是包含房地产开发、经营、管理和服务的产业群体，而且房地产开发业都是房地产业中最为重要的行业。但是，两者之间存在着明显的差异：中国房地产业是以住宅的开发、销售为核心内容，兼含物业管理和房地产中介服务；而美国房地产业是以商用房地产（包括出租公寓）的开发、租赁和房地产经纪为核心内容，兼含住宅和住宅用地的开发、销售以及物业管理、房地产估价等。

中美房地产业都属于第三产业，并具有波动性、区域性的特征，都与国民经济其他产业有很强的关联性。但是，在波动性方面，无论从短周期还是中周期来看，中国房地产业的波动频率都高于美国房地产业；在产业关联性方面，中国房地产业的后向关联度高，美国房地产业则前向关联度高。中国房地产业的主体部分——以开发、销售为主要经营模式的住宅开发业，本质上属于非服务业，美国房地产业的主体——房地产出租业和房地产经纪业属于服务业。因此，从总体上看，中国房地产业的"非服务业"特征明显，美国房地产业则以服务业为基本产业特征。中美房地产业在产业组织特征方面也有明显差别，总体来看，美国房地产业（特别是住宅开发、房地产经纪和房地产估价）的进入壁垒较低，但商用房地产开发和租赁的资本规模壁垒较高，商用房地产业物业管理的专业化壁垒较高。中国房地产业存在着较强的制度性进入壁垒，其中在房地产开发业方面，主要由土地制度制约，在房地产中介服务业方面，主要受政府对企业专业人员数量限制的制约。在产品差异化程度方面，中国房地产业高度集中于物质类产品——住宅产品，美国房地产业则以服务类"产品"为主，并广泛涉及种类繁多的各类"物"（即商用房地产）所提供的服务和各

种"人"所提供的服务，产品差异化程度大大高于中国。从 33 家在香港上市的以中国大陆的房地产开发为主要业务的房地产开发公司，与 13 家在纽约股票交易所上市的美国房地产持有和开发公司的比较来看，中国房地产开发企业的利润水平大大高于美国同行。

中美两国房地产业都为本国的社会经济发展发挥着基础产业功能，但以开发、销售模式的房地产开发业为主体的中国房地产业，其基础作用主要体现在提供作用生产、生活空间的房地产物质产品，而以房地产服务业为主体的美国房地产业，其基础作用更多地体现在为房地产使用者提供"由房地产的'物'所提供的服务"，因此美国社会中各类房地产使用人，有条件在"租"或"买"之间理性选择。中美两国房地产业对本国的经济增长都具有积极的贡献作用。但在中国主要是由于房地产业的投资拉动作用，如从产业增加值对 GDP 的贡献来看，中国房地产业尚未在全国范围内达到主导产业（或中国所称的支柱产业）的标准。由于统计技术层面原因，美国经济统计数据所显示的美国房地产业增加值是被放大了的，如扣除业主自用住房所提供的服务，美国房地产业增加值占 GDP 的比重稍高于主导产业标准，贡献程度强于中国同行。中美两国房地产业均对本国社会财富存在的重要形式——房地产产生影响，但美国房地产业不仅对这一财富存在形式的形成起到重要的作用，其发达的房地产服务业（特别是房地产经纪和物业管理）对这种财富的市场配置、保值增值发挥着不同替代的关键作用，中国房地产业受产业主体类别的影响，其作用主要体现在房地产物质产品的形成上，而以开发、销售模式的房地产开发业为主体的行业结构，在很大程度上决定了房地产租赁市场的不完善，房地产租买选择机制基本缺失，房地产市场容易形成房地产泡沫，导致虚幻的财富假象。中美房地产业对社会就业都有一定的贡献，但相对于其产值（或产业增加值）而言，这种贡献并不突出。同时，中美两国房地产业的就业岗位结构有较大差异，美国房地产服务业对就业的贡献非常大，而中国房地产服务业对就业的贡献尚不显著。中国房地产业对地方政府的财政收入有重要的影响，并主要是通过房地产开发业受让国有土地使用权，而向地方政府支付土地使用权出让金的方式为地方财政增加收入，这一影响具有较强的不可替代性。美国房地产业对地方财政的直接贡献并不明显，主要是通过房地产出租业缴纳财产税的方式，其贡献具有很强的可替代性。

7.1.2　中美房地产业差异的主要形成原因

中美房地产业之间的上述差异，是在诸多外生因素的作用下，同时也受到中美国房地产业在房地产业发展、演进过程中所处的不同阶段影响而产生的。

在外生因素方面，制度环境的影响是非常深刻而巨大的，经济制度与经济体制、法律体系、房地产相关法律体系、政府对房地产业的管理（干预）制度乃至房地产业自我管理制度，都对房地产业的内涵、属性及其经济与社会功能产生重要的影响。在政府对房地产（业）的管理（干预）制度中，土地制度和税收制度的影响最甚。中美经济制度的根本差异，不仅影响着房地产业的进入壁垒，而且从根本上决定了土地市场的基本格局。英美法系与大陆法系的区别，直接影响了相关房地产法律法规体系的建设状况和基本格局，从而赋予中美房地产业不同的法律环境。中美土地制度和土地所有制方面的根本性差别，对中美两国房地产业的产业组织特征有重要影响。中美房地产税收体系在税种类型结构和税收收入的税种结构上存在明显差异，不仅影响了房地产业对地方财政收入的影响作用方式、程度和可替代性，也影响了地方政府对房地产业的态度和管理手段，从而导致两国房地产业本质上的诸多差异。中美两国在社会经济环境特别是城市化水平和产业结构上的巨大差异，从根本上决定了中美两国房地产业在内涵、属性方面的差异。两国房地产金融市场发育程度的巨大差异，更为两国房地产业业务类型结构和基本经营模式的差异提供了强有力的解释。

从美国房地产业发展的沿革及房地产的现状来看，房地产业始终朝着专业化分工不断细化的方向发展，基本上符合分工自发演进的客观规律，并且已经演进到比较高级的阶段。中国房地产业受制度安排的影响，其发展、演进的轨迹有与分工自发演进相悖的情况出现。

7.1.3　房地产业发展、演进的基本规律

房地产业的形成与发展，是分工不断深化的结果。在自由市场经济条件下，房地产流通具有自发演进、不断发展的过程，从而规定了房地产业内生演进的基本路径。房地产流通方式的演进是沿着如何通过流通中的产权形式创新来实现房地产价值运动的重构这一方向发展的，而房地产价值运动的重构总是以有利于提高价值实现的可能性为宗旨的，它或者是通过价值支付时点的分散化，或者是通过价值支付主体的分散化，或者是将以上两者结合。在这一演进过程中，房地产业内部逐渐产生行业分化，将自发地形成资金和专业实力雄厚的房地产投资业（它们也是最主要的房地产出租人），和为房地产投资业服务的房地产开发、房地产金融、房地产经纪、房地产设施管理等细分行业。房地产业从以生产环节（房地产开发）为主的"类制造业"，转化为真正意义上的

服务业，从向社会提供有形的产品——房地产，转为提供"服务"——房地产的使用功能或者从事房地产专业活动的人力资源及相关资源的使用功能。相应地，房地产业不再是它兴起时的那种以投机为基本特征的产业，其产业运营从以资本增值为主的运营模式转向以现金流收益为主的运营模式，因而其直接导致的房地产市场波动大大减少。而且，房地产业对 GDP 的贡献，不再以不断增加对土地（特别是耕地）的占用为前提。这样的房地产业，较易与国民经济保持一种和谐的关系。其次，房地产业使得全社会更多的房地产以专业化分工的方式被投资、使用，因而可以通过市场机制实现帕累托最优，这必然大大增进社会福利。再次，通过房地产服务业的高级形式实现的房地产业收益分散化也使得房地产业具有有助于总体经济运行中分配环节良性运行的积极作用。

7.2 对中国房地产业发展的启示

7.2.1 关于房地产业的功能定位

房地产业发展、演进的规律显示，房地产业在其发展、演进的早期，主要显示出基础产业的功能特征，并具有对经济的投资拉动作用和增加地方财政收入的作用。但是，以"类制造业"性质的房地产开发业为主体的行业结构，会阻碍房地产租买选择机制的形成，从而减弱房地产市场的自我调节机制，使房地产市场极易产生泡沫；同时，"类制造业"性质的房地产开发业以不断占用土地为发展基础，其追求资本增值的资产经营模式使得房地产业自身财富的增长与其对社会福利的贡献不平衡。这些负面影响的逐渐显现会导致房地产业与社会经济整体之间产生矛盾并不断加剧。如果房地产业能够按照其自身的演进规律发展，那么，随着房地产业的演进和发展，房地产业可以以一种与社会和整体经济更为和谐的关系为社会成员创造福利，包括促进经济增长、提高全社会房地产资产的利用效率和配置效率，以及有助于经济运行分配环节的合理运行等。当前被人们诟病的诸多中国房地产业问题，主要与中国房地产业演进的较低阶段有关。中国政府在房地产业问题上的两难处境则不仅与中国房地产业演进的较低阶段有关，也与政府对房地产业的功能定位有关。因此，政府应改变仅仅看重房地产业对经济增长的促进作用，转而以发展的眼光，对中国房地产业的经济与社会功能进行前瞻性定位，推动中国房地产业按照市场规律自发演进，在发展中解决现实存在的诸多问题。

7.2.2 关于政府对房地产业的干预

中美房地产业发展的实际情况均表明，政府对房地产的干预是必要的，完全放任的自由市场经济既不利于房地产业的发展，更有可能影响到整体经济运行。但是，政府的干预要有助于房地产业按照市场机制下的产业发展、演进规律向前发展，而不能完全出于政府的主观目的来进行。中国政府首先应着重在进一步完善房地产市场体系和促进房地产市场公开透明（如政府房地产信息的公开化）两个方面实施干预。

从房地产市场体系方面来看，自上世纪 90 年代末以来，中国城市居民从过去的福利住房体制转入市场化住房体制，"居者有其屋"成为大众的基本居住观念，住房买卖市场发展迅速。以开发、销售为基本经营模式的住房开发业成为中国房地产业的主体，住房租赁市场的供给主体主要由非职业化的个人承担，导致住房租买效用不可完全替代，住房租买选择机制基本缺失。而工业化、城市化的快速发展，推动房地产快速升值。在这种情况下，近 10 年来中国大中城市新建商品住房价格和二手住房价格持续上涨，同时，商品住房开发建设投资快速增长，投资过热现象频频出现。自 2003 年以来，中央政府曾先后多次出台紧缩银根、地根以及增大住房交易税费等政策，以期控制房价，但效果不佳。近 10 年来，中国住房市场价格几乎没有约束地持续上涨，并与住房租金的变动趋势曲线渐行渐远。在有些年份，重大调控政策虽然使房地产买卖市场交易量迅速萎缩，但房价下降幅度并不明显，或持续时间不长后又转为上升。而因政策形成的房地产买卖市场"急速降温"常常对经济产生不良影响。可见这些调控政策并未改变中国住房市场泡沫形成和发展的内在机制。根据房地产两市场四象限模型推演的结果来看，中国政府应抓紧研究如何通过政策干预来建立住房租赁市场，以形成住房市场上的租买选择机制。而这其中，一项重要的工作就是如何建立市场化的租赁住房供应体系，除了推动房地产业按照其演进的内在规律发展以期自发形成房地产出租业外，还可从保障土地供给、建立住房租赁相关法律法规和建立房地产出租业的资本渠道三方面入手。政府可从规划环节入手，将城市住宅用地的一定比例定向于租赁住房用地，吸引一部分有长期投资意向的社会资本进入住房出租业。从发达国家的经验来看，建立完善的住房租赁法律制度，可以充分提高住房承租人的权益，实质上提升了租赁住房的服务品质，提高了其与自有住房的可替代性，从而可以有效刺激租赁住房市场需求，有利于住房出租业的形成。我国可充分借鉴发达国家的经验，加紧研究、制定住房租赁法规，规范住房租赁市场。至于建立房地产出租业的资本渠道，则是一项更为艰巨的任务，涉及金融体制改革与房地产金融体系的完善。

7.2.3　关于金融体制改革与房地产金融体系

中国房地产业的"类制造业"特征，与中国房地产开发的主流模式有关。而房地产开发的"开发、销售"模式是与中国现有的金融体制和房地产直接金融体系的不发达相适应的。因此，主要针对房地产开发业，紧缩银根、地根等以"堵"为主的宏观调控，难以真正解决房地产市场和房地产业的问题（尤其是其政治经济层面的问题）。因此，要完善中国房地产市场和房地产业，非常重要的是要加强中国金融体制的改革，完善金融市场机制，鼓励房地产直接到金融市场发展。在当前由美国次贷危机引发的全球金融、经济危机中，不应因噎废食，将有关房地产金融创新推迟甚至取消，而应抓住危机中存在的机遇，加紧研究制定中国房地产金融体系的创新方案。

从中国房地产业"服务业"属性不充足的现状来看，政府应着重考虑培育、扶持房地产出租业的举措：

首先，尽快引入房地产信托投资基金（REITs），完善房地产出租业的资本市场通道。

房地产出租需要大量长期资金作为置地购房、维护修复的基础，而租金偿付的长期性、稳定性、低风险也促使出租房地产成为优良的投资品。但是中国现有的资本市场操作工具难以满足房地产出租业对资金的长期性要求，若完全依赖于银行贷款又会加剧银行的流动性风险。因此开放房地产投资信托基金具有重要的意义。

REITs（房地产投资信托基金）是一种以发行收益凭证的方式汇集特定多数投资者的资金，由专门投资机构进行房地产投资经营管理，并将投资综合收益按比例分配给投资者的一种信托基金。它一方面满足了资金需求者对资金的需求，一方面带给投资者低风险且稳定的回报，可谓建立房地产出租业资金供给渠道的良方。

其次，建立公积金、养老金、社保基金等社会公共基金投资于住房出租业的资本通道。

在住房市场上，目前房价已大大偏离租金所决定的住房价值，住房出租经营的收益率较低，因此，短期内发行住房REITs的可行性不足。但是，值得注意的是，我国目前存在着规模可观的社会公共基金，如住房公积金、养老金和社保基金。这类基金都属于长期资金，且规模不断增大。以住房公积金为例，

"2005～2008年全国住房公积金年度缴存额分别为2359.21、2927.90、3542.93和4469.48，三年间年均增长率为23.74%。……，只要公积金制度继续采取广覆盖城镇就业群体与工资挂钩强制缴存的方式，住房公积金必将成为中国最大的由公共机构托管的集合型私人基金。"（丛诚，2009：67）。而且，住房公积金、养老金、社保基金这类强制性缴存基金对资金的回报率要求不高。因此，这类社会公共基金是住房出租业的良好资本来源。从另一方面来看，住房公积金、养老金、社保基金等社会公共基金，目前也大多存在着资金运用率不高、资金贬值等问题。以住房公积金为例，"截至2007年底，住房公积金贷款运用率仅52.83%，中西部地区仅为20%～30%"（丛诚，2008：96～98）。由于缺乏良好的资金运营，住房公积金贬值严重。因此，将一部分住房公积金、养老金、社保基金等强制性缴存基金投资于租赁住房，不仅可解决当前发展住房出租业面临的缺乏长期资金来源问题，也在一定程度上有助于提高公积金、养老金、社保基金的资金运用效率，有助于这类基金的保值增值。可先从公积金开始试点，等积累一定经验后推广至养老金和社保基金。具体做法可以是由住房公积金管理部门直接购买现房或先购置土地再聘请开发商进行开发，以投资者的身份长期持有住房，委托专业的房地产资产经营管理公司对这些住房进行租赁经营，也可以由住房公积金管理部门以信托方式将投资于租赁住房的资金交由专业的房地产资产经营管理公司进行住宅投资、租赁经营。由公积金投资的租赁住房，根据住房租赁市场行情确定、调整租金。

表目录

图目录

附录一　美国主要的全国性房地产企业名录

企业名称	企业简介
房地产开发企业	
1. Archstone – Smith	Owners, operators, developers and acquirers of apartments in major metropolitan areas across the country. Includes information on companies, apartments, and careers plus information for investors. 全国范围主要都市区域的物业拥有者，运营商，开发商以及公寓的购买者。包括有关公司，公寓物业，和职业经理人以及提供给投资者的信息。
2. Equity Office Properties Trust	Offers nationwide office property search engine, careers and investor relations. 提供全国范围内办公物业的搜索引擎，职业经理人和投资者关系。
3. Federal Realty Investment Trust	Specializing in the ownership, management, development and re – development of shopping centers and street retail properties located in major metropolitan markets across the United States. 专门于美国各地主要城市市场的购物中心和街头零售物业的所有权获得，管理，开发以及再开发。
4. General Growth Properties（GGP）	Publicly traded real estate investment trust that owns, develops, and operates regional shopping malls across the United States. 公开交易的房地产投资信托基金，它拥有开发和经营美国各地的区域购物中心。
5. Kimco Realty Corporation	Owns, manages, leases, develops, and acquires shopping centers across the USA. 拥有，管理，租赁，开发，以及获取整个美国的购物中心。

续表

企业名称	企业简介
房地产开发企业	
6. National Retail Properties	Equity real estate investment trust owns, builds and manages single tenant net–leased retail properties nationwide. Includes investor relations, real estate services, and property info. 股本房地产投资信托基金持有，建造并管理全国范围内只用于租赁的单一租客零售物业租赁。包括投资者关系，房地产服务和物业信息。
7. United Dominion Realty Trust, Inc.	Develops, manages, acquires, and selectively sells apartment complexes nationwide, particularly in the West and South. Stock is traded on the New York Stock Exchange under the symbol UDR. 在全国范围内开发，管理，获取以及有选择性地出售综合公寓物业，特别是在西部和南部。它的股票以符号 URD 在纽约证交所交易。
房地产咨询企业	
1. CB Richard Ellis Group, Inc.	全国性房地产咨询、估价、经纪、物业管理公司。
2. Cushman and Wakefield	全国性房地产咨询、估价、经纪、物业管理公司。
3. Grubb & Ellis Company	全国性房地产咨询、经纪公司。
4. Jones Lang Lasalle Inc.	全国性房地产咨询、估价、经纪、物业管理公司。
5. Urban Concepts	Nationwide consultants in land use planning, zoning entitlement, due diligence and architecture offering information on projects and services. 作为全国性顾问在土地利用规划、分区制权利、所作的调查和建筑方面提供关于项目和服务的信息。
房地产投资信托公司	
1. American Invsco	Nationwide condominium development company. Company overview, current property listings and success stories featured. 全国性公寓开发公司。公司介绍，目前的财产清单和成功事例等。

续表

企业名称	企业简介
房地产投资信托公司	
2. Carma Developers LP	Developer of residential communities across North America. Includes o-verview of each community, corporate profile, news, job openings. Locations in Canada and the U. S. 主要开发北美的住宅社区。包括每个社区概要，企业简介，企业新闻，就业机会。地点在加拿大和美国。
3. CarrAmerica	Focuses primarily on the acquisition, development, ownership and operation of office properties in suburban growth markets in the United States. 主要集中在获取，发展，拥有和运营美国郊区成长市场上的办公物业。
4. Chelsea Property Group	Developer of outlet centers in the United States, Mexico, and Japan; includes complete property listings and investor information. 在美国，墨西哥和日本开发折扣购物中心；包括完整的财产清单和投资者的信息。
5. Crescent Heights	Luxury condominium developer offering details on projects in New York, Los Angeles, Atlanta, Chicago, and Miami. 豪华公寓开发商，它提供在纽约，洛杉矶，亚特兰大，芝加哥和迈阿密的项目的详细资料。
6. Eamonn Ryan Group	Residential and commercial developer with projects in Ireland, the UK, and the US. Features properties and company profile. 住宅和商业开发商，项目主要在爱尔兰，英国和美国。提供物业特征和公司简介。
7. Heller Industrial Parks	Heller Industrial Parks owns and leases more than 13 million sq. Ft. of warehouse / distribution buildings nationwide. Warehouses for rent in NJ, IL, TX, IN, KY, PA and FL Heller 工业园区拥有和租赁全国范围内 1300 多万平方英尺的仓库/物流中心。这些可出租的仓库在新泽西州，IL，得克萨斯州，肯塔基州，宾夕法尼亚州和 FL。
8. Horne Properties, Inc.	A nationwide (US) commercial real estate property development company focused on the development of strip shopping centers. 全国性（美国）的商业房地产物业发展公司，重点发展条状的购物中心。
9. The Kalikow Group, Inc.	Nationwide commercial and residential real estate developers. Includes company information, project portfolio, press releases, and investment criteria. Based in Westbury, NY. 全国商业和住宅房地产开发商。提供包括公司信息，项目组合，新闻发布和投资标准。总部设在美国纽约的韦斯特伯里。

企业名称	企业简介
房地产投资信托公司	
10. Terrabrook	Mixed – use community developer owns, develops and manages residential properties throughout the US and Puerto Rico. Includes properties, news, and builder programs. 多功能社区开发公司，开发和经营整个美国和波多黎各的住宅物业。包括性能，新闻和建筑项目。
11. Tricor Group USA	A real estate, finance, development and construction company providing services nationwide to all entities. 作为一家集房地产，金融，开发和建筑于一身的公司为全国的所有个体提供服务。
12. Young Woo & Associates	Developer of commercial, industrial and technology real estate properties throughout the United States, Europe and Asia. 开发整个美国，欧洲和亚洲的商业，工业和用于技术开发的房地产。

附录二 在纽约证券交易所上市的美国房地产公司

1. Real Estate Holding & Development 房地产持有和开发

Companies that invest directly or indirectly in real estate through development, management or ownership, including property agencies. Excludes real estate investment trusts and similar entities, which are classified as Real Estate Investment Trusts.

指直接或者间接地通过开发，管理或持有方式进行房地产投资的公司，包含物业代理，不包括其他投资在房地产信托基金和相似产权的公司（它们列入房地产投资信托基金公司）。

http://www.nyse.com/about/listed/1120128534208.html? ListedComp = US

Name 名称	Symbol 符号	备注
American Realty Investors, Inc.	ARL	
FOREST CITY ENTERPRISES INC	FCEB	
Forest City Enterprises, Inc.	FCEA	
Forest City Enterprises, Inc.	FCY	
Forestar Real Estate Group Inc.	FOR	
Hilltop Holdings Inc.	HTH	07、06
Hilltop Holdings Inc.	HTHPRA	
Icahn Enterprises L. P.	IEP	
Icahn Enterprises L. P.	IEPPR	
St Joe Co.	JOE	
Tejon Ranch Co.	TRC	
Transcontinental Realty Investors Inc.	TCI	
W. P. Carey and Co. LLC	WPC	06

2. Real Estate Services 房地产服务

http：//www.nyse.com/about/listed/1208602858304.html？ListedComp = US

Name 名称	Symbol 符号	备注
CB Richard Ellis Group, Inc.	CBG	
Grubb & Ellis Company	GBE	06
HFF, Inc.	HF	
Jones Lang Lasalle Inc.	JLL	

3. Residential Real Estate Investment Trusts　住宅房地产投资信托基金

http：//www.nyse.com/about/listed/1208602856377.html？ListedComp = US&start = 21&startlist = 1&item = 2&firsttime = done

Name 名称	Symbol 符号	备注
American Campus Communities, Inc.	ACC	
American Land Lease, Inc.	ANL	
American Land Lease, Inc.	ANLPRA	
Apartment Investment & Management Company	AIV	
Apartment Investment & Management Company	AIVPRY	
Apartment Investment & Management Company	AIVPRV	
Apartment Investment & Management Company	AIVPRU	
Apartment Investment & Management Company	AIVPRT	
Apartment Investment and Management Company	AIVPRG	
Associated Estates Realty Corporation	AEC	
Associated Estates Realty Corporation	AECPRB	
AvalonBay Communities, Inc.	AVB	
AvalonBay Communities, Inc.	AVBPRH	
BRE Properties Inc.	BREPRC	
BRE Properties Inc.	BREPRD	
BRE Properties, Inc.	BRE	
Camden Property Trust	CPT	
Education Realty Trust, Inc.	EDR	
Equity Lifestyle Properties, Inc.	ELS	
Equity Residential	EQR	

续表

Name 名称	Symbol 符号	备注
Equity Residential	EQRPRN	
Equity Residential	EQRPRH	
Equity Residential	EQRPRE	
Essex Property Trust, Inc.	ESS	
Home Properties, Inc.	HME	
Mid America Apartment Communities Inc.	MAA	
Mid America Apartment Communities Inc.	MAAPRH	
Post Pptys Inc	PPSPRA	
Post Pptys Inc	PPSPRB	
Post Properties Inc.	PPS	
Sun Communities Inc.	SUI	
UDR, Inc.	UDR	
UDR, Inc.	UDM	
UDR, Inc.	UDRPRG	

4. Retail Real Estate Investment Trusts 零售业房地产投资信托基金

http://www.nyse.com/about/listed/1208602855669.html? ListedComp = US&start = 41&startlist = 1&item = 3&firsttime = done

Name 名称	Symbol 符号	备注
Acadia Realty Trust	AKR	
Agree Realty Corporation	ADC	
Alexanders Inc.	ALX	
CBL & Associates Properties, Inc.	CBL	
CBL & Associates Properties, Inc.	CBLPRC	
CBL & Associates Properties, Inc.	CBLPRD	
Cedar Shopping Center, Inc.	CDR	
Cedar Shopping Center, Inc.	CDRPRA	
Developers Diversified Realty Corporation	DDR	
Developers Diversified Realty Corporation	DDRPRI	
Developers Diversified Realty Corporation	DDRPRH	
Developers Diversified Realty Corporation	DDRPRG	
Equity One Inc.	EQY	
Federal Realty Investment Trust.	FRT	

Feldman Mall Properties, Inc.	FMP	
General Growth Properties Inc.	GGP	
Getty Realty Corporation.	GTY	
Glimcher Realty Trust	GRT	
Glimcher Realty Trust	GRTPRF	
Glimcher Realty Trust	GRTPRG	
Inland Real Estate Corporation	IRC	
Kimco Realty Corp.	KIM	
Kimco Realty Corp.	KIMPRF	
Kimco Realty Corporation	KIMPRG	
Kite Realty Group Trust	KRG	
Macerich Co.	MAC	
National Retail Properties, Inc.	NNN	
National Retail Properties, Inc.	NNNPRC	
Pennsylvania Real Estate Investment Trust	PEI	
Ramco Gershenson Properties Trust.	RPT	
Realty Income Corp. Monthly Income Senior Notes	OUI	
Realty Income Corporation	O	
Realty Income Corporation	OPRD	
Realty Income Corporation	OPRE	
Regency Centers Corporation	REG	
Regency Centers Corporation	REGPRC	
Regency Centers Corporation	REGPRD	
Regency Centers Corporation	REGPRE	
Saul Centers Inc.	BFS	
Saul Centers Inc.	BFSPRA	
Saul Centers Inc.	BFSPRB	
Simon Property Group, Inc.	SPG	
Simon Property Group, Inc.	SPGPRI	
Simon Property Group, Inc.	SPGPRJ	

Tanger Factory Outlet Centers, Inc.	SKT	
Tanger Factory Outlet Centers, Inc.	SKTPRC	
Taubman Centers, Inc.	TCO	
Taubman Centers, Inc.	TCOPRG	
Taubman Centers, Inc.	TCOPRH	
Urstadt Biddle Properties Inc.	UBA	
Urstadt Biddle Properties Inc.	UBP	
Urstadt Biddle Properties Inc.	UBPPRC	
Urstadt Biddle Properties Inc.	UBPPRD	
Weingarten Realty Investors	WRI	
Weingarten Realty Investors	WRIPRD	
Weingarten Realty Investors	WRIPRE	
Weingarten Realty Investors	WRIPRF	

5. Specialty Real Estate Investment Trusts　特殊物业房地产投资信托基金

http：//www. nyse. com/about/listed/1208602859410. html？ ListedComp ＝ US&start ＝ 41&startlist ＝1&item ＝3&firsttime ＝done

Name 名称	Symbol 符号	备注
Cogdell Spencer Inc.	CSA	
DuPont Fabros Technology	DFT	
Extra Space Storage, Inc.	EXR	
HCP, Inc.	HCP	
HCP, Inc.	HCPPRF	
HCP, Inc.	HCPPRE	
Cogdell Spencer Inc.	CSA	
DuPont Fabros Technology	DFT	
Extra Space Storage, Inc.	EXR	
HCP, Inc.	HCP	
HCP, Inc.	HCPPRF	
HCP, Inc.	HCPPRE	
Health Care REIT, Inc.	HCN	
Health Care REIT, Inc.	HCNPRD	

续表

Health Care REIT, Inc.	HCNPRF	
Health Care REIT, Inc.	HCNPRG	
Healthcare Realty Trust Inc.	HR	
LTC Properties Inc.	LTC	
LTC Properties, Inc.	LTCPRE	
LTC Properties, Inc.	LTCPRF	
Medical Properties Trust, Inc.	MPW	
National Health Investors Inc.	NHI	
Nationwide Health Properties Inc.	NHP	
Nationwide Health Properties, Inc.	NHPPRB	
Omega Healthcare Investors, Inc	OHI	
Omega Healthcare Investors, Inc	OHIPRD	
Plum Creek Timber Company, Inc.	PCL	
Potlatch Corporation (Holding Company)	PCH	
Public Storage	PSA	
Public Storage	PSAPRN	
Public Storage	PSAPRM	
Public Storage	PSAPRL	
Public Storage	PSAPRK	
Public Storage	PSAPRI	
Public Storage	PSAPRH	
Public Storage	PSAPRG	
Public Storage	PSAPRF	
Public Storage	PSAPRE	
Public Storage	PSAPRD	
Public Storage	PSAPRC	
Public Storage	PSAPRB	
Public Storage	PSAPRA	
Public Storage	PSAPRZ	
Public Storage	PSAPRX	
Public Storage	PSAPRW	

Public Storage	PSAPRV	
Public Storage	PSAA	
Rayonier Inc.	RYN	
Senior Housing Properties Trust	SNH	
Sovran Self Storage Inc.	SSS	
U – Store – It Trust	YSI	
Universal Health Realty Income Trust.	UHT	
Ventas Inc.	VTR	

6. Diversified Real Estate Investment Trusts　混合（型）房地产投资信托基金

http：//www. nyse. com/about/listed/1208602859464. html？ ListedComp ＝ US&start ＝ 21&startlist = 1&item = 2&firsttime = done

Name 名称	Symbol 代码	备注
Colonial Properties Trust	CLP	
Colonial Properties Trust	CLPPRD	
Cousins Properties Inc.	CUZ	
Cousins Properties Inc.	CUZPRA	
Cousins Properties Inc.	CUZPRB	
Entertainment Properties Trust	EPR	
Entertainment Properties Trust	EPRPRB	
Entertainment Properties Trust	EPRPRC	
Entertainment Properties Trust	EPRPRD	
Lexington Realty Trust	LXP	
Lexington Realty Trust	LXPPRB	
Lexington Realty Trust	LXPPRC	
Lexington Realty Trust	LXPPRD	
One Liberty Properties, Inc.	OLP	
Vornado Realty Trust	VNO	
Vornado Realty Trust	VNOPRA	
Vornado Realty Trust	VNOPRE	
Vornado Realty Trust	VNOPRF	
Vornado Realty Trust	VNOPRG	

续表

Vornado Realty Trust	VNOPRI	
Vornado Realty Trust	VNOPRH	
Washington Real Estate Investment	WRE	

7. Hotel & Lodging Real Estate Investment Trusts　酒店或公寓房地产投资信托基金

http：//www.nyse.com/about/listed/1208602857207.html？ ListedComp ＝ US&start ＝ 21&startlist＝1&item＝2&firsttime＝done

Name 名称	Symbol 代码	备注
Ashford Hospitality Trust, Inc.	AHT	
Ashford Hospitality Trust, Inc.	AHTPRA	
Ashford Hospitality Trust, Inc.	AHTPRD	
DiamondRock Hospitality Company	DRH	
FelCor Lodging Trust	FCH	
FelCor Lodging Trust Inc.	FCHPRA	
FelCor Lodging Trust Inc.	FCHPRC	
Hersha Hospitality Trust	HT	
Hersha Hospitality Trust	HTPRA	
Hospitality Properties Trust	HPTPRB	
Hospitality Properties Trust	HPTPRC	
Hospitality Properties Trust.	HPT	
Host Hotels & Resorts, Inc.	HST	
Host Hotels & Resorts, Inc.	HSTPRE	
Lasalle Hotel Properties	LHO	
Lasalle Hotel Properties	LHOPRB	
LaSalle Hotel Properties	LHOPRD	
Lasalle Hotel Properties	LHOPRE	
LaSalle Hotel Properties	LHOPRG	
Strategic Hotel & Resorts, Inc.	BEE	
Strategic Hotel & Resorts, Inc.	BEEPRA	
Strategic Hotel & Resorts, Inc.	BEEPRB	
Strategic Hotel & Resorts, Inc.	BEEPRC	
Sunstone Hotel Investors, Inc.	SHO	

Sunstone Hotel Investors, Inc.	SHOPRA	

8. Industrial & Office Real Estate Investment Trusts　工业或办公楼房地产投资信托基金

http：//www. nyse. com/about/listed/1208602855550. html？ ListedComp ＝ US&start ＝ 41&startlist＝1&item＝3&firsttime＝done

Name 名称	Symbol 代码	备注
Alexandria Real Estate Equities Inc.	ARE	
Alexandria Real Estate Equities Inc.	AREPRC	
AMB Property Corporation	AMB	
AMB Property Corporation	AMBPRL	
AMB Property Corporation	AMBPRM	
AMB Property Corporation	AMBPRO	
AMB Property Corporation	AMBPRP	
BioMed Realty Trust, Inc.	BMR	
BioMed Realty Trust, Inc.	BMRPRA	
Boston Properties, Inc.	BXP	
Brandywine Realty Trust	BDN	
Brandywine Realty Trust	BDNPRC	
Brandywine Realty Trust	BDNPRD	
Caplease, Inc.	LSE	
Caplease, Inc.	LSEPRA	
Corporate Office Properties Trust	OFC	
Corporate Office Properties Trust	OFCPRG	
Corporate Office Properties Trust	OFCPRH	
Corporate Office Properties Trust	OFCPRJ	
DCT Industrial Trust Inc.	DCT	
Digital Realty Trust, Inc.	DLR	
Digital Realty Trust, Inc.	DLRPRA	
Digital Realty Trust, Inc.	DLRPRB	
Douglas Emmett, Inc.	DEI	
Duke Realty Corporation	DREPRO	
Duke Realty Corporation	DREPRN	

Duke Realty Corporation	DREPRL
Duke Realty Corporation	DREPRK
Duke Realty Corporation	DREPRJ
Duke Realty Investments Inc.	DRE
Duke Realty Investments Inc.	DREPRM
Eastgroup Properties Inc.	EGP
First Industrial Realty Trust, Inc.	FR
First Industrial Realty Trust, Inc.	FRPRK
First Industrial Realty Trust, Inc.	FRPRJ
First Potomac Realty Trust	FPO
Highwoods Properties Inc	HIWPRB
Highwoods Properties Inc.	HIW
HRPT Properties Trust	HRPPRB
HRPT Properties Trust	HRPPRC
HRPT Properties Trust	HRPPRD
Hrpt Properties Trust.	HRP
Kilroy Realty Corporation	KRCPRE
Kilroy Realty Corporation	KRCPRF
Kilroy Realty Corporation.	KRC
Liberty Property Trust	LRY
Mack Cali Realty Corporation.	CLI
Maguire Properties, Inc.	MPG
Maguire Properties, Inc.	MPGPRA
Parkway Properties Inc.	PKY
Parkway Properties Inc.	PKYPRD
Prime Group Realty Trust	PGEPRB
Prologis	PLD
Prologis	PLDPRF
ProLogis	PLDPRG
SL Green Realty Corp.	SLGPRC
SL Green Realty Corp.	SLGPRD

SL Green Realty Corporation	SLG	
Winthrop Realty Trust	FUR	

9. Mortgage Real Estate Investment Trusts 抵押型房地产投资信托基金

http：//www.nyse.com/about/listed/1208602855917.html？ListedComp ＝ US&start ＝ 41&startlist ＝ 1&item ＝ 3&firsttime ＝ done

Name 名称	Symbol 代码	备注
Alesco Financial Inc.	AFN	
Annaly Capital Management, Inc.	NLY	
Annaly Capital Management, Inc.	NLYPRA	
Anthracite Capital Inc	AHR	
Anthracite Capital, Inc.	AHRPRC	
Anthracite Capital, Inc.	AHRPRD	
Anworth Mortgage Asset Corporation	ANH	
Anworth Mortgage Asset Corporation	ANHPRA	
Anworth Mortgage Asset Corporation	ANHPRB	
Arbor Realty Trust, Inc.	ABR	
BRT Realty Trust	BRT	
Capital Trust, Inc.	CT	
CapitalSource, Inc.	CSE	
Capstead Mortgage Corporation	CMO	
Capstead Mortgage Corporation	CMOPRA	
Capstead Mortgage Corporation	CMOPRB	
Care Investment Trust Inc.	CRE	
CBRE Realty Finance, Inc.	CBF	
Chimera Investment Corporation	CIM	
Crystal River Capital, Inc.	CRZ	
Deerfield Capital Corp.	DFR	
Dynex Capital Inc.	DX	
Dynex Capital Inc.	DXPRD	
Friedman Billings Ramsey	FBR	
Gramercy Capital Corp.	GKKPRA	

Gramercy Capital Corp.	GKK	
Hatteras Financial Corp.	HTS	
Impac Mortgage Holdings, Inc.	IMH	
Impac Mortgage Holdings, Inc.	IMHPRB	
Impac Mortgage Holdings, Inc.	IMHPRC	
iStar Financial Inc.	SFI	
iStar Financial Inc.	SFIPRD	
iStar Financial Inc.	SFIPRE	
iStar Financial Inc.	SFIPRF	
iStar Financial Inc.	SFIPRG	
iStar Financial Inc.	SFIPRI	
JER Investors Trust Inc.	JRT	
MFA Mortgage Investments, Inc.	MFA	
MFA Mortgage Investments, Inc.	MFAPRA	
MFResidential Investments, Inc.	MFR	
Newcastle Investment Corp.	NCT	
Newcastle Investment Corp.	NCTPRB	
Newcastle Investment Corp.	NCTPRC	
Newcastle Investment Corp.	NCTPRD	
Northstar Realty Finance Corp.	NRF	
Northstar Realty Finance Corp.	NRFPRA	
Northstar Realty Finance Corp.	NRFPRB	
RAIT Financial Trust	RAS	
RAIT Financial Trust	RASPRA	
RAIT Financial Trust	RASPRB	
RAIT Financial Trust	RASPRC	
Redwood Trust Inc	RWT	
Resource Capital Corporation	RSO	
Thornburg Mortgage, Inc.	TMA	
Thornburg Mortgage, Inc.	TMAPRC	
Thornburg Mortgage, Inc.	TMAPRD	

Thornburg Mortgage, Inc.	TMAPRE	
Thornburg Mortgage, Inc.	TMAPRF	

附录三　在中国香港股票交易所上市的中国大陆房地产企业名录

排名	公司代码	证券简称	公司全称
1	0688	中国海外发展	中国海外发展有限公司
2	2007	碧桂园	碧桂园控股有限公司
3	2777	富力地产	广州富力地产股份有限公司
4	813	世茂房地产	世茂房地产控股有限公司
5	1109	华润置地	华润置地有限公司
6	0754	合生创展集团	合生创展集团有限公司
7	3377	远洋地产	远洋地产控股有限公司
8	3383	雅居乐地产	雅居乐地产控股有限公司
9	3900	绿城中国	绿城中国控股有限公司
10	0123	越秀投资	越秀投资有限公司
11	0272	瑞安房地产	瑞安房地产有限公司
12	0410	SOHO 中国	SOHO 中国有限公司
13	1813	合景泰富	合景泰富地产控股有限公司
14	1838	中国地产	中国地产集团有限公司
15	0917	新世界中国	新世界中国地产有限公司
16	0817	方兴地产	方兴地产（中国）有限公司
17	1207	上置集团	上置集团有限公司
18	2868	首创置业	首创置业股份有限公司
19	2337	上海复地	复地（集团）股份有限公司
20	0563	中新地产集团	中新集团（控股）有限公司
21	59	天誉置业	天誉置业（控股）有限公司
22	119	保利香港	保利（香港）投资有限公司

续表

排名	公司代码	证券简称	公司全称
23	129	泛海集团	泛海国际集团有限公司 （Asia Standard International Group Limited）
24	169	正辉中国	正辉中国集团有限公司
25	173	嘉华国际	嘉华国际集团有限公司
26	258	汤臣集团有限公司	汤臣集团有限公司
27	337	盛高置地	盛高置地（控股）有限公司
28	363	上海实业	上海实业控股有限公司
29	672	众安房产	众安房产有限公司
30	755	上海证大房地产有限公司	上海证大房地产有限公司
31	1168	百仕达控股有限公司	百仕达控股有限公司
32	1383	鸿隆控股	鸿隆控股有限公司
33	3883	中国奥园	中国奥园地产集团股份有限公司

参考文献

第一章

☆包宗华, 1993,《房地产, 先导产业与泡沫经济》, 中国财经出版社。

☆包宗华, 2004,《关于房地产业是否暴利行业的研讨》,《中国房地产》, 12 期。

☆包宗华, 2008,《房地产业成为支柱产业的异见辨析（上）》,《上海房地》, 01 期。

☆曹振良, 2003,《房地产 房地产业 房地产经济学》,《中国房地产研究》（丛书）2003/ 03, 上海社会科学院出版社, 1~23。

☆柴强, 1993,《各国（地区）土地制度与政策》, 北京经济学院出版社。

☆陈健、王海滋, 2004,《房地产代理契约模式的比较分析》,《山东建筑工程学院学报》, 04 期。

☆陈颂东, 2004,《物业税的国际比较及其借鉴》,《经济师》, 03 期。

☆陈燕军、楚芸, 2007,《房地产支柱产业地位不容置疑》,《住宅产业》, 06 期。

☆陈振榕, 2006,《房地产业性质及国家对它的管理方式再思考》, 硕士论文, 重庆大学。

☆程世刚、张彦, 2003,《住房金融的国际比较及借鉴》,《经济师》, 01 期。

☆崔裴, 2008,《中国房地产业的行业结构研究——从新兴古典经济学的分析视角》,《云南社会科学》, 04 期。

☆都昌满、郭磊、刘长滨, 2001,《中美商品房买房制度与惯例比较》,《中外房地产导报》, 18 期。

☆弗洛伊德, 查尔斯·F〔美〕、马库斯·T. 艾伦〔美〕, 2005,《房地产原理》, 周海平译, 上海人民出版社。

☆郭荣星、赵公正, 2003,《分析叙事法：社会科学研究的一种新方法》, 见吴敬莲主编,《比较》第 9 辑, 中信出版社。

☆郝寿义, 1994,《美国和中国房地产市场的比较分析（二）》,《中国工商管理研究》, 02 期。

☆胡建绩, 2008,《产业发展学》, 上海财经大学出版社。

☆胡兰玲, 2000,《各国房地产立法比较研究》,《甘肃政法学院学报》, 01 期。

☆贾忠文, 1998,《香港和内地的市场差异——王石谈香港和中国内地的房地产市场比较》，《中外房地产导报》，17 期。

☆简德三、王洪卫，2003，《房地产经济学》，上海财经大学出版社。

☆蒋晓全、丁秀英，2005，《物业税的国际比较与我国征收的利弊分析》，《中国房地产金融》，07 期。

☆蒋云峰，2004，《支柱与挟持》，《北京房地产》，11 期。

☆邝能玲，1998，《房地产金融中强制储蓄的国际比较》，《江汉大学学报》，04 期。

☆李国强，1994，《短期不宜把房地产业当作支柱产业发展》，《中国土地》，11 期。

☆李国强，1994，《短期不宜把房地产业当作支柱产业发展》，《中国土地》，11 期。

☆李嘉陵，1995，《房地产业界说及房地产统计》，《重庆工业管理学院学报》第 9 卷第 2 期，06 月。

☆李岚、杨红旭，2006，《房地产业作为支柱产业还将持续 20 年》，《中国房地产》，09 期。

☆李立平，1996，《发达国家房地产市场功能比较及借鉴》，《对外经贸实务》，01 期。

☆李双久，2007，《房地产业与国民经济发展的国际比较研究》，博士论文，吉林大学。

☆李艳双，2003，《房地产业与国民经济协调发展研究》，博士学位论文，天津大学。

☆李玉琼，2002，《房地产证券化的国际比较与我国的现实选择》，《南方金融》，06 期。

☆李正全，2005，《发达国家政府干预房地产市场的政策、演变趋势及其借鉴意义》，《世界经济研究》，05 期。

☆梁荣，2005，《中国房地产业发展规模与国民经济总量关系研究》，经济科学出版社。

☆刘长滨、都昌满，2002，《中美房地产经纪业发展及管理制度比较》，《城市开发》，01 期。

☆刘长滨、都昌满，2002，《中美房地产经纪业发展及管理制度比较》，《城市开发》，01 期。

☆刘洪玉、张红，2006，《房地产业与社会经济》，清华大学出版社。

☆刘连新，1999，《中国与世界房地产发展比较研究》，《青海大学学报》（自然科学版），06 期。

☆刘水杏，2004，《房地产业与相关产业关联度的国际比较》，《财贸经济》，04 期。

☆刘水杏，2006，《房地产业关联特性及带动效应研究》，中国人民大学出版社。

☆刘云、山路，1996，《发达国家房地产税制的比较研究及其借鉴》，《湖北财经高等专科学校学报》，03 期。

☆龙启蒙、赵三英、谭爱民，2004，《中美住宅空置率的比较与房地产业预警体系构建》，《经济论坛》，22 期。

☆卢立明，2002，《西方住宅与房地产统计研究》，《城市开发》，01 期。

☆马克博利特，1991，《世界住宅与金融概览》，吉林科学技术出版社。

☆孟晓苏，1996，《现代化进程中房地产业理论与实践的比较研究》，博士论文，北京大学。

☆孟星，2007，《关于房地产业支柱产业地位的思考》，《中国房地产》，10 期。

☆苗天青，2004，《我国房地产业，结构、行业与绩效》，经济科学出版社。

☆闵一峰，2001，《从中美房地产估价业的比较看我国估价业的发展》，《中国房地产》，06 期。

☆彭昆仁、石志华，1996，《必须摆正房地产业的位置》，《中国房地产》，07 期。

☆戚名琛，1994，《海峡两岸房地产市场当前态势分析比较》，《中国房地产金融》，06 期。

☆钱瑛瑛、赵小虹、赵财富，1999，《国外及香港地区房地产评估行业管理的比较与借鉴（上）》，《中国房地产》，11 期。

☆沈燕，2002，《中外房地产税收比较及其启示》，《经济师》，07 期。

☆舒圣祥，2007，《房地产业是"支柱产业"吗？》，《观察与思考》，21 期。

☆宋春华等，1993，《房地产大辞典》，红旗出版社。

☆孙俊、徐萍，1999，《房地产估价师制度的国际比较》，《中外房地产导报》，19 期。

☆田敏、苗维亚，2005，《房地产产业发展特征研究》，《经济体制改革》，04 期。

☆王进才，1996，《房地产金融的国际比较》，《中国房地产金融》，04 期。

☆王克忠，1995，《房地产经济学教程》，复旦大学出版社。

☆王小广，2006，《把房地产作为支柱产业是错误的》，《新财经》，06 期。

☆吴士君、龚马铃，2004，《房地产金融体系：比较与借鉴》，《上海经济研究》，02 期。

☆谢经荣，2002，《房地产经济学》，中国人民大学出版社。

☆杨朝军、廖士光、孙洁，2006，《房地产业与国民经济协调发展的国际经验及启示》，《统计研究》，09 期。

☆杨文武，2002，《港台房地产业指标体系比较研究及其对国内的借鉴度》，《华中科技大学学报》（人文社会科学版），01 期。

☆叶剑平、张跃松、王学发、徐燕鲁，2005，《基于模糊聚类分析的房地产运行阶段的比较研究》，《沈阳建筑大学学报》（自然科学版），02 期。

☆叶剑平、谢经荣，2005，《房地产业与社会经济协调发展研究》，中国人民大学出版社。

☆易宪容，2006，《房地产业作为支柱产业可持续吗》，《中国房地产》，07 期。

☆易宪容，2007，《房地产作为支柱产业之惑》，《决策与信息》（财经观察），09 期。

☆余祁相，1999，《各国银行与房地产企业关系的比较及中国的选择》，《中国房地产金融》，01 期。

☆俞萍，2006，《从美国经验看中国房地产发展缺陷》，《当代金融家》。

☆郁文达，2001，《住房金融：国际比较与中国的选择》，中国金融出版社。

☆张纯都，2005，《房地产业是国民经济的支柱产业》，《当代经济》，08 期。

☆张红，2005，《房地产经济学》，清华大学出版社。

☆张泓铭，2006，《房地产业作为支柱产业在中国是可持续的》，《中国房地产》，08 期。

☆张洪力，2004，《房地产经济学》，机械工业出版社。

☆张俊才，2005，《上海房地产：支柱与贡献》，《中国经济周刊》，47 期。

☆张兰亭，1994，《住宅体制的国际比较及经验借鉴》，《城市开发》，02 期。

☆张永岳，2004，《国际房地产概述》，上海人民出版社。

☆张永岳、陈伯庚，1998，《新编房地产经济学》，高等教育出版社。

☆张永岳、陈伯庚、孙斌艺，2005，《房地产经济学》，高等教育出版社。

☆张跃松、叶剑平、徐燕鲁，2005，《国内外房地产市场运行的比较分析》，《沈阳建筑大学学报》（社会科学版），4 月号（第 7 卷第 2 期）。

☆郑思齐、刘洪玉，2003，《房地产业界定和核算中的若干问题》，《统计研究》01 期。

☆周诚，1997，《土地经济学问题》，华南理工大学出版社。

☆周健，2007，《关于我国房地产业研究的综述》，《经济前沿》，04 期。

☆朱明星，2006，《关于亚洲与美国 REITs 发展模式的比较》，《经济前沿》，01 期。

☆邹兆平，1990，《外国与港台土地管理制度》，中国国际广播出版社。

☆左令、包爱华，1999，《房地产的"经纪"或"中介服务"——海峡两岸相关立法比较》，《中外房地产导报》，15 期。

☆Ball, Michael, 2003, Markets and the Structure of the Housebuilding Industry：An International Perspective, Urban Studies。

☆Ball, Michael, 2008, Firm size and competition：a comparison of the housebuiding industries in Australia, the United Kingdom and the USA, Research Report, RICS. http：//www. rics. org/ Knowledgezone/Researchandreports/ball_ 260608_ research. htm。

☆Ball, M., Morrison, T. and Wood, A., 1996, Structures, investment and economic growth：a long - run international comparison, Urban Studies, 33。

☆Ball, M. and Morrison, T., 2000, Housing investment fluctuations：an international comparison, Housing, Theory and Society, 17（1）。

☆Ball, M. and Wood, A., 1999, Housing investment：long run international trends and volatility, Housing Studies, 14。

☆Bates, Robert H., Avner Greif, Margaret Levi, Jean - Laurent Rosenthal, and Barry R. Weingnast, 1998：Analytic Narratives. Rrinceton, N. J.：Priceton University Press。

☆Chau, K. W. and Zou Gaolu, 2000, The In - teraction between Economic Growth and Resoden - tial Investment", the 5th AsRES Conference, Beijing, China, July。

☆Coulson, N·Edward and Myueong Soo Kim, 2000, Residential Investment, Non - residen - tial Investment and GDP, Real Estate Economics, V28 2。

☆Crane, R., Daniere, A. and Harwood, S, 1997, The contribution of Environmental Amenities to Low - income Housing：A Comparative Study of Bangkok and Jakarta, Urban Studies, 09。

☆Golland, A. and Boelhouwer, P., 2002, Speculative housing supply, land and housing markets：a comparison, Journal of Property research, 19（3）。

☆Green，Richard K，1997，Follow the lead－er：How Changes in Residential and Non－resi－dential Investment Predict Changes in GDP，Real Estate Economics，V25 2。

☆Hu，Dapeng、Anthony Pennington－Cross，2000，The Evolution of Real Estate，Institute Re-port（No. 00－02），E Reserch Institute For Housing America。

☆Kummerow，Max、Lun，Jo? lle Chan，2005，Information and communication technology in the real estate industry：productivity，industry structure and market efficiency，Telecommunications Policy，Mar/Apr，Vol. 29 Issue 2/3。

☆Levine，Mark，2004，International Real Estate Comparative Approach，Dearborn Real Estate Education。

☆Malpezzi，S. ，1990，Urban housing and financial markets：some international comparisons，Ur-ban Studies，27（6）。

第二章

☆曹振良，2003，《房地产 房地产业 房地产经济学》，《中国房地产研究》（丛书），上海社会科学院出版社。

☆崔裴、关涛，2007，《房地产价格评估》，高等教育出版社。

☆菲利普·科特勒著，梅豪清译，2005，《营销管理》（亚洲版第3版），中国人民大学出版社。

☆胡建绩，2004，《价值发展论》，复旦大学出版社。

☆胡建绩，2008，《产业发展学》，上海财经大学出版社。

☆高敏，2006，《服务业与城市化协调发展研究——一般经验与中国模式》，博士学位论文，厦门大学。

☆黄少军，2000，《服务业与经济增长》，经济科学出版社。

☆黄维兵，2002，《现代服务经济理论与中国服务业发展》，博士学位论文，西南财经大学。

☆J·M朱兰著，杨文士等译，1999，《朱兰论质量策划：产品与服务质量策划得新步骤》，清华大学出版社。

☆卡布尔，2004，《产业经济学前沿问题》，中国税务出版社。

☆克里斯廷·格罗鲁斯（Christian Gronroos）（芬兰）著，韩经纶等译，2004，《服务管理与营销：基于顾客关系得管理策略》（第2版），电子工业出版社。

☆理查德·M. 贝兹、赛拉斯·丁·埃利著，董俊英译，2002，《不动产评估基础》，经济科学出版社。

☆厉伟，2006，《房地产市场的非区域性特征及其现实衍生意义》，《城市问题》，03期。

☆厉无畏、王振，2003，《中国产业发展前沿问题》，上海人民出版社。

☆廖士祥，1991，《经济学方法论》，上海社会科学院出版社。

☆梁荣，2005，《中国房地产业发展规模与国民经济总量关系研究——基于我国房地产发展"倒 U 曲线"时期》，经济科学出版社。

☆刘美霞，2004，《自有和租赁住房消费结构研究》，《城市开发》，05 期。

☆任红波，2001，《产业演化逻辑与衰退产业战略选择》，《科学管理研究》，05 期。

☆芮明杰，2005，《产业经济学》，上海财经大学出版社。

☆萨伊，1997，《政治经济学概论》，商务印书馆。

☆沈健，2001，《住房制度改革要形成租买并举格局》，《中国软科学》，02 期。

☆史忠良、何维达等著，2004，《产业兴衰与转化规律》，经济管理出版社。

☆苏东水，2000，《产业经济学》高等教育出版社。

☆隋启炎，1993，《试论比较经济学的发展》，《经济研究参考》，06 期。

☆W·J. 斯坦顿等著，张平淡、牛海鹏译，2004，《新时代的市场营销》（第 13 版），企业
管理出版社。

☆杨公仆，1999，《现代产业经济学》，上海财经大学出版社。

☆杨国昌，2003，《论资本主义产业结构服务化趋势》，《理论经济学》，第 01 期。

☆杨小凯著，张玉纲译，1999，《专业化与经济组织——一种新兴古典微观经济学框架》，
《经济科学出版社》。

☆詹姆斯·A. 菲茨西蒙斯等著，张金成等译，2006，《服务管理：运作、战略与信息技术》
（第 5 版），机械工业出版社。

☆郑思齐，2007，《住房需求的微观经济分析——理论与实证》，中国建筑工业出版社。

☆周冯琦，2003，《中国产业结构调整的关键因素》，上海人民出版社。

☆朱成全，2003，《经济学方法论》，东北财经大学出版社。

☆庄丽娟，2004，《服务定义的研究线索和理论界定》，《中国流通经济》，09 期。

☆Appraisal Institute, 2001, Advanced Income Capitalization。

☆DeLeeuw F and Ozanne L. 1982, Housing. In：Aaron H J and Pechman A, eds. How Taxes Affect Economic Behavior. Washington：The Brookings Institution。

☆Deurloo M C, Clark W A, and Dieleman F M. 1994, The move to housing ownership in temporal and regional contexts. Environment and Planning A, 26。

☆Deurloo M C, Dieleman F M, and Clark W A. 1987, Tenure choice in the Dutch housing market. Environment and Planning A. 19。

☆Dipasquale, D. and W. Wheaton, 1992, The Markets for Real Estate Assets and Space：A Conceptual Framwork, AREUEA Journal, vol. 20。

☆Elder H W and Zumpano L V. 1991, Tenure choice, housing demand and residential location. The Journal of Real Estate Research. 6（3）。

☆Follain J R and Ling D C. 1988, Another look at tenure choice, inflation, and taxes. AREUEA Journal. 16（3）。

☆Fu Y, Tse D K and Zhou N. 2000, Housing choice behavior of urban worders in China's transition to housing market. Journal of urban economics. 47。

☆Gillingham R and Hagemann R. 1983, Cross – sectional estimation of a simultaneous model of tenure choice and housing services demand. Journal of Urban Economics. 14。

☆Henderson J V and Ioannides Y M. 1983, A model of housing tenure choice. The American Economic Review. 73。

☆Henderson J V and Ioannides Y M. 1989, Dynamic aspects of consumer decisions in housing markets. Journal of Urban Economics. 26。

☆Henderson J V and Ioannides Y M. 1987, Owner occupancy：investment vs consumption demand. Journal of Urban Economics, 21。

☆Henderson J V and Ioannides Y M. 1985, Tenure choice and the demand for Housing. Economica. 53。

☆Jones L D. 1989, Current wealth and tenure choice. AREUEA Journal. 17（1）。

☆Hill, T. P. 1977, On Goods and Services, Review of Income and Wealth, Series 23。

☆King, M. A. 1980, An econometric model of tenure choice and demand for housing as a joint decision. Journal of Public Economics. 14。

☆ Lawrence D. Jones, 1989, Current Wealth and Tenure Choice, AREUEA Journal, Vol. 17, No. 1。

☆Li S. 2000, Housing consumption in urban China：a comparative study of Beijing and Guangzhou. Environment and Planing A. 32。

☆Li S. 2000, The housing market and tenure dicision in Chinese cities：a multivariate analysis of the case of Guangzhou, Housing Studies. 15（2）。

☆Mayo S K. 1981, Theory and estimation in the economics of housing demand. Journal of Urban Economics, 10。

☆Morrow – Jones H A. 1988, The housing life – cycle and the transition from renting to owning a home in the United States：a multi – stated analysis. Environment and Planning A. 20。

☆Plaut S E. 1987, The timing of housing tenure transition. Journal of Urban Economics, 21。

☆Titman S D. 1982, The effect of anticipated inflation on housing market equilibrium. Journal of Finance. 37。

☆Valarie. A. Zeithaml. Services Marketing：Integrating Customer Focus Across the Firm. 1996 Irwin McGraw – Hill。

第三章

☆查尔斯·F. 弗洛伊德、马库斯·T. 艾伦，2003，《房地产原理》，周海平译，上海人民出版社。

☆曹振良，2002，《中国房地产业发展与管理研究》，北京大学出版社。

☆曹振良，2003，《房地产 房地产业 房地产经济学》，《中国房地产研究》，上海社会科学院出版社。

☆陈健、王海滋，2004，《房地产代理契约模式的比较分析》，《山东建筑工程学院学报》，04 期。

☆诚文，2002，《中美房地产中介经纪服务之比较——江苏无锡首佳公司举行中美房地产中介发展研讨会侧记》，《中国房地信息》，11 期。

☆东方社奇、刘润芳，2003，《新时期房地产统计的思考》，《统计教育》，06 期。

☆杜政清、温汝俊、卿尚华，1995，《美国房地产业的兴衰与启示》，《决策探索》，03 期。

☆段枚众，《中美房产经纪漫谈》，《北京房地产》。

☆弗兰克·道宾，2008，《打造产业政策——铁路时代的美国、英国和法国》，上海人民出版社。

☆樊雪，2005，《美国房地产发展历史与一点启示》，硕士学位论文，华东师范大学。

☆顾云昌、刘洪玉，2003，《世界房地产业 100 年》，中国轻工业出版社。

☆海天，2004，《美国的房产经纪》，《经纪人》，03 期。

☆海天，2004，《美国的房产经纪》，《经纪人》，04 期。

☆黄福来，1999，《走进美国房地产业（之一）》，《中外房地产导报》，15 期。

☆黄福来，1999，《走进美国房地产业（之二）》，《中外房地产导报》，16 期。

☆黄福来，1999，《走进美国房地产业（之五）》，《中外房地产导报》，19 期。

☆金慰祖，1993，《美国房地产理论与实务》，经济科学出版社。

☆理查德·蒙德霍尔，2001，《三大支柱撑起美国房地产》，《科技智囊》，07 期。

☆李贵良，2007，《美国房地产经纪人行会的特点及对我国的启示》，《生产力研究》，10 期。

☆李双久，2007，《房地产业与国民经济发展的比较研究》，博士学位论文，吉林大学。

☆刘长滨、都昌满，2002，《中美房地产经纪业发展及管理制度比较》，《城市开发》，01 期。

☆陆克华、倪吉信，2001，《美国房地产经纪人管理制度简介》，《中国房地信息》，02 期。

☆曼昆，2003，《经济学原理》（第二版）（上册），生活·读书·新知三联书店、北京大学出版社

☆米勒斯，迈克·E、盖尔·贝伦斯、马克·A·韦斯，2003，《房地产开发：原理与程序》，刘洪玉，郑思齐，沈悦译，中信出版社。

☆芮明杰，2005，《产业经济学》，上海财经大学出版社。

☆尚国琲，2005，《国内外房地产经纪研究综述》，《石家庄经济学院学报》，02 期。

☆宋春红、苏敬勤，2007，《美国房地产经纪市场运行效率综述》，《建筑管理现代化》，01 期。

☆宋春华等，1993，《房地产大辞典》，红旗出版社。

☆王旭，2003，《美国城市化的历史解读》，岳麓书社。

☆学忠，2004，《美国房产经纪知多少》，《经纪人》，02 期。

☆张清勇，2008，《却顾所来径：改革开放三十年中国房地产业的回顾》，《中国房地产研究》，上海社会科学院出版社（第三卷）。

☆张永岳、陈伯庚、孙斌艺，2005，《房地产经济学》，高等教育出版社。

☆张永岳、崔裴，2008，《房地产经纪概论》，中国建筑工业出版社。

☆张永岳等，2005，《房地产经济学》，高等教育出版社。

☆左令、包爱华，1999，《房地产的"经纪"或"中介服务"——海峡两岸相关立法比较》，《中外房地产导报》，15 期。

☆Bureau of Economic Analysis U. S. Department of Commerce，2008，Concepts and Methods of the U. S. National Income and Product Accounts（Introductory Chapters 1 - 4）。

☆History of the Real Estate Industry ［E］ http：//www. vault. com/articles/History - of - the - Real - Estate - Industry - 18187121. html。

Levine，Mark，2004，Internation al Real Estate Comparative Appnoach，Dearborn Red Estate Edu cation。

第四章

☆包宇、闵一峰，2001，《美国房地产估价业概况》，《中国房地产估价师》，04 期。

☆边防军，2004，《美国房地产给我们的启示》，《湖南房地产》，03 期。

☆卜胜娟，2006，《中国房地产业周期波动的谱分析》，《统计与信息论坛》，03 期。

☆陈洪波，2006，《美国房地产金融政策及对中国的启示》，《中国房地产金融》，02 期。

☆陈江燕，2004，《美国房地产经纪人》，《经济人》，07 期。

☆崔裴，2001，《加入 WTO 对我国房地产中介服务业的影响》，华东师范大学学报（哲学社会科学版商学院经济论文专辑）。

☆邓菲，2007，《做中国的 MLS——美国 MLS 概述》，《住宅与房地产：综合版》，07 期。

☆樊雪，2005，《美国房地产发展历史与一点启示》，《华东师范大学硕士论文》。

☆"房地产业周期波动研究"课题组，2002，《中国房地产业周期波动：解释转移与相机决策》，《财贸经济》，07 期。

☆冯炳浩，《美国房地产掠影》，《海外房地产》。

☆冯炳浩，2001，《美国房地产掠影》，《广西房地产》，06 期。

☆顾建发，2008，《上海房地产周期波动分析》，上海三联书店。

☆何国钊、曹振良、李晟，1996，《中国房地产业周期研究》，《经济研究》，12 期。

☆何远平、包宇、王振岐，2003，《美国房地产开发经营及房地产价格评估考察》，《中外房地产导报》，09 期。

☆洪涛，2006，房地产业周期波动研究述评，《现代管理科学》，03 期。

☆江玲，2005，《美国房地产相关职业面面观》，《住宅与房地产：综合版》，05 期。

☆蒋学模，2001，《论服务劳动和服务产品》，杭州师范学院学报（人文社会科学版），

06 期。

☆景跃军，2004，《战后美国产业结构演变研究》，博士论文，吉林大学。

☆况伟大，2000，《中国城镇土地开发的模式》，《中外房地产导报》，17 期。

☆李昂，2004，《房地产经纪行业在美国》，《中外房地产导报》，23 期。

☆李国学，2006，《美国房地产价格变动趋势及其经济效应分析》，《国际经济评论》，06 期。

☆李进、张凯，2007，《美国次级住房抵押贷款危机原因及其影响研究》，《经济前沿》，10 期。

☆李蓉、余焘、曹东明、周志俊，2006，《美国房地产信托基金的发展对中国的启示》，《金融与经济》，04 期。

☆李蕴、朱雨可，2003，《美国房地产税收体制对我国的启示》，《中国房地产金融》，12 期。

☆理查德·蒙德霍尔，2001，《三大支柱撑起美国房地产》，《科技智囊》，07 期。

☆梁桂，1996，《中国不动产经济波动与周期的实证研究》，《经济研究》，07 期。

☆凌鑫、刘科伟，2006，《东中西部房地产业增长期比较研究》，《经济与管理》，05 期。

☆刘长滨，都昌满，2002，《中美房地产经济业发展及管理制度比较》，《城市开发》，01 期。

☆刘水杏，2004，《房地产业与相关产业关联度的国际比较》，《财贸经济》，04 期。

☆刘水杏，2006，《房地产业关联特性及带动效应研究》，中国人民大学出版社。

☆苗天青，2004，《我国房地产业，结构、行业与绩效》，经济科学出版社。

☆ Robert J. Shiller，2007，《美国房地产的兴衰故事》，《法人》，02 期。

☆潘石屹，2007，《中国房地产业需理性反思》，《经济研究参考》，06 期。

☆清河，2000，《信息技术对美国房地产的影响》，《房地产世界》，07 期。

☆曲波，1999，《房地产经济波动理论与实证分析》，中国大地出版社。

☆上海房地产经纪人协会、华东师范大学东方房地产学院，2005，《我国港台地区及美国房地产经纪行业管理概况》，《中国房地产估价师》，04 期。

☆沈洪溥、陈玉京，2007，《近期美国房地产市场的基本特征和走势》，《宏观经济研究》，06 期。

☆宋春红、苏敬勤，2007，《美国房地产经纪市场运行效率综述》，《建筑管理现代化》，01 期。

☆宋玉华、高莉，2006，《美国房地产业的繁荣、风险及其对美国经济的影响》，《美国研究》，03 期。

☆孙立坚、彭述涛，2007，《从"次级债风波"看现代金融风险的本质》，《世界经济研究》，10 期。

☆谭刚，2001，《房地产业周期波动———理论、实证与政策分析》，经济管理出版社。

☆唐欢，2006，《借鉴美国房地产证券化经验防范房地产金融风险》，《科技经济市场》，12 期。

☆唐秋月、仲跻华，2007，《美国房地产业融资模式研究》，《黑龙江科技信息》，23 期。

☆童光辉，2006，《美国房地产经纪人道德规章》，《经纪人》，03 期。

☆汪利娜，2000，《抵押贷款证券化在美国的兴起与发展》，《财贸经济》，06 期。

☆王传军、亦闻，2002，《房地产业是美国经济的又一大泡沫?》，《中外房地产导报》，19 期。

☆王振华，2006，《美国：市场化的地产市场》，《中国地产市场》，07 期。

☆向伟民，2004，《我过房地产业的支柱产业地位研究》，硕士学位论文，重庆大学。

☆谢家瑾，2004，《领略美国住宅与房地产》，《中国房地产估价师》，01 期。

☆心欣，2007，《2007 年美国房地产业难有精彩表现》，《时代金融》。

☆薛英，2005，《中国房地产周期及宏观经济间互动关系研究》，02。

☆尹春燕，2004，《由中美之异同浅析我国房地产中介的发展》，《湖南房地产》，02 期。

☆叶剑平、谢经荣，2005，《房地产业与社会经济协调发展研究》，中国人民大学出版社。

☆中华人民共和国国土资源部编，《2005 年中国国土资源报告》，地质出版社。

☆张志军，2003，《中国房地产税费问题研究》，《中国房地产研究》（丛书）2003/03，上海社会科学院出版社。

☆赵力，2006，《美国房地产投资信托的发展及其启示》，《世界经济情况》，06 期。

☆左然，《美国政府在房地产市场中的角色与作用》，《开放与借鉴》。

☆Ambrose, Brent W.、Michael J. Highfield、Peter D. Linneman, 2005, 《Real Estate and Economies of Scale: The Case of REITs》, 《REAL ESTATE ECONOMICS》, V33 2: pp. 323 ~ 350。

☆ 《Analysis of the Changing Influences on Traditional Households' Ownership Patterns * 》。

☆Bardhan, Ashok D.、Dwight Jaffee、Cynthia Kroll, 2000, 《Fisher Center Research Reports – – The Internet, E – Commerce and the Real Estate Industry》, 《Fisher Center for Real Estate & Urban Economics》。

☆Boudoukh, Jacob、Matthew Richardson、Richard Stanton、Robert F. Whitelaw, 2004, 《Fisher Center Working Papers Valuing Mutual Fund Companies》, 《Fisher Center for Real Estate & Urban Economics》。

☆Bureau of Economic Analysis, U. S. Department of Commerce, 2008, Concepts and Methods of the U. S. National Income and Product Accounts (Introductory Chapters 1 – 4)。

☆Chui, Andy C. W.、Sheridan Titman、K. C. John Wei, 2003, 《Intra – industry momentum: the case of REITs》, 《Journal of Financial Markets 6》。

☆Damodaian, Aswath、Kose John、Cracker H. Liu, 1997, 《The determinants of organizational form changes: evidence and implications from real estate》, 《Jourlul of Financial Economics

45》。

☆Damodaran, Aswath、Kose John、Crocker H. Liu, 2005, 《What motivates managers? Evidence from organizational form changes》,《Journal of Corporate Finance 12》。

☆Gyourko, Joseph、Peter Linneman, 1996,《Analysis of the Changing Influences on Traditional Households' Ownership Patterns》,《JOURNAL OF URBAN ECONOMICS》39。

☆Hu, Dapeng、Anthony Pennington, 2000,《THE EVOLUTION OF REAL ESTATE IN THE ECONOMY》,〈THE RESEARCH INSTITUTE FOR HOUSING AMERICA〉, Institute Report No. 00 - 02。

☆IDRC's Real Estate Revolution: Occupancy Costs Plummet, Productivity Crests。

☆Linneman, Peter, 1997,《Do Borrowing Constraints Change U. S. Homeownership Rates?》,《JOURNAL OF HOUSING ECONOMICS》6。

☆Localisation versus globalisation: some evidence from real estate services organisations。

☆Maisel, Sherman J. 、John M. Quigley, 2000,《Tax Reform and Real Estate》, < Bell & Howell Information and Learning Company >。

☆Real Estate Brokerage Recent Changes in Relationships and a Proposedcure。

☆Sinai, Todd、Joseph Gyourko, 2004,《The asset price incidence of capital gains taxes: evidence from the Taxpayer Relief Act of 1997 and publicly - traded real estate firms》,《Journal of Public Economics 88》。

☆The National Association of REALTORS?, 2005, Structure, Conduct, and Performance of the Real Estate Brokerage Industry, The Research Division。

第五章

☆柴强, 1993,《各国（地区）土地制度与政策》, 北京经济学院出版社。

☆陈颂东,《物业税的国际比较及其借鉴》,《经济师年》, 2004 年第 03 期。

☆程世刚、张彦,《住房金融的国际比较及借鉴》,《经济师年》, 2003 年第 01 期。

☆刘厚俊,《20 世纪美国经济发展模式：体制、政策与实践》,《南京大学学报》（哲学、人文科学、社会科学）, 2000 年第 03 期。

☆崔裴,《论我国土地征用补偿费标准及其定量方法》,《华东师范大学学报》（哲学社会科学版）, 2003 年第 01 期。

☆崔裴、关涛, 2007,《房地产价格评估》, 高等教育出版社。

☆戴淑芬、何猛,《中美房地产信托的比较研究》,《现代管理科学》, 2005 年 09 期。

☆丹尼斯·迪帕斯奎尔、威廉·C. 惠顿, 龙奋杰等译,《城市经济学与房地产市场》, 2002, 经济科学出版社。

☆丹尼斯·J. 麦肯齐、理查德·M. 贝兹著, 张友仁译,《房地产经济学》, 2003, 经济科学出版社。

☆邓宏乾,《国外房地产税制及其对我国房地产税制建设的启示》,《中国房地产》, 2001

年第 10 期。

☆都昌满、郭磊、刘长滨，《中美商品房买房制度与惯例比较》，《中外房地产导报》，2001 年第 18 期。

☆弗兰克·道宾著，张网成、张海东译，《打造产业政策——铁路时代的美国、英国和法国》，2008，上海人民出版社。

☆顾云昌、刘洪玉，《世界房地产业 100 年》，2003，中国轻工业出版社。

☆胡兰玲，《各国房地产立法比较研究》，《甘肃政法学院学报》，2000 年第 01 期。

☆蒋晓全、丁秀英，《物业税的国际比较与我国征收的利弊分析》，《中国房地产金融年》，2005 年第 07 期。

☆景跃军、王晓峰，《美国三次产业结构现状及未来趋势变动分析》，《东北亚论坛》，2006 年第 01 期。

☆邝能玲，《房地产金融中强制储蓄的国际比较》，《江汉大学学报》，1998 年第 04 期。

☆况伟大，《公共政策与我国房地产业发展》，《税务研究》，2004 年第 09 期。

☆L. S. 斯塔夫里阿诺斯，《全球通史》。

☆李艳双，《房地产业与国民经济协调发展研究》，2003，博士学位论文，天津大学。

☆李玉琼，《房地产证券化的国际比较与我国的现实选择》，《南方金融》，2002 年第 06 期。

☆李月红，《中国发展房地产投资信托基金存在的法律制度问题分析》，2006，硕士学位论文，华东师范大学。

☆李朝晖，《香港和大陆房地产业政府管理与政策比较研究》，2003，硕士学位论文，武汉科技大学。

☆李正全，《发达国家政府干预房地产市场的政策、演变趋势及其借鉴意义》，《世界经济研究》，2005 年第 05 期。

☆林榕年、叶秋华主编，《外国法制史》，中国人民大学出版社。

☆刘洪玉，2003，《世界房地产业 100 年》，中国轻工业出版社。

☆刘洪玉：中英土地管理制度比较研究（课题）（待查）。

☆刘星，《法律是什么——20 世纪英美法理学的批判阅读》，中国政法大学出版社。

☆刘云、山路，《发达国家房地产税制的比较研究及其借鉴》，《湖北财经高等专科学校学报》，1996 年第 03 期。

☆马克博利特著，邵新莉译，1991，《世界住宅与金融概览》，吉林科学技术出版社。

☆米勒斯，迈克·E. 盖尔·贝伦斯、马克·A. 韦斯著，刘洪玉、郑思齐、沈悦译，2003，《房地产开发：原理与程序》，中信出版社。

☆庞德著，邓正来译，《法律史解释》，2002，中国法制出版社年版。

☆上海市房产经济学会，《国外〈地区〉住宅法规选编》，2001，上海社会科学院出版社。

☆沈燕，《中外房地产税收比较及其启示》，《经济师》，2002 年第 07 期。

☆王春艳，《美国城市化的历史、特征及启示》，《城市问题》，2007 年第 06 期。

☆王进才，《房地产金融的国际比较》，《中国房地产金融》，1996 年第 04 期。

☆吴士君、龚马铃，《房地产金融体系：比较与借鉴》，《上海经济研究年》，2004 年第 02 期。

☆辛欣，《美国、英国的房地产税制》，《国际资料信息》，1995 年第 03 期。

☆徐和平、蔡绍洪，《当代美国城市化演变、趋势及其新特点》，《城市发展研究》，2006 年第 05 期。

☆杨国昌，《论资本主义产业结构服务化趋势》，《教学与研究》，2002 年第 09 期。

☆余祁相，《各国银行与房地产企业关系的比较及中国的选择》，《中国房地产金融》，1999 年第 01 期。

☆约翰·亨利·梅利曼，《大陆法系》，顾培东、禄正平译，北京：法律出版社。

☆张泓铭、庞元，《中国城市房地产管理》，2006，上海社会科学院出版社。

☆张兰亭，《住宅体制的国际比较及经验借鉴》，《城市开发》，1994，02 期。

☆张友仁（译），《房地产经济学》，2003，经济科学出版社。

☆张志军，《中国房地产税费问题研究》，《中国房地产研究》（丛书），2003，上海社会科学院出版社。

☆邹兆平，《外国与港台土地管理制度》，1990，中国国际广播出版社。

☆朱明星，《关于亚洲与美国 REITs 发展模式的比较》，《经济前沿》，2006 年第 01 期。

☆Ball, Michael, 2003, Markets and the Structure of the Housebuilding Industry：An International Perspective, Urban Studies。

☆《Broadband Properties：Where Real Estate meets Technology》, Nat1onal Satellite Publishing 2003。

☆Linneman, Peter, 2001, 《The Force Changing Real Estate Forever：Five Years Later》, 《Zell/LURIE REAL ESTATE CENTER》。

☆NAHB Research Center, Inc. , 1998, 《Factory and Site – Built Housing A Comparison For the 21st Century》。

☆Peter Linneman, 2001, 《The Force Changing Real Estate Forever：Five Years Later》, 《Zell/LURIE REAL ESTATE CENTER》。

☆Reitzel, J. David, 2002, 《American Law of Real Estate》, South – western/Thomson Learning。

第六章

☆曹振良，《房地产 房地产业 房地产经济学》，《中国房地产研究》（丛书），2003，上海社会科学院出版社。

☆崔裴，《中国房地产业的行业结构研究——从新兴古典经济学的分析视角》，《云南社会科学》，2008，04 期。

☆黄达、刘鸿儒、张肖，《中国金融百科全书》（上），1990，经济管理出版社。

☆黄少军，《服务业与经济增长》，2000，经济科学出版社。

☆马克思、恩格斯，《马克思恩格斯全集（第25卷）》，1974，北京人民出版社。

☆宋春华等，《房地产大辞典》，1993，红旗出版社。

☆晏维龙，《论现代流通方式》，《南京财经大学学报》，2004，01期。

☆杨小凯，《发展经济学——超边际与边际分析》，《社会科学文献出版社》，2003。

☆杨小凯、张永生，《新兴古典经济学与超边际分析》，《社会科学文献出版社》，2003。

☆杨小凯著，张玉纲译，《专业化与经济组织——一种新兴古典微观经济学框架》，《经济科学出版社》，1999。

☆Bardhan，Ashok D、Cynthia Kroll，1999，《The Real Estate Industry and the World Wide Web：Changing Technology，Changing Location》，《Fisher Center for Real Estate & Urban Economics》。

☆Hu，Dapeng、Anthony Pennington – Cross，《The Evolution of Real Estate in the Economy》，The Reserch Institue for Housing America。

☆Kummerowa，Max、Joelle Chan Lun，2005，《Information and communication technology in the real estate industry：productivity，industry structure and market efficiency》Telecommunications Policy 29。

☆Linneman，Peter，2001，《The Force Changing Real Estate Forever：Five Years Later》，《Zell/LURIE REAL ESTATE CENTER》，08期。

第七章

☆陈浮，《中国房地产市场化区域差异与发展战略研究》，《财经理论与实践》，2000，05期。

☆陈宗胜、沈文浩，《从促进增长与结构转换看中国房地产业的发展》，《开放导报》，2004，02期。

☆丛诚，《中国住房和公积金制度发展大纲》，2008，上海辞书出版社。

☆丛诚、毛正峻，《管好我的"私房钱"——住房公积金使用必读》，2009，东方出版中心。

☆邓幸文，《中国需要多层次的住房保障体系》，《东方早报》，2007，8月27日。

☆高波，《加入WTO：我国房地产业的市场机会、竞争趋势与应对策略》，《管理世界》，2000。

☆顾云昌，《跨世纪中国住宅产业政策的思考》，《中国房地产》，1997，01期。

☆贺琼，《我国房地产业健康发展的对策》，《郑州航空工业管理学院报》，2006，10期。

☆刘志彪，《经济全球化中的城市功能变化与房地产业发展机遇》，《经济学研究》，2006，03期。

☆姚长辉，《中国住房抵押贷款证券创新研究》，2000，北京大学出版社。

☆易宪容，《房地产调控不理想症结在哪里》，《上海证券报》，ZOO6.H.9。

☆张跃庆，《新世纪住宅与房地产业发展研究》，2003，首都经济贸易大学出版社。

后 记

　　本书是我在 2008 年完成的博士论文《中美房地产业内涵、属性及其经济与社会功能的比较研究》的基础上修改，并补充了有关后续研究成果而完成的。自 2006 年 3 月博士论文的开题报告通过论证，到今天书稿清样校对完毕交稿，前后历时将近 4 年。回顾整个研究过程，感慨万千。研究过程是极其孤独和痛苦的，但与之相伴的这段生命旅程却是丰富而令人欣慰的，虽然其间遭受了人生最密集的各种挫折和打击，但在亲人、师长、朋友们的扶持、帮助下，我不仅品尝了收获的喜悦，更得到了心灵的成长。回头看，首先要感谢上苍给了我这些磨练，同时，更要向所有帮助、支持我的老师、朋友、同学、家人表示感谢。

　　感谢我的导师张永岳教授！他不仅是我学术道路上的引路人，更是我的人生导师，在我每一次遭受打击时给我强有力的精神支持和亲切的关怀。

　　感谢我的同事关涛博士！与他讨论我的论文，给了我许多新的启发，更感谢他不厌其烦地多次从复旦大学为我收集了重要的文献资料。

　　感谢我的师弟周建成博士！我们之间的相互切磋，使我的思路更加清晰。

　　感谢美国估价学会前会长 Bruce Kelloge 先生！在我向美国有关部门问询、查证的过程中，他的热情和超凡耐心，给了我极大的帮助。

　　感谢清华大学房地产研究所刘洪玉教授、郑思齐副教授、美国南加州大学邓永恒教授、英国牛津布鲁克斯大学徐蕴清博士！他们为我提供了重要的参考文献。

　　感谢中国房地产测评中心陆勇先生！他不仅为我提供了重要的数据资料，还在本文的数据处理方面给予我很大的帮助。

　　感谢上海易居房地产研究院冯黎女士协助进行了部分文字整理和排版方面的工作！

　　感谢中国人民大学公共管理学院土地资源管理系硕士研究生严乐乐！我们

的合作研究为本书增添了新的内容。

最后，特别感谢我的家人！年满八旬但开朗、健康的父亲，为我解除了许多后顾之忧；跨越了青春期判逆的女儿，以她比同龄孩子更加成熟的心智给了我朋友般的理解和支持。

感谢所有支持和帮助过我的朋友！

2010 年 1 月 29 日于上海